KB113504

자신과 타인의 잠재력을 최고로 이끄는

탑 퍼포먼스

ZIG ZIGLAR

자신과 타인의 잠재력을 최고로 이끄는

탑 퍼포먼스

지그 지글러 지음 | 권오열 옮김

TOP
PERFORMANCE

산수야

이 책은 내가 그동안 출간했던 책들 중에서 가장 특별하고 흥미롭다. 처음으로 공저 작업을 해보았고, 또 내가 사랑하고 존경하는 두 사람이 아낌없이 나를 도와주었다. 특히 짐 새비지Jim Savage의 무한한 지원 덕택으로 이 책은 빛을 볼 수 있었다. 또 브라이언 플래너건 Bryan Flanagan과 크리슈 다냄Krish Dhanam의 적절한 조언 덕분에 내용면에서도 깊이가 더해졌다. 이들에게 정말 감사하다.

항상 성실하고 믿음직한 비서 로리 메이저스Laurie Magers도 언제나처럼 큰 힘을 보탰다. 로리와 긴밀히 협력했던 케이 린 웨스터벨트Kay Lynn Westervelt와 편집자이자 내 딸인 줄리 노먼Julie Norman도 필요할 때 기꺼이 도와주었다. 특히 이 책 전반에 걸쳐 지혜와 아이디어로 힘을 실어준 내 친구이자 멘토인 프레드 스미스Fred Smith에게 큰 신세를 졌다. 또 컨설팅 회사 프레슬리&어소시에이츠Presley& Associates

4

의 사장 레오 프레슬리Leo Presley에게 특별히 감사 드린다. 그는 우리를 격려하고 미국이라는 거대한 주식회사에서 큰 역할을 할 수 있도록 중요한 방향을 제시해주었다. 레오는 내가 알고 있는 가장 재기 넘치는 사람 중에 한 명이다.

지그 지글러 코퍼레이션Zig Ziglar Corporation의 전임 사장인 론 에진가Ron Ezinga에 대한 고마움도 빼놓을 수 없다. 이 책을 쓰는 동안 그는 키를 쥐고 올바른 방향을 지시하며 우리가 제 방향을 견지할 수 있도록 했다. 그리고 내 아내 '빨강머리' 진Jean도 있다. 함께하는 세월 동안 애정 어린 지원을 아끼지 않았으며, 받아들이기 힘든 요구까지도 기꺼이 수용해준 그녀의 넉넉한 마음은 책의 완성을 가능하게 했을 뿐 아니라, 전 과정이 흥미진진한 경험이 되도록 했다. 마지막으로 우리 부서의 여러 직원과 각종 글을 통해 지혜를 빌려준 수많은 저자들에게도 심심한 감사를 표한다.

지그 지글러

직업이 무엇이든 그 일에 종사하며 성장하는 이유의 15%는 자신의 전문 능력과 지식에 의해 결정된다. 이미 고인이 된 내 친구이자 인간공학자 캐빗 로버트Cavett Robert가 내게 해준 말이다. 그러면 나머지 85%는 무엇일까? 스탠포드 연구소, 하버드대학 그리고 이 연구에 100만 달러와 5년이란 시간을 투자한 카네기재단의 연구결과를 근거로, 캐빗은 우리가 어떤 직업을 얻고 그 업을 유지하며 그 일에서 성장하는 이유의 85%가 대인관계 기술 및 인간에 대한 인식과 관련이 있다고 밝혔다.

나는 그의 말에 전적으로 동의한다. 나는 전국을 돌며 지글러 교육시스템Ziglar Training Systems에 입각하여 개인의 성장, 영업원칙, 그리고 기업의 윤리와 조직의 성장을 위한 교육을 담당해 오면서 최대한의 능률을 위해서는 스스로를 어떻게 관리하며 타인을 어떻게 리드할 것인가에 대한 전문적인 수업이 매우 중요하다는 사실을 더욱 절감하게 되었다. 또한 각계각층의 전문가들을 만나면서, 사람들이 맞닥뜨리는 다양한 상황의 전부는 아니더라도 적지 않은 상황에서 어떤 공통의 문제를 발견하게 되었다. 그 문제의 공통분모는 언제나 사람이었다.

따라서 나를 포함해서 사람을 관리하는 일은 분명 성공을 위해 매우 중요한 우선순위가 된다. 이 책에서 우리는 인력관리 기술을 이해하는 것과 관련된 몇 가지 주요 목표를 설정했다.

1. 인력관리의 핵심 요소들을 밝혀낸다. 여기에는 리더나 경영자들이 잠재적인 갈등인자를 찾아낼 수 있도록 돕는 일이 포함된다.
2. 이 잠재적 갈등인자를 극복하는 데 보탬이 될 해결책을 제시한다.
3. 다른 경영자들이 성공적으로 활용했던 원칙과 생각들을 적용하는 법을 제시해 이 책이 단순히 이론 차원에 머물지 않고 실제로 응용될 수 있는 실천서가 되게 한다.
4. 성공한 경영자들로부터 모은 실제 사례들을 통해 현실 속에 존재하는 최고 성취Top Performance의 예를 보여준다.
5. 교육과 발전 사이의 가교 역할을 함으로써 진정한 성과 챔피언이라 할 만한 최고 성취자Top Performer, 또는 성취의 달인을 길러낸다.

『메가트렌드*Megatrends*』의 저자인 존 나이스빗John Naisbitt은 사원이 아니라 임원들을 재교육시키는 것이 정보화 시대의 가장 큰 숙제라고 말한다. 이 사실을 염두에 둔 이 책의 궁극적인 목적은 관리자들의 능력을 계발하고 그들이 팀원을 효과적으로 성장시키고 활용할 수 있도록 교육 방법과 영감을 제공하는 것이다.

나 자신과 타인을 발전시키기 위한 기초는 다음의 원칙 속에 녹아 들어 있다.

다른 사람들이 원하는 것을 얻을 수 있도록 최선을 다해 도와주면 당신 역시 인생에서 원하는 모든 것을 가질 수 있다.

나는 거의 50년 동안 이 원칙을 금과옥조로 삼아왔다. 특히 이 개념은 나 자신뿐 아니라 다른 사람들을 관리할 때도 정확하게 들어맞는다. 참으로 중요한 원칙이다. 여기서 나는 어떤 전술이 아니라 원칙에 대한 이야기를 하고 있다. 위의 진술은 하나의 전술로서는 우둔하고 비효율적일지 몰라도 하나의 원칙으로서는 다른 사람이 나의 리더십을 원하도록 만들기 때문에 아주 효과적이다.

나는 『포춘』지에서 홍콩의 억만장자 리카싱Li Ka-Shing에 대한 흥미로운 기사를 읽었다. 그는 아들 빅터Victor와 리처드Richard에게 사업을 가르칠 때 언제나 이사회와 기타 회의에 참석하게 했다. 그들은 그 과정에서 아버지의 철학을 배웠다.

리처드는 천재적인 사업 수완을 지닌 아버지가 뛰어난 아이디어와 상품을 갖추고 있으면서도 자본은 부족한 회사들을 상대로 여러 합작에 관여하고 있다는 점에 주목했다. 아버지가 리처드에게 가르친 내용은, 만약 투자의 대가로 받는 이익의 공정한 몫이 10%고 더 요구하면 11%까지 받을 수 있다고 하더라도 9%만 챙기는 것이 현명하다는 것이었다. 리카싱은 아들들에게 이렇게 가르쳤다. 일반적으로 받을 수 있는 것보다 더 적게 챙기면, 자본이 충분치 못한 사람들 대부분은 좋은 아이디어와 제품을 우리에게 먼저 가져올 것이다. 아버지의 이 가르침은 바로 현실화되었다. 다시 말해 사람들은 리카싱 부자가 함께 성장하는 것에 관심이 있다는 것을 알게 되었을 때, 더 많은 것을 들고 옴으로써 아버지의 철학이 진리임을 입증했던 것이다. 정말 옳은 말이다. 모든 분야의 뛰어난 경영자들은 사람을 우선시할 때, 능률과 효율성이 증대된다는 것을 알고 있다.

경영management에 대한 한 가지 기본적인 정의는 '사람을 통해 일을 해내는 것'이다. 성공한 경영자들은 아랫사람들의 재능을 인지하고 개발하고 활용함으로써 사람들이 지닌 모든 힘을 인지하고 개발하고 활용한다. 그들은 사람을 움직이게 하는 것이 무엇인지를 알며 자신의 열정과 흥분을 자신의 리더십을 따르는 사람들에게 전염시킨다.

만약 현재 당신이 선택한 분야에서 아직 좋은 성과를 내지 못하고 있다면, 이제 당신은 성공의 길로 들어서기 직전의 상황에 있다고 봐도 좋다. 당신이 선택한 일이 무엇이든, 이 책은 특별히 당신을 위해 쓰여졌다.

책의 표지를 유심히 살펴본 독자들은 이 책의 부제가 '자신과 타인의 잠재력을 최고로 이끄는 법' 이라는 사실을 알아보았을 것이다. 분명히 이 작업은 나 자신으로부터 시작한다. 만약 비즈니스 세계에서 성공하고 싶다면, 먼저 개인의 효율성을 높이는 일로 시작하고 내가 남들의 역할 모델이 될 수 있다는 사실을 인식해야 한다.

이제까지 한 번이라도 조직화된 운동팀에서 활동해 본 적이 있는 사람이라면, 큰 경기를 치르기 전날의 흥분을 기억할 것이다. 아마도 그중 누군가는 약간 상기된 채 집에 돌아가서는 부모님께 이렇게 말했을 수도 있다. "우리 코치님이 정말 기막힌 전략을 구상해냈어요. 아마도 내일 경기에서 우리팀은 완전히 압승할 수 있을 거예요. 두고보세요."라고 큰소리치며 떵떵거리지 않았을까? 또한 그 사람은 전략에 대한 믿음 덕분에 승리에 대한 확신을 가지고 경기에 임할 수 있었을 것이다.

인생의 게임은 이보다 훨씬 길고 수십 배나 더 중요하다. 따라서 우리의 기대가 충족되도록 하려면 계획이 필요하다.

비즈니스 세계에서 우리의 첫 번째 목표는 사람들의 호의적인 주목을 끄는 것이 되어야 한다. 능력을 발휘하면 이 목표는 달성된다. 그러나 언젠가는 효율적인 경영을 하려면 일을 잘하는 것은 말할 것도 없고 전혀 하지 말아야 할 일도 있다는 사실도 깨닫게 될 것이다. 우리는 현재 우리만큼의 능력과 경험을 갖추지 못한 사람을 데려다 교육과 격려를 통해 그들이 기대 이상의 생산성을 발휘하도록 만들어야 한다.

또 우리의 목표는 우리보다 더 생산적으로 일할 수 있는 다른 경영자와 리더들을 키워내는 것이 되어야 한다. 일부 경영자와 리더들은 추종자의 무리를 만들어낸다. 하지만 당신은 새로운 경영자와 리더들을 길러낼 수 있어야 한다.

불행히도 너무 오래 동안 많은 사람들이 만약 누군가를 자기 수준으로 끌어올리면, 자기 부서를 효율적으로 기능하게 했던 매우 소중한 동료를 잃게 될 뿐이라고 믿어왔다.

이런 생각이 잘못되었음을 보여주는 한 고전적인 사례가 있다. 그 주인공은 위대한 축구 코치 로우 홀츠Lou Holtz다. 그는 노스캐롤라이나, 아칸소, 미네소타, 노터데임 대학을 거쳐 지금은 사우스캐롤라이나 대학에서 승리자들을 키워내고 있다. 노터데임에서 11년을 머무는 동안 로우는 10명의 수석코치를 길러냈다. 수석코치가 된 그의 부코치들은 분명 최고 코치들이었다.

그러면, 이 결과 로우에게는 무슨 일이 일어났을까? 대답은 아주 간단하다. 로우가 리더들, 즉 수석코치를 길러내고 있다는 소문이 퍼지자 전국의 부코치들이 노터데임의 부코치 자리에 지원서를 들이밀기 시작했다. 로우가 자기들에게 수석코치가 되는 법을 가르쳐주리라는 것을 예상한 덕분이었다.

결국 로우는 자신의 유능한 코치들을 다른 코치들로 대체했다. 그는 새로 온 부코치들이 고등학교에서 일할 때 점찍어 두었던 유망 신인선수들을 확보할 수 있었고, 이로 인해 보너스도 받았다. 그러면서도 그의 이전 코치들이 그와 함께 있는 동안 키워놓았던 선수들을 계속 붙잡아둘 수 있었다. 간단히 말해 그는 자신의 부코치들을 똑같이 유능한 코치들로 대체했을 뿐 아니라, 신인선수 모집을 통해서도 득을 보았다.

다른 사람들을 나만큼 유능한 인물로 길러내어 그들이 리더의 위치로 올라서는 것을 지켜보는 것만큼 큰 만족과 기쁨을 주는 일은 없다. 나의 능력은 나 한 사람으로 그칠 뿐이지만, 다른 사람들 속에 내 능력을 이식할 때 나의 능력도 배가된다.

브라이언 플래너건과 크리슈 다냄은 내가 매우 자랑스러워하는 사람들이며, 이 책을 개정하는 데 그들이 보여준 역할은 내가 그들과 함께 함으로써 얻는 기쁨을 증명해주었다. 여기서 여러분에게 이 개정판에 포함된 그들의 신선하고 역동적인 통찰에 내가 왜 그렇게 흥분하는지를 설명해야겠다.

브라이언과 크리슈는 서로 다른 배경 출신이지만, 그들의 자질과 능력은 많은 유사성을 지니고 있다. 둘 다 유머감각이 뛰어나고 신념이 확고하며, 가족에게 성실하고 자신이 선택한 분야에서 최고가 되고자 전력을 다한다. 그들은 타인을 가르치고 고무한다는 특권에 대한 감사와 헌신의 마음으로 똘똘 뭉쳐 있다. 그리고 그들이 전하는 희망과 성장의 메시지는 독특하면서도 호소력 짙게 잘 전달된다.

브라이언은 루이지애나 주의 주도 배턴루지 출신이며, 1971년에 과학사 학위를 받고 루이지애나 주립대학을 졸업했다. 그는 대학 재학 중에 IBM에서 배달원으로 14년 경력의 첫발을 내디뎠으며, 그곳에 머무는 동안 영업사원, 인력관리자, 그리고 IBM의 전국 교육 센터에서 영업교육 강사로 일했다.

브라이언은 15년을 나와 함께 일했고 현재 기업연수 프로그램의 책임자로 활약하고 있다. 그동안 그는 UBS 페인웨버UBS PaineWebber, 스냅온툴즈Snap on Tools, 미군신병모집국U.S. Army Recruiting, 미국 심장협회, 살로몬 스미스 바니Salomon Smith Barney, 스털링 커머스 Sterling Commerce 등 수많은 기업들의 개인과 팀의 생산성을 높일 수 있는 맞춤식 교육 프로그램을 기획하고 실행했다.

브라이언과 그의 아내 신디는 두 자녀와 함께 텍사스의 플레이노 시에 거주하고 있다.

크리슈 다냄은 인도 남동부의 비자그라는 작은 해안도시에서 태어났다. 여덟 살 때부터 그의 눈은 미국 쪽을 향하고 있었다. 결혼한 후, 그는 달랑 9달러만 손에 쥔 채 미국에 건너왔다.

크리슈는 경영학 석사과정을 마치고 국제관계학 학위를 받았다. 또 인도의 가지아바드 시에 소재한 경영기술원에서 대학원 과정을 마쳤으며, 미국에 이주하기 전에 인도에서 1년간 외판 영업일을 했다.

미국에 온 후 바로 상품 중개업자로 일했고, 뒤에는 댈러스에 있는 두 개의 장거리 재판매 업체에서 영업사원으로 근무했다. 크리슈는 세일즈 콘테스트에서 우승한 데 대한 보상으로 지그 지글러 세미나에 참석할 수 있는 티켓을 얻었다. 이것이 계기가 되어 1991년 10월에 지글러 조직의 일원이 되었고, 그로부터 한 달도 되지 않아 미국 시민권을 받았다.

지글러 교육시스템의 해외 사업부장으로서 그는 서른다섯 곳 이상의 해외 지역과 미 대륙 전역에서 교육을 진행해왔다. 그의 전문 분야는 목표설정, 변화준비, 그리고 서비스지만, 영업과 의사소통에 대한 프로그램도 담당한다. 댈러스의 인도인 사회Indian community of Dallas에도 적극적으로 참여해 댈러스 인도-미국 상공회의소Greater Dallas Indo-American Chamber of Commerce 이사회의 일원이며 e-비즈니스 컨설팅 및 IT 서비스 기업인 이펠리온Ipelion의 고문으로도 활동한다.

크리슈와 그의 아내 아닐라, 아들 니콜라스는 텍사스 주의 플라워 마운드에 보금자리를 꾸며놓았다.

나는 이 책을 만드는 데 브라이언과 크리슈의 힘을 빌리게 되어 매우 기쁘다. 수년 동안 그들은 내가 이 책에 기록한 동기부여 원칙들을 실제로 적용해왔다. 그들은 진정으로 이 책이 가르치는 원칙들을 실증하고 있다.

이제 책의 본론으로 들어가 알차고 내실 있는 경력을 축적하고 발전시키는 데 진정 중요한 것이 무엇인지 살펴보자.

차 례

Part 1
최고 성취를 이루는 기술

Part 2
최고 성취를 이루는 법칙

Part 3
최고 성취를 이루는 가치

최고 성취를 이루는 기술

예술의 목적은 감정을 생각으로 결정화한 다음
일정한 형식 속에 고정시키는 것이다.
−델사르트

ZIG ZIGLAR

TOP

PERFORMANCE

인생 기초공사

제대로 된 사업가치고 신용과 인격이 뒷받침된 성실하고 지적인 노력 외에 다른 편법을 통해 지속적인 성공의 길로 들어선 사람은 없다.
－티모시 드와이트Timothy Dwight

유능한 건축가나 기술자는 바닥에 파 놓은 구덩이의 깊이를 보고 그 건물이 얼마나 높이 올라갈지를 가늠할 수 있다. 결국 이 기초야말로 쌓아올릴 건물을 지탱해줄 받침대인 것이다. 우리 인생에서도 내가 얼마나 높은 위치까지 올라가고, 더욱이 그 자리에 얼마나 오래 머무를 수 있을지는 내 삶의 초석에 의해 결정된다. 이때 그 기초를 형성하는 필수요소가 바로 진실한 품성integrity이며, 이것은 기초의 완전함을 의미한다. 활동적이고 사교적인 성격의 사람들은 다른 사람들에게 호감을 주며 친구가 꼬여들게 마련이다. 그러나 이런 사람들도 인격과 진실한 품성이 받쳐주지 않는다면 다른 사람들과 변함없는 관계를 유지하기는 어렵다.

「삶의 결과를 좌우하는 목표지향성과 개인의 정체성Goal-Directedness and Personal Identity as Correlates of Life Outcomes」이라는 제목으

로 『피지콜로지컬 리포트, 2002Psychological Reports, 2002』에 실린 한 연구논문에서 배리 골드맨Barry M. Goldman과 에드윈 로크Edwin A. Locke 박사, 그리고 데이비드 젠센David G. Jensen은 가치관과 동기, 자신감, 인생철학 등이 사람의 자아상self-image과 직접적인 관계를 갖는다는 사실을 밝혀냈다. 또 1985년에 S. 칸S. Kahn 박사와 그의 동료들은 자아상이 삶의 행복과 만족, 개인적 충족감, 그리고 행복한 결혼생활과 서로 밀접하게 연결되어 있음을 확인했다. 가치관은 확실히 우리 삶의 모든 영역에 영향을 준다. 거짓말과 도둑질을 일삼는 사람이 건강한 자아상을 형성해가는 모습을 상상하기란 어렵다. 그런 사람이 일에서나 개인적인 삶에서 오래도록 행복할 수 없으리란 것도 예상할 수 있다.

FCB 레버 캣츠 파트너스FCB Leber Katz Partners의 부회장인 로렐 커터Laurel Cutter는 "가치관은 행동을 결정하고, 행동은 평판을 결정하며, 평판은 이익을 결정한다"고 했다. 수년 전 나는 신형 캐딜락을 구입하려 한 적이 있다. 그래서 대리점 두어 곳을 둘러보며 정확히 어떤 색깔과 모델을 택할지를 결정한 다음, 친구에게 이야기를 했다. 그러자 내 친구는 먼저 로저 메이어 캐딜락Rodger Meier Cadillac의 척 벨로스Chuck Bellows를 만나보기 전까지는 어떤 결정도 내리지 말라고 조언했다. 내 친구는 척의 말이라면 100% 신뢰할 수 있으며, 그 사람은 정직 그 자체라고 장담했다.

나는 척 벨로스를 만나러 갔고, 단 20분만에 자동차 매매계약서에 사인했다. 내 결정이 그렇게 빨랐던 이유는 척이 23년 동안 내게 심어 놓은 좋은 이미지 때문이었다. 이상하게 들리겠지만 척은 이미 23년 전에 로저 메이어 캐딜락에서 자동차를 파는 일을 평생의 업으로 삼겠다고 결심했다. 그렇게 하려면 자신이 정직한 사람이라는 평판을 얻어야 한다고 느꼈고, 실제로 그렇게 했다. 척 벨로스를 찾아갔을 때 나는 캐딜락을 보러 간 것이 아니었다. 이미 볼 건 다 본 상태였다. 나는 캐딜락을 사러 간 것이었다. 그렇다. 좋은 평판이 가져다주는 이익은 이렇듯 내실 있는 것이다.

미국의 초창기 학교와 대학 108개 중 106곳이 기독교적인 가치의 교육을 건학이념으로 삼아 설립되었다. 이때 사용되었던 초급 교과서 『뉴잉글랜드 초급독본The New England Primer』은 미국의 공립교육에서 거의 200년 동안 교재로 사용되었다. 그러나 그 당시 주입되었던 성서적인 가르침은 기독교적인 가치를 옹호하고 기독교인임을 자처하는 사람들과 더불어 오늘날 뭇 사람들의 조롱거리로 전락했다. 나는 여러분이 경력의 탑을 쌓아가는 과정에서 인격의 기초공사를 아주 깊고 튼튼하게 할 것을 촉구한다. 과거의 리더들이 오늘의 리더들보다 신뢰관계가 더 두터웠던 데는 다 그만한 이유가 있다.

앞으로 이야기를 진행하면서 우리의 관계에서 신뢰가 갖는 중요성도 언급하겠지만, 여기서는 간단히 오래도록 행복하고 성공적인 모든 관계는 하나 같이 신뢰에 기초하고 있으며, 신뢰는 분명 국가적 성취에도 큰 힘으로 작용한다는 사실만 지적해두겠다. 프랜시스 후쿠야마Francis Fukuyama는 『트러스트Trust : The Social Virtues and the Creation of Prosperity』라는 책에서 몇 개 문화의 수 세대에 걸친 궤적을 추적한 후, 한 국가의 발전은 그 나라의 신뢰수준에 의해 측정될 수 있다는 결론을 이끌어냈다.

오늘날 우리 사회에는 거의 신뢰 품귀 현상이 빚어지고 있으며, 이것은 경제도 휘청거리게 한다. 최근의 기업 스캔들로 천문학적인 액수의 돈이 증발되고, 수만 개의 퇴직기금이 고갈되었으며 수백만의 사람들이 삶 자체에 대한 믿음을 상실했다. 한 국가의 국민의 일원으로서 우리는 삶의 모든 영역에서 바른 인성을 회복하는 일에 나서야 한다는 사실을 절감하게 되었다. 기업의 세계에서 우리의 성공은 주로 업무수행 능력과 더불어 타인이 우리에 대해 품고 있는 신뢰의 정도에 의해 측정될 것이다.

도대체 신뢰는 얼마나 중요한가? 워커 인포메이션 및 허드슨 연구소Walker Information and Hudson Institute의 한 연구결과에 따르면 자기 회사 경영진의 윤리성을 의심하는 사원들이 계속 그 조직에 있을 비율은 겨우 9% 정도인 반면 경영진에 대한 직원들의 믿음이 확고할 경우 55%가 그 조직을 떠나려 하지 않는다는 것이다. 유능한 직원들을 잃는 데 따르는 비용이 결코 적지 않다는 사실을 감안할 때, 신뢰의 토대를 형성하는 것이야말로 성공적인 사업을 일구는 데 필수적이라 하지 않을 수 없다.

마찬가지로 사람들이 구매를 주저하는 다섯 가지 이유—불필요함, 돈이 없음, 급할 것 없음, 원하지 않음, 믿음이 안 감—중에서 마지막 이유가 가장 크다는 것은 오래 전부터 판매의 세계에서 상식으로 통해 왔다. 대부분의 예비고객들은 노골적으로 "당신은 진실을 과장하고 있어요" 또는 "당신은 거짓말하고 있어요"라고 말하지는 않는다. 하지만 그들은 뭔가를 느낀다. 뭔가가 께름칙하다고 느끼기 때문에 선뜻 지갑을 열지 않는 것이다.

이 책은 경영과 개인의 책임 분야에 주로 초점을 맞추겠지만, 작은 기업에서는 리더와 경영자가 같은 사람일 경우가 많다는 사실에도 주목할 것이다. 여러분이 뒤에 읽게 될, 가정을 이끌어가는 우리 어머니에 대해 내가 인용하는 사례는 경영자가 곧 리더인 경우가 얼마나 많은가를 분명히 보여준다.

창의력은 리더십과 경영의 세계에서 결정적인 역할을 한다. 중요한 것은 나 자신의 창의력뿐 아니라 내가 몸담고 있는 조직의 사람들에게 모범을 보여 창의적이 되는 법을 가르칠 수 있는 나의 능력이다. 그것은 내가 어떤 주제에 대해 해박하지만 그것을 어떤 식으로든 확장하는 과정에서 더 창의적이 될 수 있다는 사실을 이해하는 것이다.

그 예가 내가 쓴 책 『클로징Secrets of Closing the Sale』이다. 나는 36년 동안 영업직에서 경력을 쌓은 후에 그간의 경험을 토대로 그 책을 썼다. 나는 영업에 대해 꽤 일가견이 있었다. 그 책을 쓰기 몇 년 전 나는 「판매의 핵심The Heart of the Sale」이란 제목의 짧은 기사를 읽었다. 그 기사는 내가 이미 경험으로 습득한 정보를 새로운 방식으로 접근하도록 나를 자극하는 몇 가지 귀중한 가르침을 담고 있었다. 나는 그것을 가져다 내 책에다 70페이지 분량으로 확대했다. 이처럼 새로운 정보는 상상력을 자극하고 창의적인 아이디어가 싹트게 한다.

오래됐지만 매우 특이한 환경에서 꽃 핀 창의력의 사례 하나를 소개하겠다. 맷 보즈웰Matt Boswell은 개 배설물을 치우는 일을 하는데, 그의 판촉 방식은 정말 독특했다. 그의 명함에는 이렇게 쓰여져 있었다. "견공犬公의 뒷감당이 너무 힘드신가요? 애완동물 도우미가 귀하의 깨끗한 마당을 되찾아드립니다. 1998년부터 견공의 뒤처리를 해왔습니다. 우리 일에서는 냄새가 나지만, 동시에 그 냄새를 없애줍니다." 그의 이름은 "맷 보즈웰, 개똥 사업가" 그는 "배설물 제거 기술자"이며, "이류 사업에서의 일류 전문가"임을 자처한다. 명함은 이렇게 끝을 맺는다. "일 보느라 바쁘신 귀하의 견공들을 충실히 시중들어 드립니다. 귀하의 견공의 일이 바로 제 일이니까요."

여러분이 맷 보즈웰과 경쟁할 일은 없겠지만 분명한 점은 그가 사업을 키우기 위해 자신의 창의력을 효과적으로 활용했다는 사실이다. 당신도 창의력을 통해 사업을 키울 수 있다. 성실성, 인격, 가치관, 신뢰, 그리고 창의력은 경영방식, 리더십 방식, 그리고 생활방식의 기초를 형성한다.

성공원칙

1. 나의 기초가 앞으로 내가 얼마나 성공할지를 결정한다.
2. 인격, 정직, 가치관, 그리고 신뢰는 좋은 기초를 형성하는 네 가지 초석이다.
3. 창의력은 모든 것을 하나로 통합한다.

최고 성취자가 되는 것은
선택의 문제다

선택의 순간까지는 자유롭다. 그러나 선택한 다음부
터는 그 선택이 사람을 지배한다.

—메리 크롤리|Mary Crowley

인생의 성공은 우리가 하는 선택에 의해 결정된다. 우리는 자신과 타인을 관리하는 법을 배우면서 성공과 실패를 좌우할 여러 선택을 하게 된다. 이때 올바른 선택을 하기 위해서는 부정반응reacting과 긍정반응responding의 차이를 이해해야 한다.

어느 1월에 나는 미주리 주의 캔자스시티에 있었다. 참 바쁘고 고달픈 한 주였다. 내 몸은 완전히 기진맥진해 있었다. 피곤한 정도가 아니라 완전히 녹초 상태였다. 그 특별한 날 아침, 나는 긴 시간 동안 녹음 작업을 했다. 녹음을 할 때면 나는 음량과 템포를 몇 단계 올린다. 내게 주어진 소통 수단이라곤 목소리뿐이므로 그것을 최대한 활용해야 테이프를 듣는 사람들이 내용에 집중할 수 있기 때문이다.

그날 아침, 나는 장장 4시간 동안 쉬지 않고 녹음을 했다. 나는 대략 1분에 280단어 정도를 말하지만, 노력하면 최대 450단어까지 끌어올릴 수 있다. 일은 정확히 1시에 끝났다. 댈러스행 비행기가 오후 3시 출발이었기 때문에 우리는 서둘러야 했다. 무겁고 부피가 큰 녹음장비를 안전하게 처리하려면 최소한 한 시간 전까지는 공항에 도착해야 한다는 것이 항공사측의 설명이었다. 당시 우리가 운영하던 녹음 및 카세트 복제 회사 앳 더 탑At the Top의 총무부장이던 내 사위 채드 비트메예르Chad Witmeyer는 잽싸게 장비를 꾸렸고, 캔자스시티 시내에서 30분 거리인 공항으로 우리는 쏜살같이 내달렸다.

공항에 들어선 시간은 정확히 오후 2시였다. 사람들이 두 줄로 길다랗게 늘어서 있었다. 우리는 그 중 짧은 쪽에 얼른 섰다. 그때 나는 한 직원이 카운터 뒤에서 걸어 다니고 있는 것과 한쪽 끝에 '라인 폐쇄' 표지판이 있는 것을 보았다. 순간적으로 나는 그녀가 라인 폐쇄 표지판을 '라인 개방' 표지판으로 바꾸리라는 것을 알아차렸다. 거의 반사적으로 내 마음과 몸은 그녀가 다른 라인을 개방할 때 카운터로 신속히 돌진할 준비를 했다. 예상은 빗나가지 않았다. 채 몇 분이 지나지 않아 그녀는 라인 폐쇄 표지판으로 걸어가서는 라인 개방 표지로 뒤집으면서 사람들에게 말했다. "댈러스행 3시 비행기 탑승객들께서는 이쪽으로 와주시기 바랍니다."

의 외 의 반 응

나는 번개처럼 그녀가 있는 곳으로 달려가 줄 맨 앞쪽에 섰다. 그 직원은 나를 보고 웃으며 말했다. "댈러스행 3시 비행기는 취소되었습니다." 이 말에 나는 열광적으로 대답했다. "아주 잘됐군요!" 내가 이렇게 말하자 그 직원은 의아한 표정으로 물었다. "방금 3시 비행기가 취소되었다고 말씀드렸는데요?" 나는 그녀에게 웃으며 대답했다. "아가씨, 댈러스행 비행기가 취소된 이유는 다음 세 가지밖에 없을 겁니다. 첫째는 비행기 자체에 문제가 생긴 것이거나, 둘째는 그 비행기를 조종할 사람에게 무슨 일이 있는 것이거나, 셋째 이유는 기상 상태가 좋지 않기 때문일 테죠. 만약 이 세 가지 상황 중 어느 하나 때문이라면 난 하늘로 올라갈 생각 없습니다. 그냥 여기 있겠어요. 아주 잘된 일이죠."

나쁜 소식이여, 널 환영하노라!

나쁜 소식을 전하는 것을 즐기는 듯한 사람들을 본 적이 있는가? 이들은 마치 인생은 고행이고 당신은 곧 힘든 시기를 맞게 될 거라는 소식을 전하고 싶어 안달하는 것 같다. 내 반응에 그 직원은 양손을 엉덩이에 갖다대고는 마치 "아직 내 얘기 안 끝났어요" 식의 태도로 말을 이었다. "그렇군요. 하지만 다음 비행기는 6시 5분이나 돼야 출발하는데요." 이 말에 나는 다시 이렇게 대답했다. "그것 참 잘됐군요."

이제 이쯤 되자 다른 두 줄에 서 있던 사람들도 내 쪽을 바라보면서 의아해했다. 무조건 "아주 잘됐군요"만 연발하는 저 괴짜는 도대체 누구지? 그 직원은 충격을 받은 듯 나를 쳐다보며 말했다. "정말 모르겠네요. 공항에서 네 시간을 더 기다려야 한다고 말씀드렸는데 도대체 어떻게 '아주 잘됐군요'가 나올 수 있죠?" 내가 대답했다. "그건 사실 아주 간단한 이치예요. 난 이제껏 살아오면서 캔자스시티 공항에서 네 시간을 보낼 기회가 한 번도 없었어요. 지금 이 순간에도 지구상에는 추위와 굶주림으로 고통 받는 사람들이 말 그대로 수천만이나 된다는 사실을 알고 있나요? 저는 지금 이 멋진 시설을 즐기고 있습니다. 비록 밖은 춥지만 안은 참 따뜻하죠. 게다가 공항 건물 저쪽에는 작고 아담한 커피숍이 있어요. 난 그곳에 가서 잠시 몸을 풀면서 커피를 마실 겁니다. 그 다음엔 아주 중요한 일을 해야 합니다. 이 건물은 이 지역에서 가장 멋진 곳이죠. 이건 내 마음대로 쓸 수 있는, 내가 이제까지 이용해본 가장 크고, 가장 편안하며, 더군다나 공짜로 이용할 수 있는 사무실인 셈이죠. 이 얼마나 환상적입니까!"

타고난 낙천가들도 두 손 들다

아마 여러분은 틀림없이 이렇게 생각할 것이다. "이봐요, 지글러 씨. 나도 그런 긍정적인 마인드가 좋다는 건 인정하지만, 그래도 좀 심한 것 같은데요!" 심지어 어떤 분은 "이 사람이 정말 그렇게 말했을까?" 하며 의심할 수도 있다. 하지만 맹세컨대 나는 거짓말 하나도 안 보태고 진짜 그렇게 말했다.

이에 여러분은 다시 이렇게 반문할지 모른다. "좋아요, 지글러 씨. 그렇게 말했다 칩시다. 그런데 솔직히 말해보세요. 마음속으로 정말 그렇게 느꼈나요?" 이 질문에 대한 내 대답은 "천만에요"다. 최소한 처음에는 그렇게 느끼지 않았다. 길 위에서 힘든 한 주를 보낸 대부분의 여행자들처럼 나도 집이 그리웠다. 하지만 다음 네 시간 동안 내게는 그런 선택권이 없었다. 그러나 내게는 다른 선택의 여지가 두 개 있었다. 그것은 긍정반응하느냐 부정반응하느냐 사이의 선택이었고, 나는 그 중에서 긍정반응 쪽을 택했다.

이 두 반응 사이에는 차이가 있다. 가령 당신이 병원에 갔을 때 의사가 처방전을 내주며 다음 날 다시 오라고 했다. 다음 날 병원을 찾았을 때, 의사가 걱정스러운 표정을 지으며 당신의 몸이 약에 부정반응reacting을 보이기 때문에 처방을 바꿔야겠다고 한다면 당신은 아마 불안해할 것이다. 반면 의사가 당신의 몸이 약에 긍정반응responding하고 있다고 한다면, 이는 몸이 회복하고 있다는 뜻이기 때문에 당신은 안심하며 즐거워할 것이다. 긍정반응하느냐 부정반응하느냐는 내가 선택할 탓이다. 사실 인생의 여러 상황을 내 마음대로 주무를 수는 없지만, 그 상황에 대해 어떤 태도를 취할 것인지는 내 마음대로 정할 수 있다.

그 티켓 판매직원이 내 비행기가 취소되었다고 말했을 때, 나는 이렇게 빈정거렸을 수도 있다. "그것 참 잘됐군요! 아주 잘됐어요. 예약은 이미 한 달 전에 했고 비행기표는 1주 전에 구입했어요. 난 당신들이 하라는 대로 다했고, 심지어는 한 시간 일찍 도착하기 위해 목이 부러질 위험까지 감수했다고요. 이제 탑승권과 좌석만 지정받으면 되는데, 설명이나 사과 한마디 없이 그냥 비행기가 못 뜨게 됐다고요? 그 이유를 알아야겠어요. 차타고 오면서 보니까 당신네 비행기 몇 대가 뭐 하는 일도 없이 활주로에서 놀고 있던데, 왜 그놈들 중 하나 끌어다 원래 예정대로 우릴 댈러스로 실어다 주지 못하는 거요? 그 비행기들은 저 밖에서 도대체 뭐 하고 있는 겁니까? 운항 취소 결정은 도대체 누가 내린 겁니까?" 이렇게 따져대며 이죽거릴 수도 있었을 것이다. 그래도 다음 비행기는 6시 5분에 떠난다(이 사건 이후 여러 해가 지난 뒤, 크리슈 다냄은 다른 공항에서 비슷한 상황을 재현했고 그때 이런 질문을 받았다. "당신 도대체 어떤 사람이오? 지그 지글러 아들이오?)!

긍정반응하라 — 더 나은 내일을 위해

우리가 아무리 해도 바꿀 수 없는 것들이 몇 가지 있다. 만약 내가 백인으로 태어났다면 계속 그 상태로 머물러야 한다. 흑인으로 태어났어도 마찬가지다. 아무리 키가 크고 싶어도 내 마음대로 신장을 50센티미터나 잡아 늘일 수는 없다. 마찬가지로 내가 태어난 시기, 장소, 태어난 방식, 또 나를 낳아준 부모 등은 바꿀 수 없다. 사실 과거의 삶에서 일어났던 일은 단 하나도 되돌릴 수 없다.

그러나 내일이라면 이야기는 달라진다. 과거가 어떻든 우리의 내일은 완전한 백지다. 이 백지에다 무엇을 쓸 것인지는 우리가 선택한다. 우리는 부정적인 사건에 긍정반응할 것인지 부정반응할 것인지를 결정할 때마다 이 선택을 하는 것이다. 당신의 직원이 무례하고 생각 없고 경솔하며 도저히 상대하기 힘든 사람인 경우라 해도 여전히 당신은 매니저로서 그에 대해 긍정반응하느냐 부정반응하느냐를 선택할 수 있다는 사실을 이해하기 바란다. 당신이 내리는 선택은 직원들과의 관계에서 중요한 역할을 한다. 물론 남을 리드하려면 경영자는 완벽해야 하고 결코 냉정을 잃어서는 안 된다는 뜻은 아니다. 이것은 비현실적일 뿐 아니라 도저히 불가능하다. 심지어는 바람직하지 않을지도 모른다. 결국 경영자도 사람이며, 직원들도 당신이 감정이 있는 사람임을 알아야 한다. 그러나 모든 것을 고려해볼 때, 당신은 부정반응보다는 긍정반응을 훨씬 더 자주 선택하고, 부정반응을 할 때도 이성으로 제어하며 그것이 직원 개인이 아니라 그가 취한 행동을 향하도록 주의해야 한다.

지금은 은퇴했지만 정말 뛰어난 컨설턴트이자 경영 전문가인 내 친구 프레드 스미스Fred Smith는 그의 탁월한 저작 『당신과 당신의 네트워크You and Your Network』에서 이 문제와 관련된 유익한 충고를 전한다. 사람들이 우리를 야비하고 혐오스런 방식으로 대할 때, 대부분의 경우 그것은 그들이 우리에게 일부러 상처를 주고 싶어서가 아니라는 것이다. 오히려 그들 자신이 아픔을 느끼기 때문에 그런 식으로 행동하는 것일 가능성이 훨씬 크다는 것이 프레드의 지적이다.

모든 불쾌한 행동은 실은 도와달라는 간절한 호소다.

모든 불쾌한 행동은 실은 도와달라는 간절한 호소라는 사실을 이해하기 바란다. 이 사실을 인식하고 받아들일 때 우리는 관리자로서, 또한 인간으로서 더 차분하고 분별 있게 행동하기가 한층 더 쉬워진다.

나에게 달려 있다

인생은 선택의 연속이다. 오늘 내가 선택하는 것이 내일 인생을 결정할 것이다. 나는 오늘 술에 취하기로 선택할 수 있지만, 그렇게 할 경우 나는 내일 불편을 느끼기로 선택한 셈이다. 나는 오늘 담배를 피우기로 선택할 수 있지만, 그럴 경우 나는 14분 일찍 죽기로 선택한 것이다. 내가 오늘 좋은 식사를 하기로 선택한다면 내일 더 건강해지겠다는 선택도 같이 한 셈이다. 나는 비만이 되기로 선택하거나, 아니면 정상 체중을 유지하기로 선택할 수 있다. 행복하기로 선택하거나 우울하기로 선택할 수 있다. 일부 전문가에 따르면 우리는 심지어 미치기로 선택할 수도 있다고 한다. 일상의 삶과 부대껴야 하는 책임에서 벗어나기 위해 이런 선택을 하는 사람들도 있다는 것이다.

나는 성인으로 살아온 24년 동안 선택에 의해 90킬로그램이 넘는 체중을 유지했다. 이렇게 말하는 것은 이제껏 살아오면서(최소한 유아기 이후) 나는 절대 어떤 음식도 되는 대로 먹어본 적이 없다. 입으로 들어가는 모든 음식은 신중하게 계획되고 섭취된다. 심지어 거의 전적으로 음식을 먹는 일에만 집중할 수 있도록 최소한 매일 세 차례의 시간을 따로 떼어둔다. 내가 오늘 너무 많이 먹기로 선택하면 내일 과체중이 되기로 선택한 것이다. 1972년에 나는 비만이 되지 않기로 선택했고, 정상 체중에 도달하고 그 상태를 유지하기 위한 적절한 조치를 취했다. 그것은 내가 내린 현명한 선택 중 하나였다.

내가 빨강머리라는 애칭으로 부르는 내 아내와 함께 즐겨 찾던 아이스크림 가게에서 목격했던 잊혀지지 않는 한 장면이 있다. 그때 한 젊은 커플이 가게로 들어왔다. 남자는 스물너댓 살 가량 돼보였다. 나는 아내를 팔꿈치로 슬쩍 찌르고는 그 커플들을 가리키며 말했다.

지그 : "저 애들 보이지?"

빨강머리 : "그래요."

지그 : "저 남자에게 무슨 일이 있었는지 궁금하군."

빨강머리 : "무슨 소리예요?"

지그 : "잘 봐. 저 친구 무슨 사고를 당했어. 상처가 있잖아."

빨강머리 : "여보, 상처가 난 게 아녜요. 이발소에 갔다 온 거죠."

좋은 것이든 나쁜 것이든 우리가 하는 모든 선택에는 언제나 어떤 결과가 뒤따른다.

지그 : "아니, 돈까지 주고 저런 보양을 냈단 말야?"(난 그때까지 양쪽 귀 위쪽으로 그렇게 흉하게 머리카락을 민 사람을 본 적이 없었다. 정말 볼 썽사나웠다.)

빨강머리 : "물론이죠. 그는 남들과 다르게, 특별하게 보이려는 거예요. 그러니까 무슨 아이돌 스타 흉내를 내기로 한 거죠."

부디 오해하지 마시기 바란다. 내가 이 나라에서 가장 좋아하는 점 중 하나가 우리는 자유롭고, 자기 외모를 원하는 어떤 모양으로든 연출하기로 선택할 수 있다는 사실이다. 내가 전하고 싶은 요점은 그 젊은 친구가 그런 식의 헤어 스타일을 선택했을 때, 그는 동시에 전체 취업 기회의 98%를 날려버리는 선택도 같이했다는 것이다. 만약 우리 회사라면 도저히 그를 채용하지 않을 것이다. 그는 사람들의 정신을 산란하게 할 것이고, 우리는 시간의 절반을 그를 이해하는 데 허비할 것이다!

한 젊은이가 밤늦도록 TV를 보거나 친구들과 놀기로 선택할 때, 그는 다음 날 수업 시간에 졸음과 씨름하고 그 결과 경쟁사회에서 성공하는 데 필요한 정보를 적잖이 흘려버리는 선택도 같이한 것이다. 우리가 남들에게 야비하고 짓궂고 상스럽게 행동하기로 선택할 때, 우리는 그들로부터 똑같은 대접을 받기로 선택한 셈이다. 같은 이치로 우리가 남에게 신중하고 사려 깊기로 선택할 때, 그들에게 동일한 대우를 받기로 선택한 것이다. 예는 한없이 들 수 있지만, 골자는 똑같다. 선택은 내 자유지만, 내가 오늘 내리는 선택이 내 인생의 내일에 내가 어떤 사람이 되고 무엇을 하며 무엇을 갖게 될지를 결정한다.

나는 경영자로 성공하는 데 필요한 행동을 하기로 선택할 수도 있고, 아니면 성공한 경영자들의 경험을 무시하고 나와 내 직원들이 그에 대한 대가를 치르도록 하기로 선택할 수도 있다. 우리는 직원들에게 자신의 태도와 행동에 대해 스스로 책임을 져야 하며, 삶에서 우리가 내리는 모든 선택은 그것이 좋은 것이든 나쁜 것이든 모종의 결과를 가져온다는 사실을 가르쳐야 한다. 일단 이 결과들을 철저히 이해하면 올바른 선택을 하기가 더 쉽다. 상식, 감사, 진실한 품성, 그리고 절제가 최고의 성취자들이 내리는 올바른 선택의 일부 내용이다.

부정반응의 결과는?

항공사 카운터에서 내게는 다른 선택의 여지가 있었다. 나는 투덜대며 고함을 치거나 야유를 하거나 한바탕 삿대질을 해대며 법석을 떨 수도 있었다. 나는 스스로를 완전한 바보로 만들고 나 자신은 물론 주변 사람들을 불편하게 했을 수도 있다. 이런 식으로 침을 튀겨 가면서 말이다. "말도 안 돼. 어떻게 이런 일이. 나 피곤해요. 한 주일 내내 집에도 못 들어갔단 말이오. 내 가족은 날 보고 싶어 하고 나도 그들이 보고 싶소. 도대체 누가 이런 결정을 한 거요? 이 회사 책임자가 누구야?" 그렇다. 나는 이런 식의 반응을 두 번째 대안으로 선택할 수도 있었다. 하지만 그래도 다음 비행기는 6시 5분에 떠난다!

무죄 혹은 유죄?

혹시 편안한 마음으로 어떤 생각에 잠긴 채 차를 몰고 출근하는데 갑자기 다른 차가 당신 앞으로 뛰어드는 경우를 경험해 본 적이 있는가? 당신은 급브레이크를 밟는 것과 동시에 경적을 울리며 가까스로 그를 피한다. 곧 당신은 상대에게 삿대질을 하며 소리를 지른다. "이봐 당신! 눈은 어디다 두고 다녀? 누구 죽일 일 있어? 죽고 싶어 환장했냐고?" 이 사건 때문에 잔뜩 화가 나서는 그 화를 직장에까지 가져가 전 사원들 앞에서 그 머저리 운전기사 욕을 퍼부어댄 적은 없는가? 그런 작자들에게 왜 면허증을 내주는지, 사람이 어떻게 그런 어이없는 실수를 할 수 있는지 큰 소리로 욕을 해본 적은 없는가? 당신은 계속 입에 거품을 물고 격한 말을 쏟아내며 출근길에 죽을 뻔한 상황을 설명하고, "그런 인간들은 거리에서 싹 쓸어버려야 한다"며 울분을 토로한다.

한편 그 어이없는 실수를 저지른 사람은 당신이란 사람이 존재한다거나 무슨 일이 있었다는 사실조차 까맣게 잊은 채 즐거운 마음으로 계속 차를 몰고 간다. 그는 당신의 삶을 완전히 장악하고 있다. 그는 당신의 마음과 정신을 지배하며 당신의 생산성, 다른 사람들과의 관계, 심지어는 당신의 미래에까지 영향을 준다. 그런데도 그는 당신이 존재한다는 사실조차 모른다! 우리의 가장 큰 선물 중 하나는 생각하고 행동하고 느끼는 방식을 선택할 수 있는 능력이며, 개인적으로 가장 비참해지는 순간은 앞의 운전기사 같은 사람이 우리의 삶과 태도를 지배하도록 허락하는 때이다.

잠시 생각해보자. 만약 나의 현재 모습이 어머니가 나를 임신했을 때 말에 놀라서 도망친 그때부터 내가 갈색의 커다란 동물을 두려워하게 되었기 때문이라면……, 혹은 어렸을 적 사람들이 내게서 기저귀를 너무 빨리 빼앗아갔기 때문이라면……, 또는 누군가 다른 사람 때문에 내가 지금 이 모양 이 꼴이 된 거라면, 이렇게 해보는 건 어떨까? 즉 나를 이렇게 만든 책임이 있는 사람을 정신과 의사에게 데려가서 그 사람을 치료하게 해서 나의 문제를 고친다! 이게 얼마나 미친 짓으로 보이는가? 만약 내가 넘어져 팔이 부러질 경우, 친구를 대신 의사에게 보내 팔을 치료받도록 하지는 않을 것이다. 심지어는 나를 밀어 넘어뜨린 사람도 안 보낼 것이다. 내가 직접 가야 한다. 자신이 직접 책임을 떠안아야 하는 것이다. 나의 정신 건강의 경우도 마찬가지다. 나 스스로 개인적 책임을 받아들여야 한다.

물론 나는 우리의 과거가 중요하다는 사실을 알고 있다. 그러나 토니 캠폴로Tony Campolo 박사의 말을 빌리자면, 그것이 자신의 미래를 바라보는 태도만큼 중요한 것은 아니다. 그 이유는 이렇다. 내가 자신의 미래를 보는 방식이 현재 내 생각을 결정한다. 현재 나의 생각이 현재의 내 성공을 결정하며, 현재 나의 성공은 내 미래를 결정한다. 이것은 내가 삶의 일상적인 도전에 부정반응하지 않고 긍정반응하는 법을 배울 때 특히 더 그렇다.

나의 과거는 더 이상 손댈 수 없지만, 내 미래는 완전 백지다. 그 위에 내가 원하는 것은 무엇이든 쓸 수 있다. 그렇게 하려면 긍정적이거나 부정적인 일에 긍정반응하는 법을 배워야 한다. 다행히 우리는 스스로 생각하는 것보다 훨씬 많은 조정 능력을 갖추고 있다. 가끔 우리는 "저 사람 때문에 정말 미치겠어"라고 말한다. 그러나 그건 틀린 말이다. 어떤 현자가 말했듯이, 냄비에 수프가 없으면 수프를 저을 수가 없다. 우리의 마음속에 이미 화의 기운이 없으면 아무도 우리를 분노의 노예가 되게 할 수 없다. 격한 반응은 학습된 행동이다. 따라서 그것은 털어버릴 수 있다. 이것이 핵심 원칙이다. 성취의 달인들은 묵어서 낡은 것들을 털어내지 않고는 긍정적인 정보들을 지속적으로 새롭게 채워갈 수 없음을 알고 있다.

어떤 사람의 며칠, 혹은 몇 주 동안의 일상 행동을 관찰하면 그에 대해 꽤 많은 것을 배울 수 있다. 그러나 어려운 상황에 처한 사람은 5분만 지켜봐도 그가 긍정반응하는 사람인지 부정반응하는 사람인지 간파할 수 있다. 사실 우리는 어떤 사람의 평범한 일상을 여러 날 관찰하는 것보다 힘겨운 상황에 처한 그를 단 몇 분간 주목하는 것으로 그에 대해 더 많은 것을 알아낼 수 있다.

조명은 늘 켜져 있고, 카메라는 계속 돌아간다.

부정적인 사건에 대한 나의 긍정반응, 또는 부정반응은 나의 내면을 드러내준다. 그것은 나의 속마음을 노출시키며 내가 어떤 부류의 인간인지를 보여준다. 문제는 대다수 사람들이 긍정반응하기보다는 부정반응하는 쪽을 택하고, 삶의 고통을 전부 남의 탓으로 돌리는 경향이 있다는 사실이다.

질문 : 나는 긍정반응하는가 아니면 부정반응하는가?

자신의 성공을 남의 탓으로 돌리는 사람이 있는가? "이건 전부 매니저 탓이야. 그 양반이 나와 시간을 보내며 더 공부하고 훈련하고 준비하도록 날 몰아붙였지. 내가 지금 성공한 건 다 그 매니저 때문이야." 사람들은 이렇게 말하지 않는다. "이건 순전히 배우자, 아니면 부모님 탓이었어. 그들은 내가 필요한 일을 할 때까지 밤낮을 안 가리고 날 닦달했지. 내가 성공한 건 다 그 때문이야." 이런 식으로도 말하지 않는다. 우리 대부분은 어려움에 대해서는 남 탓을 하면서도 성공의 공은 자신에게 돌린다. 당신은 어떤가? 당신은 부정적인 상황에 긍정반응하여 그것을 개선시키는가, 아니면 부정반응하여 상황을 더욱 악화시키는가?

성취의 달인이 되기 위해서는 올바른 선택을 해야 한다. 만약 당신이 긍정반응하는 법이나 최고 성취자가 되려는 사람들이 어떻게 행동하는지를 배운 적이 없다면, 당신은 그럴 듯한 핑계거리를 갖고 있는 셈이다. 하지만 잠시 기다려라. 나는 당신이 그 핑계를 전가의 보도처럼 휘두르게 내버려두지는 않겠다. 우리는 자신과 타인의 잠재력을 최대한 끌어내기 위해 올바른 선택을 하는 법을 살펴볼 것이다. 크리슈 다냄이 들려주는 다음의 이야기는 긍정반응과 부정반응의 차이를 보여주는 아주 생생한 예다.

2년 전, 나는 공항으로 가는 셔틀버스를 기다리며 호텔 밖에 서 있었다. 그 여행은 유익했다. 그때 나는 미국과 내 직업이 주는 여러 기회에 감사를 느꼈다. 나는 확실히 연보다 더 높이 비상하고 있었고, 그 창공에서 나를 끌어내릴 만한 것은 아무것도 없었다.

셔틀버스 기사는 늑장을 부리는지 아직 도착하지 않았다. 나는 내 짐을 호텔 앞에 서 있던 버스에 실어놓기로 했다. 내 생각은 지극히 단순했다. 만약 짐을 실어 놓으면 기사가 도착할 때 그만큼의 시간을 절약하게 되고, 따라서 곧바로 출발할 수 있으리라는 계산이었다.

사람들은 자주 외모만 보고 그 사람의 직업을 단정해버리는 실수를 범하고는 한다. 그날 일은 벌어졌다. 내가 버스에 싣고 있던 여행용 짐과 함께 나의 인종적 특성이 빚어낸 색다른 외모는 다른 여행객들의 오해를 불러일으켰다. 말하자면 그들은 나를 영어도 못하는 짐꾼으로 착각했고, 이는 그들이 뒤에 보여준 행동에 의해 여실히 드러났다.

무지가 빚어낸 첫 실례는 내 옆에 서 있던 한 여자에게서 나왔다. 그녀는 손짓으로 내가 이제까지 한 행동을 되풀이하도록 신호했다. 간단히 말해 그녀는 자신의 짐도 버스에 실어달라고 무언의 지시를 했던 것이다. 나는 그녀가 시키는 대로 한 후 원래 자리로 돌아와 계속 기다렸다.

그런데 이번엔 한 신사가 자기 짐도 실어달라고 부탁했다. 다시 한 번 나는 분부를 받들었다. 그러나 이번에는 나도 내 방식대로 반응을 보일 필요가 있었다. 부정반응하는 대신에 나는 전에 지그 지글러 회장님이 들려준, 살아가면서 우리는 긍정반응할 필요가 있다는 말을 기억했다. 조명은 늘 켜져 있고 카메라는 계속 돌아가고 있다.

지글러 교육시스템의 교육담당자로서 내게는 우리 회사를 할 수 있는 한 최고 수준으로 대변해야 할 의무가 있었다. 그날 그 사람들에게 목소리를 높이며 화를 내는 것이 나를 가장 만족시키는 행동이었을 것이다. 나는 배울 만큼 배우고 근면하며, 정직하고 세금도 꼬박꼬박 내는 성실한 시민이다. 그런데 이들은 나를 짐꾼으로 취급했다. 물론 그들 역시 배울 만큼 배우고 근면하며 정직하고 세금을 꼬박꼬박 내는 성실한 시민이라는 사실을 밝혀두어야겠다. 하지만 내 입으로 직접 그런 소릴 한다면 좀 건방진 짓거리일 것이다…… 대부분의 사람들은 부정반응했을 테지만, 나는 긍정반응하기로 선택했다. 그래서 나는 웃으면서 그들 각자에게 손을 내밀었고 거의 4달러를 챙겼다. 참 대단한 나라 아닌가!

당시에는 별로 유쾌하지 않던 사건을 이야기하는 이유는 두 가지다. 첫째는 긍정반응하는 것이 그때 내가 취할 수 있었던 여러 선택 중에서 더 나은 것이었다는 사실을 보여주려는 의도다. 두 번째는 그 신사가 내가 버스에 올라타는 것을 보고 자신이 실수했다는 것을 알아차렸을 때 내게 한 말을 여러분에게 전하고 싶기 때문이다. 그는 간단히 이렇게 말했다. "내 직원들도 성격이 모두 선생 같으면 좋을 텐데요." 수년 뒤 성공의 원칙들을 정리하는 과정에 참여하면서 나는 그날 끝까지 냉정을 잃지 않은 것에 감사하게 되었다. 그리고 편견에 빠져 나를 오해했던 그 두 사람보다 내가 더 위대한 승리자였다는 사실을 나는 확실히 알고 있다.

성공원칙

1. 나의 과거야 어떻든 내 미래는 완전한 백지다.
2. 사람들의 모든 불쾌한 행동은 실은 도와달라는 간절한 외침이다.
3. 남 탓하느라 시간 허비하지 말고 원인을 고쳐라.
4. 오늘 내가 하는 선택이 내일 내가 무엇이 되고 무엇을 하고 무엇을 갖게 될 지를 결정한다.
5. 최고 성취자들은 올바로 선택하는 법을 배운다.
6. 성취의 달인들은 끊임없이 자신의 마음속에 새로운 생각과 아이디어를 채워 넣을 때, 이미 자리 잡고 있던 일부 낡은 생각들이 걸러지게 된다는 것을 알고 있다.

사람들이 당신의 리더십을 원하게 하라

리더십은 내가 해내고 싶은 일을 다른 누군가 스스로 원해서 하도록 만드는 기술이다.

—드와이트 D. 아이젠하워

빠듯한 일정 속에서도 나는 내 책을 홍보하는 일을 매우 좋아한다. 그동안 극소수를 제외하면 언론은 내게 상당히 우호적이었다. 덕분에 저자 지명도가 높아 서점들은 저자 사인회를 자주 갖기를 원한다. 책 매출에 도움이 많이 되기 때문이다. 나 역시 홍보를 위한 행사라면 거리를 마다 않고 직접 참석하려고 애쓴다.

나는 전에 『클로징』 홍보 차 늦게까지 뉴욕에 머문 적이 있었는데 새벽 2시 30분이 되어서야 텍사스 주 휴스턴에 있는 다음 목적지의 호텔에 도착했다. 만사가 순조로웠던, 정말 알차고 생산적인 하루를 보냈기 때문에 나는 기분이 들뜬 상태였다.

사인회는 훌륭했고 사람들은 호의적이었으며 책도 상당히 많이 팔렸다. 그리고 다음 날 첫 인터뷰는 오전 11시로 잡혀 있었다.

유 머 의 힘

투숙 수속을 위해 접수대에 이르러 야간 당직 직원을 힐끗 본 나는 그녀의 기분이 별로 안 좋은 상태임을 알아보았다. 얼굴 표정을 보아하니 남자 친구에게 차였을 뿐 아니라, 손에 녹아버린 M&M 초콜릿을 쥐고 있거나, 아니면 수신자 부담의 택배라도 받은 모양이었다. 그러나 그녀의 우울한 표정과는 상관없이 나는 힘차게 접수대로 갔고 다음의 대화를 주고받았다.

지그 : "좋은 아침입니다. 괜찮아요?"

직원 : "아, 예. 곧 좋아지겠죠."

지그 : "내 장담하는데 아가씬 더 좋아질 뿐 아니라 틀림없이 성공할 겁니다."

직원 : "이렇게 늦은 시간인데 선생님은 기분이 아주 좋으신 모양이네요."

지그 : "그래요. 오늘 아침 잠에서 깼을 때, 난 내가 이기는 게임을 하고 있다고 생각했죠. 왜냐하면 여전히 코를 골고 있는 사람들이 많았으니까요."(그녀는 이 말에 거의 웃을 뻔했다.)

직원 : "아주 낙천적이시군요."

지그 : "물론이죠."

직원 : "그런 것 같습니다. 여기 숙박 용지에 기입 좀 해주세요."

용지를 건네자 그녀가 말했다. "이제 신용카드가 필요합니다." 다행히 나는 그녀의 요구에 응할 수 있었다. 그래서 다음과 같은 진짜 신용카드를 그녀에게 건넸다.

카드를 본 그녀는 웃음을 터뜨렸고 심지어는 꽤 들뜬 기분으로 말
했다. "선생님이 제 산소시네요. 확실히 기분이 더 좋아졌습니다. 그
래도 이것과는 다른 신분증이 필요한데요." 그 말을 기다렸다는 듯 나
는 카드를 뒤집었다. 바로 아래와 같은 카드를 본 그 직원은 거의 배
꼽을 잡고 바닥을 구를 지경이 되었다.

여러분은 그녀가 남은 시간 동안 더 즐겁게 근무했으리라 생각하는가? 당연히 그렇다! 어째서 그럴까? 바로 태도 변화 때문이다.

내가 여기서 이 작은 사례를 꺼내드는 이유는 이 스트레스 많은 세상에서 유머감각이 우리의 육체적 정신적 건강에 지대한 역할을 할 수 있기 때문이다. 유머는 타인과의 관계형성에 윤활유 역할을 하며, 그들로 하여금 우리를 더 잘 알고 기쁘게 하기를 원하며 우리의 리더십과 지시를 따르고 싶어 하도록 만든다.

실제로 나는 관리가 리더십을 능가한다고 믿는다. 왜냐하면 관리란 조직의 목표와 개인의 목표, 둘 모두의 이익을 위해 함께 손잡게 만드는 특별한 종류의 리더십이기 때문이다. 만약 개인의 목표가 조직의 목표보다 더 중요하다거나 둘이 서로 상충된다면, 그것은 조직에 피해를 줄 것이다. 마찬가지로 만약 조직의 목표가 개인의 목표를 짓누르거나 서로 충돌을 일으킨다면, 이번엔 개인이 고통을 느끼게 된다. 따라서 뛰어난 인력관리자는 사람들로 하여금 양쪽의 이익이 극대화되는 방향으로 에너지가 흐르게 만들어야 한다.

이는 분명 사무실이나 스포츠팀, 교회, 가정, 혹은 두 사람 이상이 공동의 이해관계를 가지고 모인 어떤 상황에서든 그대로 적용된다. 우리의 목표는 이런 공동의 이익을 촉진하고 개인의 목표와 조직의 목표가 가능한 서로 보완할 수 있도록 하는 것이 되어야 한다.

리더와 협력

아무리 똑똑하고 전문 지식이 풍부하다 해도 주위 사람들의 자발적인 협조 없이는 리더로서 성공하기 힘들다. 내가 억지로 협력을 강요할 수 있는 사람들의 수가 얼마나 될지 생각해 본 적이 있는가? 일단 상사는 나의 윗사람이기 때문에 제외시킨다. 나와 동급에 있는 사람들에게도 힘이나 권한이 똑같기 때문에 강제력을 행사할 수는 없다. 심지어는 아랫사람이라 해도 복종 강요는 불만 제기나 사표제출을 초래하고, 깊은 원한을 품게 할 수도 있기 때문에 이들의 생산성은 직간접적으로 타격을 입게 될 것이다. 설사 항상 고분고분한 부하직원이 있다 해도 조심해야 한다. 아마도 그런 사람들은 자발적으로 계획을 실행하거나 스스로 생각할 수 있는 능력이 결여되어 있을지도 모른다. 잊지 마라. 리더십처럼 협력은 다른 사람이 내가 원하는 것을 하게 만드는 것이 아니다. 오히려 그것은 내가 원하는 것을 그도 하고 싶어 하게 만드는 것을 의미한다. 여기서 중요한 것은 일을 자발적으로 하고 싶어 하게 만든다는 개념이다.

대체로 진정한 협력은 일정 시기에 걸쳐 형성된 모종의 감정에 의존한다. 이런 감정을 이해하고 북돋우며, 그것에 거슬리지 않고 조화롭게 일을 추진하는 것이 리더의 책임이자 동시에 기회다. 이제 협력을 이끌어내기 위한 몇 가지 기본 원칙과 생각을 살펴보자.

우리는 사람들에게 소위 DOSES 리더십을 제공함으로써 협력을 얻을 수 있다. 그것은 역동적이고Dynamic 조직적이며Organized, 세심하고Sensitive 효율적이며Effective, 강력한Strong-willed 리더십이다. 다음의 사례는 크리슈 다냄이 다년간 사람들과 접촉하면서 모은 것들이다.

역동성Dynamic 역동적인 리더들은 사람들과 원만한 관계를 형성하기 위해 자신의 리더십 방식에 유연성이 필요하다는 사실을 이해한다. 리더십은 나와 의견을 달리하는 자들을 포함해 모든 이들과 좋은 관계를 맺고 그들로부터 최대한의 성과를 끌어내는 것이다. 이런 유연성이야말로 역동적인 리더들이 소유하고 있는 자질로, 이를 무기로 그들은 자신의 팀을 이끌고 평탄한 시기와 힘든 시기를 헤쳐 나간다. 미네소타 주의 로체스터 시에 소재한 IBM 신용협동조합IBM's Credit Union의 사장이자 CEO인 폴 호겐Paul Horgen이 이런 특징을 구현하는 인물이다. 저축과 대출의 인기가 그렇게 높지 않았던 시기에 그는 역동적 기질을 이용하여 자신의 조직을 이끌고 놀라운 성장을 이루었다. 폴이 댈러스에서 거행된 우리의 한 행사에 참석했을 때, 그는 비록 자신의 분야에서 이미 리더임에도 불구하고 더 나은 리더가 되기 위해 부단히 배움의 길을 걷는 학구열에 불타는 학생임을 증명했다.

조직성Organized 조직적인 리더는 프로젝트를 신중하게 계획하고 자신의 아이디어가 받아들여질 가능성이 가장 높은 시간과 장소를 선택한다. 일단 아이디어가 체계화되면 그것을 명확하고 간명하게 제시한다. 케빈 스몰Kevin Small은 애틀랜타에 있는 리더십 교육 및 개발 회사인 인조이INJOY의 사장이다. 리더십 분야 권위자인 존 맥스웰 John Maxwell의 가르침을 전하기 위해 구상된 인조이와 관련조직인 맥시멈 임팩트Maximum Impact는 매우 효과적인 위성방송을 통해 리더십 분야의 최고 명사들을 아주 훌륭하게 결합시켰다. 이 방송은 전국에 퍼져 있는 수천 명의 사람들과 동시에 연결될 수 있다. 케빈은 내가 아는 가장 조직적이고 효율적인 인물 중에 한 명이다. 나는 90년대 초에 그가 존 맥스웰 세미나를 위한 세부 계획을 마련하고 있을 때 처음 만났다. 그가 화려하게 조직의 우두머리로 부상한 것은 조직화의 중요성에 대한 그의 신념을 증명해준다. 케빈은 진정한 최고 성취자다.

세심함Sensitive 세심한 리더는 진정한 협조를 얻기 위해서 자신이 모든 답을 갖고 있지 않다는 사실을 알고 있다. 아마 어떤 결정을 하는 데 필요한 사실이나 수치들은 다른 사람의 손에 쥐어져 있을 가능성이 높다. 타인의 감정에 민감한 리더가 주변 사람들의 협력을 얻을 수 있다.

효율성Effective 타인의 시각으로 사물을 보는 법을 배우는 것이 효율성의 징표다. 성공한 리더들은 좀처럼 편안하지 않다. 사람들은 그들이 효율적이기를 기대한다. 편안함과 효율성 간의 차이가 성장이며, 그것은 최고의 성취자들과 나머지 무리들을 구분시켜주는 요소다.

적절한 시기에 올바른 비전을 갖춘 적합한 인물이 당신의 리더가 될 수 있게 하라.

강한 의지Strong-willed 성공적인 리더는 공정하지만 단호하다. 그는 다른 사람들도 옳을 때가 있고 그들의 의견과 생각 역시 존중받을 권리가 있다는 사실을 이해한다. 강한 의지의 리더들은 조직의 모든 관심사가 비전과 사명이라는 기본적인 필터를 통과하게 하는 법을 배운다. 그들은 특정 아이디어나 의견 또는 전략이 조직의 목표나 이상과 배치되는지 여부를 어떻게 판별해야 하는지 알고 있다.

왜 사람들이 나를 따르고 싶어 해야 하는가?

위의 질문을 염두에 둔 상태에서 이제 다음의 문제를 시작하자. 당신은 관리자로서 자신의 장점을 파악해본 적이 있는가? 당신이 현재 위치에까지 이르게 된 데는 어떤 이유가 있을 것이다. 지금 괜한 겸손을 부릴 때가 아니다. 주위 사람들로부터 전해들은 긍정적인 평가들을 떠올려보라. 우리가 긍정적인 요소들을 기억하는 데 애를 먹고 있다는 사실은 타인의 장점을 솔직하게 지적해주는 일의 중요성을 강조해준다. 기획, 조직화, 소통, 듣기, 의사결정, 위임, 그리고 동기부여 등의 분야를 주목해보라. 앞으로 더 진행하기 전에 바로 지금 당신이 인력관리자로서 지니고 있는 최소한 열 가지의 장점을 열거해보라.

사람들이 나를 따르고 싶어 하는 중요한 이유들

1.

2.

3.

4.

5.

6.

7.

8.

9.

10.

당신이 작성한 목록의 길이나 강도와는 상관없이, 당신은 인력관리자로서 한층 더 능률적으로 될 수 있다.

존 D. 록펠러는 다른 어떤 능력보다 사람을 상대할 수 있는 능력에 더 많은 값을 지불하겠다고 말한 바 있다. 남들이 우리의 리더십과 관리를 원하도록 하기 위해 우리는 록펠러가 언급한 대인관계 기술의 전문가가 되어야 한다. 시인 랠프 왈도 에머슨 역시 우리에게 가장 필요한 것은 우리가 되고자 하는 것이 될 수 있도록 우리를 고무하고 감화시켜줄 사람이라고 했다. 앵커 댄 래더는 꿈은 나의 잠재력을 믿고 때로는 '진리' 라는 날카로운 막대기로 나를 찔러대며 다음 봉우리로 나를 밀고 잡아끌며 인도하는 스승과 함께 시작된다는 말로 에머슨의 생각을 한 단계 더 진전시켰다.

경영자이자 관리자로서 당신은 이 사람들이 말하고 있는 모든 것과 그 이상의 것을 구현해야 한다. 매우 벅찬 임무처럼 들릴지 모르지만 실제로는 그렇지 않다. 사실 인력관리 전문가가 되는 것은 아주 간단하다. 여기서 나는 쉽다고 하지 않았다. 인생에 쉬운 것은 하나도 없다. 그러나 사람을 관리하는 일은 복잡할 필요가 없고 또 그래서도 안 된다.

우리 해외사업 부장인 크리슈 다냄은 적합한 리더를 찾는 데 무엇이 필요한지 아주 잘 알고 있다. 다음은 이 주제와 관련된 그의 통찰이다.

내가 지그 지글러 조직의 한 식구가 되었던 1991년에 브라이언 플래너건은 나의 직속 영업부장이었다. 나는 그 전에 통신업계에서 일하다가 이곳에 채용되었고, 새 직장이 상당히 마음에 들었다. 그때까지 직장생활을 하면서 나는 내게 부여된 일만 하면 되는 위치에 있었고 그 이상은 넘볼 엄두를 내지 못했다. 나는 본래의 의무 범위를 넘어선다는 개념을 완전히 이해하지 못했다. 내 수습기간은 90일이었고, 내 보수는 그 과정에서 미리 정해진 목표에 도달할 때마다 상향조정되도록 되어 있었다. 90일 마감시한이 다가왔을 때 나는 여전히 내 몫으로 설정된 실적 기대치에서 약 600달러 정도 모자란 상태였다. 나는 브라이언과의 만남이 나를 어떤 방향으로 이끌어갈지 알지도 못한 채 그에게 도움을 요청했다. 브라이언은 아직 시간이 남아 있으므로 다시 돌아가 젖 먹던 힘까지 다 내보라고 격려했다. 나는 시키는 대로 했지만, 오후 이른 시간까지 겨우 70달러어치밖에 못 팔아 목표달성까지는 아직 요원했다.

브라이언 플래너건은 그 친절한 태도 때문에 사람들이 따르고 싶어 하는 리더다. 그날 브라이언은 내가 영원히 따라야 할 본을 보여주었다. 한 노스다코타 자동차 대리점의 의사결정자가 브라이언에게 사고 싶어했지만, 가격 절충을 못한 상태였다. 브라이언은 그의 기준 요금보다 훨씬 적은 금액으로 내가 계약하는 것에 동의했기 때문에 나는 그 계약을 성사시켰고 목표를 달성했으며 회사에 계속 눌러앉아 경력을 키워나갈 수 있었다. 그날 브라이언의 행동으로 나는 실업자가 될 위기를 모면했다. 이 책의 공동 저자로 함께 작업하는 것은 물론 우리가 함께했던 수많은 교육 프로그램이 증명하듯 이후 브라이언과 나는 좋은 친구로 남아 있다.

우리가 뭔가 특별한 일을 할 때, 그런 행동이 어떤 영향을 가져올지는 결코 알 수 없다. 우리는 사람들이 따르고 싶어 하는 종류의 리더가 될지도 모른다. 성취의 달인들은 사람들이 스스로는 보지 못하는 무언가를 그들에게서 발견한다. 내가 보기에 브라이언 플래너건이 바로 그런 최고 성취자다.

성급한 판단을 경계하라

한 가정상담사는 대부분의 아내들이 원하는 남편상은 자기들이 존경할 수 있는, 그러면서도 아내를 무시하지 않는 남자라고 말한 적이 있다. 경영자나 리더의 팀원들이 원하는 것도 바로 이런 유형의 상사다. 자신들이 진정으로 존경할 수 있는, 그러면서도 자신들을 우습게 여기지 않는 상사를 원하는 것이다. 이것은 모든 경영자가 자기 사람들을 상대함에 있어 도달하려고 노력해야 하는 목표다. 다음에 소개하는 이야기는 이 점을 아주 잘 예시해준다.

몇 년 전에 나는 오하이오의 한 작은 도시로 강연을 가는 길에 연결 교통편을 이용하기 위해 피츠버그에 들러야 했다. 한 시간이 조금 넘게 시간 여유가 있었기 때문에 연결편 탑승구로 걸어갈 때 나는 구두나 닦아야겠다고 생각했다. 마침 두 청년이 한 부스에서 구두를 닦고 있었다.

한 명은 쾌활하고 명랑하고 유쾌한 친구로, 누구라도 즐겁게 할 만한 성격이었다. 반면 다른 청년은 완전히 그 반대였다. 그는 침울했고 조용했으며 표정도 없었다. 그는 그냥 그곳에 있는 물건처럼 존재했다. 나는 쾌활한 청년의 서비스를 받고 싶었지만, 내가 도착했을 때 그는 다른 손님의 구두를 닦고 있었기 때문에 하는 수 없이 그 말없는 청년에게 발을 내밀었다. 나는 의자 쪽으로 다가가면서 그 젊은이에게 상냥하게 인사를 건넸다. 그러나 그는 그저 소 닭 보듯 나를 쳐다만 보고 한마디 대꾸도 없었다. 대중을 상대로 일하며 수입의 상당 부분을 팁에 의지하는 사람의 행동치고는 이상했다. 하지만 대책 없는 낙천가였던 나는 아마 내가 구두닦이에 있어서는 최고의 실력자와 만나게 되었는지도 모른다고 좋은 쪽으로 생각하기 시작했다.

그 청년이 구두에 가죽 광택제를 칠했을 때, 나는 즉시 그가 매우 꼼꼼하다는 사실을 알아챘다. 그는 광택제가 내 양말이나 바지 자락에 묻지 않도록 굉장히 주의했고, 나는 그것이 마음에 들었다. 구두를 말릴 때 그가 얼마나 세심하고 솜씨가 좋은지를 다시 확인할 수 있었다. 그가 광택제 바르는 일을 끝냈을 때쯤 나는 이 젊은이 때문에 결국 득을 보았다고 확신했다. 그는 매우 철저하고 세밀했다. 사실상 그때까지 내가 만나본 구두닦이 중에서 광택제가 골고루 발라졌는지 확인하기 위해 일일이 구두 뒤쪽까지 살펴보는 친구는 그가 유일했다.

구두를 솔질하기 시작할 때의 그의 손놀림은 가히 예술이었다. 그는 아주 빼어났고 나는 점점 감동적이 되었다. 원하는 광택을 내기 위해서는 천으로 구두를 약간 누르듯이 닦아야 하는 듯했다. 바로 이 순간 나는 처음으로 이 젊은이를 유심히 살펴보았다. 옆자리에 있던 그 활달한 청년은 이미 일을 끝냈기 때문에 아무도 없었다. 처음으로 주위가 조용해졌고 나는 거의 들리지 않을 정도의 '어어어' 소리를 들었다. 그 순간 나는 이 청년에게 심각한 장애가 있다는 사실을 깨달았다.

독자 여러분도 짐작하겠지만, 나는 자신이 참 보잘것없는 인간처럼 느껴졌다. 나는 거만하고 거드름 피우는 자세로 이 청년에게 내 구두를 닦게 함으로써 그를 영광스럽게 하겠다고 결정했던 것이다. 심지어 나는 그가 유쾌하고 예의바르고 정중하고 상냥하고, 게다가 구두까지 잘 닦아준다면 마음을 후하게 써서 팁도 넉넉하게 주리라 생각했다.

말할 것도 없이 그것은 내 오만한 자아가 육중한 망치에 된통 얻어

맞은 경험이었다. 나는 이 청년에게 이제까지 구두닦이에게 주었던 팁 중에서 가장 많은 팁을 주었다. 이후 나는 종종 그 청년을 떠올릴 때면 그의 부모를 상상하고, 아들이 자신의 능력을 십분 발휘할 수 있도록 그렇게 훌륭하게 가르쳐 놓은 것에 감동하고는 한다. 그들 역시 훌륭한 인간이자 뛰어난 경영자임에 틀림없다.

경영자로서 우리가 할 일은 직원들이 지닌 능력을 계발하고 그것을 생산적으로 활용하도록 이끄는 것이다. 내 친구 프레드 스미스의 말을 빌리자면 경영자는 부하직원보다 일을 더 잘할 수 있는 사람이 아니라, 부하직원이 자기보다 일을 더 잘할 수 있게 만드는 사람이다.

많은 경우 직원들은 우리가 생각하는 것보다 훨씬 더 많은 재능을 갖고 있다. 사실 자신의 잠재력을 찾아내 활짝 꽃 피우는 속도가 남보다 조금 더딘 사람들이 있다. 인생에서 출발이 매우 늦었던 모지스 할머니(Grandma Moses, 1860~1961, 미국의 국민화가로 76세에 그림을 시작했다—옮긴이), 네 살이 되어서야 걷고 말할 수 있었던 아인슈타인, 지진아 취급을 받았던 에디슨 등이 생각난다. 또 공상적이고 엉뚱한 학생으로 낙인찍혔던 조지 웨스팅하우스는 그의 스승들조차 도저히 안 되겠다 싶어 대학을 자퇴하라고 권할 정도였지만, 스무 살이 되기도 전에 회전식 증기 엔진으로 특허를 받았다.

내가 전하려는 요점은 분명하다. 대부분의 사람들은 언제나 금방 눈에 띄는 것은 아니지만 아직 개발되지 않은 엄청난 능력을 품고 있다. 그 구두닦이 청년처럼 많은 이들은 기꺼이 자신이 가진 재능을 발휘하여 뭔가 대단한 일을 하고 싶어 한다. 경영자이자 관리자로서 우리는 항상 눈을 크게 뜨고 우리 회사나 부서에서 활용할 수 있는, 묻혀 있는 직원들의 재능을 발굴하여 더욱 갈고닦아야 한다.

성공 공식

아마 당신은 자신이 속한 조직—그것이 당신과 다른 1명이든, 아니면 당신과 다른 100명이든—을 공동의 대의나 목적을 위해 함께 움직이게 할 책임이 있다는 데 동의할 것이다. 1984년 로스앤젤레스 올림픽은 분명 위대한 승리였다. 그 주된 이유 중의 하나는 올림픽 조직위원장, 즉 매니저였던 피터 위버로스Peter Ueberroth가 있었다는 것이다. 그와 함께 일했던 많은 사람들이 이렇게 말했다. 위버로스가 성공했던 것은 모든 사람으로 하여금 자신이 개인보다 더 큰, 어떤 대의cause와 엮여 있다고 믿게 만들었기 때문이다. 그가 모든 이들을 자신의 대의에 끌어들인 방법은 탁월한 대인관계 기술을 이용한 것이었다. 그는 협동정신을 고취했고 모두가 동일한 최종 결과를 위해 하나로 뭉치게 했다. 당신도 간단한 성공 공식을 이해함으로써 크고 작은 조직체를 상대로 똑같은 일을 할 수 있다.

팀 협력에 대해 사람들은 수많은 글을 쓰고 또 수많은 말을 해왔다. 그것은 가족을 위시해서 운동팀, 직장을 위해 아주 중요하다. 최근에 내 친구 하나는 자기 아들이 속한 농구팀에 관한 이야기를 들려주었다. 그 팀은 시즌 초기에 아주 좋은 성적을 냈다. 눈에 띄는 슈퍼스타는 없었지만, 훈련이 아주 잘 되어 있었고 일련의 경기에서 개인기가 뛰어난 선수들이 많은 다른 팀들을 물리쳤다. 그들은 좋은 기록을 갖고 있었다. 그 뒤 원래 함량 미달이었던 두 선수가 다시 자격을 얻어

팀에 합류했다. 개인적으로 볼 때 이들은 다른 팀원들보다 더 크고 더 강하고 더 빨랐으며 슛의 성공률도 높았지만, 불행히도 규율을 지키지 않고 팀플레이도 이해하지 못했다. 그 결과 비록 재능은 뛰어났어도 팀에 플러스가 되기보다는 오히려 마이너스가 되었다. 여기서 지적해야 할 중요한 사실이 있다. 그들이 팀에 마이너스가 되었던 것은 그들이 팀플레이를 배우고 개인이 아닌 팀의 일원으로서 기능하는 법을 배울 때까지 코치가 그들을 벤치에 묶어두려는 용기를 내지 못했기 때문이다. 그 코치(매니저)는 자신과 팀과 응원자들, 그리고 그 두 선수 모두를 실망시켰다. 이와는 반대되는 행동이 2001~2002년 시즌에 시애틀 매리너스 야구팀의 활약에서 목격되었다. 켄 그리피, 랜디 존슨, 알렉스 로드리게스 등의 스타급 선수들을 잃은 후에 매리너스는 하나의 팀으로 움직였고, 정규 시즌 중 116개 경기에서 승리하는 위업을 달성했다.

매니저로서 우리는 대단한 재능과 능력을 갖춘 인재가 좋지 못한 습관이나 개인주의적 성향 같은 성격상의 결함 때문에 팀에 플러스가 되기보다는 마이너스가 되는 상황들을 자주 경험한다. 매니저의 가장 중요한 역할은 각 개인을 하나의 팀으로 단합시키는 것, 달리 말하면 그들을 겔로 만드는 것이다.

스포츠에서는 코치들이 종종 팀 정신에 대해 이야기한다. 그들은 선수들에게 공동의 목표, 즉 승리를 위해서는 팀플레이가 중요하다는 점을 역설한다. 코치들이 단합을 설명하기 위해 자주 쓰는 말 중의 하나가 겔이다. 그들은 공격팀이 이제 엉겨붙기gel 시작했다거나, 성공하려면 수비가 엉겨붙어야gel 한다고 말한다. 물론 그들은 개인이 아니라 하나의 팀으로 경기하고 개인적 욕망보다 팀의 목표를 앞세움으로써 팀이 승리할 때 전체 팀원에게 큰 이익이 되도록 해야 한다는 말을 하고 있는 것이다.

일부 기자들은 젤로(Jell-O, 과일의 맛과 빛깔과 향을 낸 디저트용 젤리—옮긴이)의 TV 광고 때문에 gel을 J로 표기했지만, 실제로 겔은 응결시키다, 또는 함께 모이다는 뜻을 갖는다. 우리는 이 세 글자를 인력관리 분야의 전문가가 되는 법을 상기시킬 수 있는 아크로스틱(acrostic, 각 시행의 첫 번째 글자를 계속 맞춰보면 단어나 어구가 되도록 짜여진 짧은 시—옮긴이)으로 이용하면 좋을 듯하다.

다음 세 개 장은 이들 각각의 글자를 이용해 최고의 성취자가 되려면 이 공식을 어떻게 활용하는지 구체적인 지침을 제공할 것이다.

성공원칙

1. 좋은 리더십에는 유머감각이 필수적이다.
2. 공동의 목표 더하기 공동의 대의는 곧 위대한 성공과 동격이다.
3. 협력은 강요되는 것이 아니라, 자발적으로 유도되어야 한다.
4. 자신의 약점은 물론 장점까지도 직시하라.
5. 모든 재능이 다 확연히 눈에 띄는 것은 아니다. 위대한 경영자들은 활용 가능한 재능을 알아보고 연마시킨다.
6. 팀플레이가 승리의 가능성을 높여준다.

장점을 찾아라

나의 삶이 얼마나 멀리 뻗어나갈지는 젊은이에게 자상하고 노인들을 배려하며 어려운 자들을 동정하고 약자와 강자 모두에게 관대한 정도에 의해 결정될 것이다. 언젠가는 나도 이 모든 단계를 거치게 될 것이다.
－조지 워싱턴 카버George Washington Carver

장점발견자Goodfinders

최고를 기대하라 Expect the Best

충성Loyalty

GEL 공식의 G는 장점발견자Goodfinders를 의미한다. 이들은 최고 성취의 전문가들로 자신이 관리하는 사람들의 장점을 찾으려고 노력한다.

카네기는 남을 풍요롭게 하지 못하는 사람은 부자가 될 수 없다고 했다. 그를 위해 일한 43명의 백만장자가 증명하듯이 그는 이 철학을 삶 속에서 실천했다. 카네기를 인터뷰하던 한 기자가 그에게 어떻게 그 많은 부자들을 자기 사람으로 부릴 수 있는지 물었다. 카네기는 그들이 처음에 자기에게 왔을 때는 백만장자가 아니었지만, 자신을 위해 일함으로서 백만장자가 되었다고 설명했다. 기자가 계속 그 사람들을 어떻게 그런 수준에까지 이르게 할 수 있었는지 묻자 카네기는 이렇게 대답했다. "사람들과 함께 일하는 것은 금을 채굴하는 것과 상당히 비슷합니다…… 금을 채굴할 때는 말 그대로 수 톤의 흙을 걷어낸 뒤에야 겨우 금 한 온스를 건지게 되죠. 우리가 찾는 것 역시 흙이 아니라 금입니다."

인간의 잠재력을 극한까지 끌어올리려 할 때도 같은 원리가 적용된다. 우리는 금(장점)을 찾아야 하며, 찾은 후에는 더욱 갈고닦아 결실을 맺도록 해야 한다. 또 다른 현자는 이 개념을 이런 식으로 표현했다. "우리가 타인을 위해 할 수 있는 최대의 선행은 우리의 부를 그들과 나누는 것이 아니라, 그들이 지닌 부를 자신들에게 드러내 보이는 것이다."

휴렛패커드의 창업자 중 하나인 빌 휴렛은 우리의 정책은 직원들이 훌륭하고 창의적인 일을 하고 싶어 하며, 적절한 여건만 제공되면 그들은 충분히 그렇게 할 수 있는 사람들이라는 믿음에서 출발한다고 했다. 일을 잘하고 싶어 하는 것이 사람 마음인데, 왜 그들이 성공할 때 그것을 칭찬해주면 안 되는가?

다음에 소개하는 내 어린 시절 이야기는 직원들이 자신의 능력과 역량을 충분히 발휘하지 못할 때 그들을 다루는 효과적인 방법을 알려준다. 이 글을 읽으면서 노먼 빈센트 필Norman Vincent Peale 박사의 말을 기억하기 바란다. "우리 대다수의 문제는 비판에 의해 구원받기보다는 차라리 칭찬에 의해 파멸하기 바란다는 것이다."

행 위 자 가 아 닌 , 행 위 를 비 판 하 라

나의 책 『부정적인 세상에서 긍정적인 아이로 키우기*Raising Positive Kids in a Negative World*』에 나오는 다음의 이야기는 내가 여기서 반복하고 싶은 주제를 생생하게 전달해준다. 나는 초등학교 5학년 학력이 전부인 내 어머니를 거의 최고수준의 리더이자 경영자라고 생각한다.

미시시피 주 야주 시에서 보낸 내 소년시절은 대공황기라 하나같이 사는 형편이 매우 열악했고, 모두가 더 지혜롭게 허리띠를 졸라매야 했다.

아버지는 내가 다섯 살 때 돌아가셨고, 우리 6남매는 너무 어려서 일을 할 수 없었다. 대공황의 기세가 맹위를 떨치던 시절이라 모든 사람에게 삶이 힘들었다. 우리가 살아남을 수 있었던 것은 엄청나게 커다란 밭과 젖소 세 마리 덕분이었다. 나는 여덟 살 무렵부터 소젖을 짜고 밭에서 일을 했다. 그런데 여기서 말하고 싶은 것은 소들이 젖을 그냥 쉽게 내주지 않는다는 사실이다. 그놈들에게서 젖 한 방울 얻어내는 일은 그야말로 전투였다.

어머니는 우리에게 일을 시킬 때 언제나 두 가지에 유념했다. 첫째, 우리에게 기대하는 것(최상의 결과)이 무엇인지를 분명히 하고, 둘째, 당신이 기대했던 대로 일이 되었는지 꼭 검사를 했다. 나는 어머니가 처음으로 내게 밭에서 혼자 일하도록 시켰던 때를 결코 잊지 못한다. 훌륭한 교사이기도 했던 어머니는 그날 콩밭에 괭이질하는 법을 정확히 보여주었다. 교육을 끝낸 어머니는 세 이랑을 가리켰다. 그 길이가 자그마치 5킬로미터가 넘었다(500미터라면 믿겠는가?). 그러나 여덟 살짜리 소년에게 그것은 50킬로미터처럼 보였다. 어쨌든 어머니는 내게 일을 마치면 당신한테 보고하고 검사를 맡아야 한다고 일렀다. 드디어 일을 끝내고 나는 어머니에게 알렸다. 내가 해놓은 일을 본 어머니는 항상 뭔가 마음에 안 들 때 보이는 반응을 보였다. 어머니는 뒷짐을 지고 고개를 갸우뚱거리는, 내게 너무도 익숙한 동작을 시작했다. 그 모습을 지켜보면서 나는 뭐가 잘못된 건지 물었다. 어머니는 웃으며 말했다. "우리 아들, 아무래도 송아지를 핥아줘야 할 것 같구나!"

요즘 비즈니스 세계에서 이 말은 생경하게 들릴지 모르지만, 당시 미시시피의 시골에서 그것은 단지 내가 일을 시원찮게 했기 때문에 다시 해야 한다는 것을 의미했다. 분명 나는 엄마의 말뜻을 알아들었지만, 빠져나갈 구멍을 찾아보려는 생각에 웃으며 대답했다. "엄마, 전 송아지를 귀찮게 한 적은 없어요. 그저 괭이로 콩밭을 매고 있었을 뿐이었어요." 이 말에 어머니는 깔깔대며 말했다. "엄마 말은 이런 뜻이란다. 네 또래 아이들에게 이 정도면 썩 잘한 일이다. 하지만 너는 그런 보통 아이들이 아니다. 너는 내 아들이다. 내 아들은 이보다는 더 잘할 수 있지."

그때 어머니의 처신은 지극히 현명한 것이었다. 어머니는 내 일의 결과(행위)를 비판했다. 비판받아 마땅했기 때문이다. 그러나 일을 한 나(행위자)는 칭찬했다. 왜냐하면 나는 칭찬이 필요했기 때문이다.

스포츠에서든, 교육, 가정, 또는 사업에서든 효과적인 경영은 인력을 얼마나 효율적으로 관리하여 모두를 위해 최대한의 생산성과 이익을 뽑아내느냐에 의해 측정된다. 이 목표를 달성하기 위해 위대한 경영자들은 항상 두 가지 일을 한다. 우선 그들은 항상 모든 팀원들이 최선을 다하기를 기대한다. 둘째, 항상 검사를 통해 일이 기대했던 대로 되었는지를 확인한다(부하직원에게 있어 완성된 프로젝트가 무시당하거나 혼신을 다해 완성한 일이 당연한 것으로 받아들여지는 것처럼 맥 빠지는 일은 없다).

여기서 질문 하나를 해보고 싶다. 검사 결과 프로젝트가 불만족스럽거나 당신이 느끼는 부하직원의 잠재능력 수준에 못 미치는 것으로 드러났다고 가정해보자. 이때 당신은 그를 칭찬하겠는가, 아니면 꾸짖겠는가? 대답은 어느 쪽도 아니다. 어떤 직원의 잠재능력보다 낮은 수준의 일을 칭찬하는 것은 평범을 조장하는 것이며, 비즈니스 세계는 이미 이런 평범함으로 넘쳐흐를 지경이다. 당신은 그에게 그 이상을 감당하게 해야 할 책임이 있다. 반면 그를 꾸짖거나 지나치게 비판적인 것은 그의 자신감을 파괴하고 미래의 프로젝트에 대한 그의 의욕을 꺾어놓을 것이다. 당신은 그 직원과 당신의 회사를 위해 그 이상을 해야 할 의무가 있다.

그러면 어떻게 해야 하는가?

그 대답은 내 어머니로부터 한 수 배워라. 즉 행위자가 아닌 행위를 비판하라.

효과적인 리더십은 그런 종류의 접근을 요구한다. 직원에게 자기의 능력을 발휘하여 최대의 성과를 내기를 기대 혹은 요구한다는 점을 분명히 주지시키는 동시에 그에게 격려의 손길을 내밀어라. 간단히 말해 그 직원이 더 많은 성과를 일궈내도록 고무하되 한 개인으로서의 그의 가치에 토를 달거나 이러쿵저러쿵 시비하지 마라. 당신이 진정으로 그의 능력을 존중하고 인정한다는 확신을 줘라. 바로 그런 이유로 그의 능력에 부합하지 않는 일이 용납될 수 없는 것이다.

경영의 ABC

켄 블랜차드Ken Blanchard는 몇몇 다른 저자들과 함께 일련의 '1분' 시리즈를 쏟아냈다. 이 책들은 읽기 쉽게 몇 가지 기본 개념을 아주 단순화시켰다. 그 중 로버트 로버Robert Lorber 박사와 공동집필한 『1분 경영지 실행Putting the One Minute Manager to Work』에서 경영의 ABC를 규명하고 몇 가지 놀라운 사실들을 밝혀낸다.

A : 활성인자Activators…… 행위 이전에 경영자가 하는 일

B : 행동Behavior…… 행위, 즉 누군가가 말하거나 행동하는 것

C : 결과Consequences …… 행위 이후에 경영자가 하는 일

예를 들어 "활성인자는 결과보다는 행위에 더 많은 영향을 끼친다는 것이 대다수 사람들의 생각이지만, 행위에 영향을 끼치는 요소 중 겨우 15~25%만이 목표 설정 같은 활성인자에서 연원하며, 행동의 75~85%는 칭찬이나 질책 등의 결과에서 비롯된다"는 것이 블랜차드와 로버의 지적이다. 그러니까 사람이 뭔가를 행한 이후에 일어나는 일이 그 이전에 일어나는 일보다 더 많은 영향을 끼친다는 것이다. 또 다른 '1분 경영'식 표현을 빌리자면, '사람들이 일을 잘하고 있는 순간을 포착하는 것'이 중요하다. 아무리 사소해보일지라도 사람들이 일을 잘하고 있는 순간을 놓치지 않고 더 자극하고 격려해주면, 그들은

계속 긍정적인 방향으로 성장해갈 것이다.

그러면 우리가 책임져야 하는 사람들의 실수에 대해서는 눈을 감아야 한다는 말인가? 물론 그렇지 않다. 그러나 잘못된 요소를 바로잡고 전체적인 업무 상태가 불만족스럽거나 뒤처지기 시작하는 사람을 상대하는 올바른 방법은 있다. 이 문제는 뒤에서 다룰 것이다. 일단 여기서는 간단하게 최고의 경영자는 다른 사람의 장점을 찾아내는 것을 우선순위로 삼는다는 사실만 지적해두겠다. 그런데 문제는 너무 많은 경영자들이 이와는 정반대의 길을 걷는다는 점이다.

행동은 종종 감정보다 앞선다

일상의 관리 임무를 수행하면서 우리 대부분은 장점발견자 역할을 하지 못한다. 사실은 정확히 그 반대의 행태를 보이며, 학교의 훈육교사나 탐정과 비슷하게 행동한다. 지그 지글러 코퍼레이션의 전 부사장이던 덴 루시엔Den Roossien은 내가 여러분에게 권하고 싶은 약간 다른 방법을 이용한다.

덴은 회사의 일상 업무를 담당하고 있었고 재무책임자이기도 했다. 그는 회계 부문 출신이었고, 그 분야에서는 대인관계 기술이 강조되지 않는다는 사실도 잘 알고 있었다. 따라서 그는 이 기술을 더 깊이 연구하고 배워야 했다. 덴이 우리 회사에 있을 동안 써먹은, 여러분에게도 아주 큰 도움이 될 것 같은 한 가지 기술은 자신이 거느리고 있는 직원들의 언뜻 사소해 보이는 모범행동 사례를 지속적으로 꼼꼼하게 기록하는 것이었다. 이 목록에는 급한 업무가 제때 처리될 수 있도록 늦게 퇴근하거나, 월요일 아침 일찍 출근하여 의자 정리를 하는 것 같은 일들이 포함되었다. 이는 큰 차이를 만드는 작은 일들이다. 덴은 이러한 행동을 발견한 후에 가능한 한 빨리 그에 대해 감사하는 마음을 직접 말로 표현하곤 했다. 여기서 긍정적인 강화의 가장 중요한 원칙 하나가 도출된다. 그것은 곧 인정이나 감사는 즉각적이어야 한다는 사실이다. 게다가 그는 이런 행동을 노트에 기록하여 연말이나 분기별 검토회의 때, 외견상 하찮아 보이지만 함께 상승작용하여 회사의 이익에 크게 기여한 일련의 행동들을 소개했다.

덴이 메모를 기록하는 데 투자한 시간들은 그 선한 의도와 긍정적인 강화 효과를 감안할 때 정말 큰 가치를 지니고 있었다. 확실히 자잘한 사실들을 기억하고 끝까지 챙기는 데는 꼼꼼함이 요구되는데, 덴은 회사에 긍정적인 영향을 끼치는 요소와 절차에 대해 철저하고 치밀했다. 이런 일에는 치밀함과 체계화 능력이 필요했고, 다행히 덴은 이 두 가지 자질을 크게 발전시켰다(심지어 그는 너무 꼼꼼한 사람이라 복사된 문서 사본을 주기적으로 교정본다는 소문이 끊이지 않을 정도였다).

그는 늘 이렇게 하고 싶은 기분이 들었던 것일까? 물론 그렇지 않았을 것이다. 하지만 행동은 종종 감정에 선행한다. 긍정적인 피드백을 하는 문제와 관련하여 우리는 때로 그렇게 하고픈 기분이 들지 않을 수도 있다. 바로 이 때문에 즉시 실행에 옮기는 것이 더욱 중요한 것이다. 불평이나 불만도 습관이 되는데, 왜 칭찬(장점 발견)은 습관이 될 수 없을까? 한 가지 이유는 우리가 장점을 찾는 훈련을 거의 받지 못했기 때문이다. 또 다른 분명한 이유는 격려의 말 한 마디가 부하직원이나 동료의 의욕을 얼마나 고취시키는지를 제대로 이해하지 못하기 때문이다.

우리가 잊어서는 안 될 두 가지 사실이 있다. 첫째, 칭찬은 진실해야 한다는 것이다. 안 그러면 사람들은 우리보다 더 빨리 그것을 간파하게 되고, 우리는 모든 신뢰를 잃게 될 것이다. 둘째, 기껏 칭찬을 한 뒤끝에 고쳐야 할 점을 지적하는 것으로 토를 달아서는 안 된다. 이런 일이 일어날 때 이 방법은 계산되고 조작적인 것으로 인식된다. 사실이 그렇기 때문이다. 장기적으로 이것은 큰 손실로 이어진다.

상사가 메모나 전화를 통해 "당장 좀 봅시다!" 라고 말할 때, 당신의 기분은 어떤가? 100명 중 95명은 가슴이 뜨끔하며 뭔가 안 좋은 일을 들켜버렸다는 생각에 젖는다. 그런 상황에서 우리는 최악의 것을 기대하도록 교육 받아왔다. 그러나 당신의 상사가 장점을 찾으려 애쓰며 대개 직원을 칭찬하는 유형의 인력 관리에 능한 매니저라고 상상해보라. 이런 상태에서 그런 전화를 받았다면 당신은 틀림없이 상사를 만날 시간을 고대하게 된다. 이것은 완전히 새로운 심적 태도이다. 당신은 당신의 직원, 친구, 배우자, 자녀, 그 외의 다른 사람들이 당신으로부터 만나자는 연락을 받을 때, 그들이 어떤 느낌을 갖게 되기를 바라는가? 이는 진정 중요한 질문이 아닐 수 없다.

서면 피드백을 위한 도구

개중에는 피드백을 말로 전달하는 데 어려움을 겪는 사람들이 있다. 그러나 겁먹을 필요 없다. 이것은 습득되거나 학습된 행동이기 때문이다. 하지만 이 기술을 배울 때까지는 피드백을 위한 실용적인 도구가 필요하다. 그래서 여기 썩 괜찮은 도구를 소개하는데, 이것은 당신이 뛰어난 말솜씨를 갖고 있든, 아니면 단지 배우는 중이든 아주 요긴하게 써 먹을 수 있다. 지글러 교육시스템 세미나에서는 "나는 ……이 좋다. 왜냐하면 ……때문이다" 용지라 불리는 도구, 혹은 개념을 이용한다. 각 참석자는 다음의 그림과 같은 메모 용지를 받고 세미나 중에 다른 수업 참가자에 대해 호감이나 고마움을 느낀 점들을 적으라는 요청을 받는다.

나는 _____

_____ 이 좋다.

왜냐하면 _____

_____ 때문이다.

당신은 승리자다!

이것은 텍사스 주의 베이 시에 있는 고등학교에서 얻은 독창적인 아이디어다. 이 아이디어는 세미나 참석자들은 물론 그것이 활용된 미국 전역의 수많은 가정과 기업에 엄청난 반향을 불러일으켰다.

"나는 ……이 좋다. 왜냐하면 …… 때문이다" 메모 용지는 장점을 찾는 법을 가르치고, 타인이 지닌 긍정적인 요소들을 지적하게 만든다. 장점의 종류는 웃는 모습을 칭찬하는 간단한 것으로부터 깊은 차원의 감사를 표하는 좀 더 복잡한 것에 이르기까지 다양하다.

처음에 우리가 댈러스에서 진행된 번투윈Born to Win 세미나에서 이 개념을 소개했을 때, 한 참석자는 몸짓언어를 통해 강한 거부감을 표현했다. 그는 몸을 비틀고 옆으로 시선을 돌리거나 팔짱을 끼고 다리를 꼬며 대체로 "난 이런 웃기는 짓은 못하겠다"는 반응을 보였다. 세미나 진행자는 참석자들에게 용지를 나누어주었고, 특히 이 사람이 용지에 뭐라고 적어넣는지 주목했다. 첫날은 그저 몇 마디 정도였다. 이튿째에 그의 평가는 더 길어졌고, 사흘째에는 종이의 앞면과 뒷면을 다 채웠다. 수업이 끝났을 때, 그는 일어나서 이렇게 말했다. "처음이 용지를 봤을 때, 저는 별 바보 같은 짓도 다한다고 생각했습니다. 하지만 지난 며칠간 우리가 얼마나 많이 변했는지를 보면 그저 놀라울 따름입니다." 확실히 사람들은 변했다. 그 세미나는 진정으로 인생을 변화시키는 체험이었기 때문이다. 하지만 더욱 분명한 것은 이 사람 역시 변했다는 사실이다. 그도 타인의 좋은 점을 찾는 법을 배웠기 때문이다.

우리는 효과적인 발표기술Effective Business Presentations이라는, 의사소통 기술을 가르치는 이틀 과정의 세미나를 개최한다. 이틀 동안 참여자들은 십여 차례 비디오테이프에 녹화되며, 의사소통 기술 개선법에 대한 개인적인 코칭과 피드백을 받는다. 아메리칸 에어라인즈, 뒤퐁 등의 기업 외에도 세계적으로 유명한 니먼마커스Neiman-Marcus 백화점도 우리 강사들을 회사로 초빙해 핵심 직원들을 대상으로 교육을 진행했다. 그들은 "나는 ……이 좋다. 왜냐하면 …… 때문이다" 개념을 마음에 들어 했고 그것을 약간 손질하여 그들의 메모 용지에 "우리의 찬란한 명성은 바로 당신 때문입니다"라는 문구를 인쇄했다. 이 멋진 표제 밑에 그들은 동료의 장점을 기록한다.

이런 걸 이용하는 사람들이 정말 있는가?

다음은 크리슈 다냄이 들려주는 "나는 ……이 좋다. 왜냐하면 ……때문이다" 개념의 효과와 관련된 실제 이야기다.

다음은 우리 세미나 참석자 한 사람이 쓴 편지다. 이 글에서 그녀는 자신이 결코 만나지 못할 수도 있는 사람들에 대한 감사의 마음을 표현하며, 양으로 따질 수 없는 승리를 선언하고 있다. 이 편지는 인도에 계신 내 부모님께 보낸 글이다. 이 편지가 당신을 키워준 데 대한 감사의 표시로 누군가 당신의 부모님께 보낸 편지라 상상하고, 그것이 당신에게 무엇을 의미할지를 생각해보라. 내 아버지가 칭찬과 애정의 마음을 담아 말씀하신 것들이 많이 있지만, 그 중에서도 가장 자주 언급하는 것은 당신이 전혀 모르는 사람으로부터 받은 이 감사의 편지다.

다냄 부모님께

우리는 서로 한 번도 만난 적 없지만, 저와 제 딸이 지난주 댈러스에서 보낸 사흘은 저로 하여금 마치 우리가 이미 만난 적이 있는 것처럼 느껴지게 합니다. 저희는 영광스럽게도 지그 지글러 선생님과 그의 우수한 직원들이 제공하는 번투원 세미나에 참여하는 기회를 갖게 되었습니다. 우리는 수요일 저녁 지그 선생님 댁에서 열린 환영회에서 아드님인 크리슈를 처음 만났습니다. 서로 얼굴을 익히는 시간에 아드님은 제 딸 크리스텐Kristen과 제게 어디서 왔는지 물었고, 우리는 웨스트버지니아의 휠링Wheeling에서 왔다고 대답했습니다. 그러자 아드님은 놀라는 표정을 지으며 자신은 그곳에 몇 차례 가본 적이 있을 뿐 아니라, 부인과 아들이 그곳에 살고 있다고 말했습니다. 저는 아드님이 농담하는 것이라 생각하며 거의 믿지 못하겠다는 반응을 보였지만, 그는 휠링을 훤히 꿰뚫고 있는 사람만이 알 수 있는 그곳의 세세한 특징을 묘사했습니다. 아드님이 거짓을 말하는 게 아니라는 것을 알게 되자 저는 같은 고향 출신이 있다는 사실에 흥분을 감추지 못했습니다(아드님에게 물어 보십시오. 그때 저 때문에 참 난처했을 겁니다). 아드님은 계속해서 아내 아닐라Anila가 제 시어머니와 시누이의 주치의이기도 한 팸 파마 Pam Parmar와 친척 간이라고 설명했습니다. 이때 확실히 저는 다른 사람들이 우리를 쳐다볼 정도로 몹시 흥분했습니다. 우리가 그렇게 빨리 친구가 되고, 세미나 중에 그가 우리 모두에게 그토록 많은 것을 가르치리라고는 상상할 수 없었습니다.

세미나가 진행되는 동안 크리슈는 자신의 어린 시절과 미국행을 택한 까닭, 그리고 1986년 미국에 도착한 이후의 삶에 대해 많은 이야기를 들려주었습니다. 개인적으로 가장 감동적이었던 이야기는 크리슈와 동생이 어머니의 교육 수준에 대해 잔인하고 상처가 되는 말을 했던 일이었습니다. 그리고 그 말에 충격을 받아 어머니가 다시 학교로 돌아가기로 결심하고 결국은 학문적 성취를 크게 이루어냈다는 사연이었습니다.
편지 서두에서 저는 마치 두 분을 만난 것 같은 느낌이라고 말했습니다. 제가 그렇게 말한 것은 한 자녀가 크리슈처럼 크게 성공할 때는 그의 뒤에 아주 강력한 이상과 가치관을 지닌 부모님이 서 계신다고 믿기 때문입니다. 아드님은 말과 생각이 뚜렷하며 무척 재미있습니다(어느 날 점심 식사 중에 그는 놀라운 유머감각으로 저를 거의 죽일 뻔했습니다. 불행히도 그때 저는 막 음식을 한 입 삼키려던 참이었는데, 그것이 목에 걸려 거의 질식할 지경이었습니다).

그러나 제 생각에 크리슈의 가장 훌륭한 점은 160명이 넘는 세미나 참석자 모두에게 보여주었던 진실한 관심과 사랑입니다. 사적인 이야기를 하기도 했지만, 동시에 우리에게 지그 지글러 선생님의 놀라운 메시지를 이해시키고 우리의 일부로 만들 수 있도록 하기 위해 아드님은 최선을 다했습니다. 저는 떠날 때 아드님에게 평생의 친구를 얻은 것 같다고 고백했습니다.

아드님같이 키워준 부모님을 생각나게 하는 그런 뛰어난 인물을 만날 때, 저는 항상 그 부모님께 감사하고 싶은 마음이 생깁니다. 크리슈가 자신이 타고난 승리자라는 사실을 이해하게 된 것은 두 분이 보여주신 오랜 세월 동안의 희생과 노력, 그리고 무엇보다 무조건적인 사랑 덕분일 것입니다. 아드님은 우리 모두가 타고난 승리자라는 메시지를 강하게 믿으며 가능한 한 많은 사람들에게 그들 역시 승리를 위해 태어난 존재라는 사실을 알리겠다는 목표를 세웠습니다.

지글러 코퍼레이션의 전 직원들, 그 중에서도 크리슈는 저와 제 딸에게 평생 잊을 수 없는 선물을 주었습니다. 크리슈처럼 저 역시 인생에 우연은 없다고 믿습니다. 지난주에 우리가 세미나에 참석한 것 역시 우연은 아니었다고 생각합니다. 만약 두 분이 아니었다면 이런 일은 일어날 수 없었을 것입니다. 다시 한 번 제 딸과 저는 두 분에게 마음 깊은 곳에서 우러나는 깊은 감사를 드립니다.

두 분의 건강과 행복을 기원하며 이만 줄입니다.

1995년 10월 9일
데비, 크리스텐 올림

멘토링은 리더십의 가장 중요한 요소 중 하나다. 만약 당신을 존경하는 누군가에게 당신이 이런 편지를 써준다면 이것이 그의 삶에 얼마나 큰 흔적을 남기겠는가? 당신에게 감동한 누군가가 당신이나 당신이 존경하고 칭송하는 누군가에게 이런 편지를 쓴다면 당신은 어떤 기분이겠는가? 잘 수행된 일에 대한 피드백은 다양한 형태로 나타날 수 있다. 누군가에게 제공되는 피드백을 개인화하는 것은 리더십의 인간적인 측면을 드러낸다. 기업에 대한 불신과 금융 스캔들이 난무하는 이 시대에 리더를 따르는 사람들이 이런 감사와 보답의 사례들을 생산해 낼 수 있다면 리더는 큰 존경을 받을 것이다.

지글러 교육시스템에서 일하면서 내가 고객으로부터 받는 감사의 글도 소중하지만, 그보다 한층 더 큰 의미로 다가오는 것은 지그 지글러 회장님이 직접 내게 손으로 쓴 편지를 통해 그가 나를 자랑스러워하며, 우리 고객들이 나에게 만족한다는 사실이다.

우리 회사에서 크리슈만 "나는 ……이 좋다. 왜냐하면 …… 때문이다"의 평가를 즐기는 것은 아니다. 로리 메이저스는 내 비서이자 가장 유능한 직원 가운데 한 사람이다. 함께 일해 온 25년이 넘는 세월 동안 그녀는 한 세 차례 정도의 실수를 한 것 같다(그리고 그 중 두 번은 내 잘못이었다). 아마 로리의 마음을 가장 상하게 했던 실수는 내게 TV 인터뷰 일정을 깜박 잊고 상기시켜주지 못한 일이었다. 그녀의 기분이 어땠을지는 여러분도 상상할 수 있을 것이다. 그것은 그렇게 큰 문제가 아니었고 최소한 50%는 내 잘못이었다고 말해주었음에도 로리는 그날 완전히 풀이 죽어 있었다.

다음 날 로리가 출근했을 때, "나는 ……이 좋다. 왜냐하면 …… 때문이다" 메모가 그녀의 책상 위며 에어컨 환풍구를 비롯해 눈에 띄는 몇 곳에 붙어 있었다. 사무실 동료 몇 사람이 로리가 울적한 이유를 알아내고는 그녀의 기분을 풀어주기 위해 뭔가 일을 벌인 것이다. 어떤 직원은 "로리는 겨드랑이에 컴퓨터를 낀 채 높은 건물을 뛰어넘을 수 있기 때문에 나는 그녀가 좋다"라고 썼고, 다른 직원은 "나는 거의 빛의 속도로 타이핑을 하는 로리가 참 좋다"고 썼다. 그 외에 "나는 로리가 항상 남의 말에 귀를 잘 기울이기 때문에 그녀가 좋다"라거나, "나는 로리가 우리 회사에서 가장 양심적인 사람이기 때문에 그녀를 좋아한다"라고 쓴 직원도 있었다. 로리는 동료 직원들의 행동에 감동하여 눈물을 흘렸다. 다시 기운을 차린 것은 말할 것도 없거니와 그녀의 놀라운 생산성은 정말 혼자 보기 아까울 정도였다. 로리는 곧 완전히 정상으로 돌아왔다. 주변 사람들의 사려 깊은 태도와 기꺼이 그녀의 장점을 찾고 그것을 지적해준 행동은 로리에게 힘든 시간을 잘 넘어서게 했다.

만약 여러분이 이 개념을 선뜻 수용하지 못하고 있다면, 그것은 아마 엉뚱한 말에 초점을 맞추고 있기 때문인지 모른다. 그 메모 용지의 핵심어는 좋다like가 아니다. 만약 그 말이 귀에 거슬린다면 그냥 지워버리고 고맙다appreciate나 존경한다respect로 바꿔도 된다. 여기서 핵심이 되는 말은 왜냐하면because이다. 이 말은 그 개념을 피상적이고 일반적인 차원에서 진실되고 구체적인 차원으로 이동시킨다.

요즘 시장에 나와 있는 모든 효과적인 경영서들은 직원에게 피드백을 해줄 것을 권한다. 피드백을 잘 해준다는 것은 구체적이고 관찰 가능한 행동을 지적한다는 것을 의미한다. 가령 "나는 존이 프로젝트를 예산 범위 내에서 기한에 맞춰 완료했기 때문에 그를 좋아한다" 식이다. "나는 존이 좋은 직원이기 때문에 좋아한다" 식의 일반론은 좋지 않다. "나는 제인이 열심히 일하기 때문에 그녀가 좋다"가 아니라, "나는 제인이 3일 연속 초과근무하며 중요한 프로젝트를 완수했기 때문에 그녀가 좋다"처럼 구체적이 되어야 한다. 사람들이 일을 잘하고 있는 순간을 포착하라. 그렇게 할 때 우리는 잘못한 일이 아닌 잘한 일의 사례를 계속 축적하며 직원을 고무할 수 있게 된다.

만약 당신이 "나는 ……이 좋다. 왜냐하면 …… 때문이다" 메모를 쓴 적도 받은 적도 없다면, 이런 간단한 아이디어의 위력을 제대로 실감할 수 없을 것이다. 지금 당장 시도해보라. 당신이 감사하고 좋아하고(사랑하고), 또는 존경한다고 말해주고 싶은 사람을 생각해보라. 그를 생각하며 지금 당장 구두로 또는 서면으로 "나는 ……이 좋다. 왜냐하면 …… 때문이다"는 고백을 하겠다고 스스로에게 약속하라.

우리가 학교를 대상으로 마련한 교육과정은 아이 캔I CAN이라 불린다. 그것은 매미 맥컬로우에 의해 개발되었으며, 나의 첫 번째 책인 『정상에서 만납시다*See You at the Top*』가 전하는 원칙에 기초하고 있다. 우리가 학생들에게 내주는 숙제 중 하나는 집에 가서 부모님께 사랑한다고 말씀드리라는 것이다. 만약 감격한 부모님이 우리에게 보낸 편지를 읽거나 그들이 눈물을 글썽이며 걸어오는 전화통화를 듣는다면, 당신은 충격과 함께 감동을 느낄 것이다. 부모님들이 그토록 감격에 겨워하는 것은 평생 처음으로 12살, 또는 14살짜리 자녀에게 사랑 고백을 들었기 때문이다. 당신 주변의 누군가는 당신이 그에게 감사한다는 사실을 알아야 한다. 당신은 진정 이 일을 오늘 당장 하겠다고 자신에게 약속해야 한다. 해보라. 처음에는 입이 안 떨어지겠지만 일단 그 단계만 넘기면 상대편의 놀라운 반응 때문에 그것은 재미있으면서도 무한한 보람을 안겨주는 일이 될 것이다.

특별한 필수품

오늘날 우리 사회에서 가장 많이 필요한 단어, 혹은 덕목은 아마 사랑과 존경심일 것이다. 하지만 불행히도 그 두 개는 정말 보기 드문 희귀품에 속한다. 왜 귀하냐면 그것을 구할 수 있는 방법이 먼저 주는 길밖에 없기 때문이다. 만약 당신이 원하는 만큼 사랑이나 존경을 못 받고 있다면, 자신을 냉정히 돌아보며 내가 먼저 베풀고 있는지를 돌아보라. 여기서 기억해야 할 중요한 사실이 하나 있다. 우리는 스스로 소유하고 있지 않은 것을 남에게 줄 수는 없다. 달리 말해 우리가 남에게 주어야 하는 사랑과 존경심은 먼저 스스로의 내면에 지니고 있어야만 하는 것이다.

조지 매튜 애덤스는 "모든 사람의 삶 속에는 특별히 중요하고 소중한 것이 있으며, 이들 대부분은 다른 사람의 격려를 통해 그 모습을 드러낸다. 제 아무리 위대하고 명망이 있고 성공한 사람이라 해도 모든 인간은 하나같이 갈채에 굶주려 있다."라고 했다. 만약 당신이 누군가를 칭찬한 후에 얼마나 기분이 좋았던가 떠올려본다면, 남을 격려하고 칭찬할 수 있는 모든 기회를 포착하라고 권하는 이유를 이해할 것이다. "격려는 영혼에게 산소와 같다. 격려를 받지 못하는 사람에게서 진정으로 위대한 일이 성취되는 경우는 드물다. 아무도 이것 없이 행복하게, 또는 생산적으로 장수한 사람은 없다."

저명한 심리학자이자 철학자인 윌리엄 제임스는 아무 단서조건을 달지 않고 이렇게 말했다. "인정받고자 하는 욕망은 인간성의 가장 깊은 본질이다." 유능한 리더는 직원이나 동료의 자긍심을 높여주고 개인적 가치관의 주요 영역에서 관심을 공유함으로써 그들과 더욱 긴밀한 관계를 맺게 된다.

이런 접근 방식은 반대자를 상대할 때도 바람직하며, 부하직원을 상대할 때는 절대 필수 요건이다. 고위 경영자의 변함없는 목표는 결국 조직의 목표를 이행할 책임이 있는 사람들의 능력과 헌신의 마음을 강화하는 것이 되어야 한다.

내가 소유하고 있지도 않은 것을 남에게 줄 수는 없다.

앨런 C. 필리Alan C. Filley 박사가 그의 역작 『대인관계 갈등해결

Interpersonal Conflict Resolution」에서 지적하듯이, 우리가 스스로 그리는 자신에 대한 초상은 우리가 어떻게 행동하느냐를 좌우하는 주요 결정인자가 된다. 여러 연구 결과에 따르면 낮은 자존감을 가진 사람들은 높은 자존감을 지닌 사람들보다 (1) 특정 상황에 더 위협을 느끼기 쉽고 (2) 권한이 많이 부여된 상황에 더 취약하며 또 그런 상황에 더 의존하고 (3) 책임 범위가 명확히 규정될 때 더 안정감을 느끼며, (4) 공격성을 억제하고 (5) 쉽게 설득되며 (6) 집단의 압력에 더 쉽게 굴복한다는 사실을 보여준다.

특히 소홀히 하지 말아야 할 것은 집단의 구성원들이 서로를 존중하도록 장려하는 일이다. 개인의 업적을 인정해주는 일은 상하 간의 관계뿐 아니라, 부하직원과 그의 동료들 사이의 관계를 강화시키는 방향으로도 이루어져야 한다. 한 사람에 대한 칭찬이 결코 조직의 다른 구성원들을 비판하는 형태를 띠어서는 안 된다. 어떤 성과가 사실상 다른 사람들의 힘을 빌린 것일 경우에는 그들의 공헌 역시 인정되어야 한다. 이 외의 다른 방식은 협력강화보다는 조직 내에 긴장을 유발하기 쉽다.

중요한 핵심 원칙은 부하직원들과 함께, 또 그들 사이에 공을 서로 나누어 가져야 한다는 것이다. 야구선수였던 케이시 스텐겔Casey Stengel은 매우 적절하게 이렇게 말했다. "능력이란 다른 사람이 치는 모든 홈런에 대한 공로를 인정받는 기술이다." 그러나 팀이 홈런을 치지 못하게 하는 가장 확실한 방법은 감독이 공로를 혼자 독차지하고 선수의 역할은 전혀 인정하지 않는 것이다.

질책이 필요한 경우도 있지 않은가?

물론이다. 모든 피드백이 다 긍정적일 수는 없다. 독자 중에는 내가 장점 찾기의 개념을 지나치게 과장했다고 생각하는 사람도 있을 것이다. 부분적으로 옳은 지적이다. 그러나 각각의 평가에 진정성이 담겨 있기만 하다면 타인의 장점 찾기와 칭찬은 아무리 많아도 지나치지 않다. 이 주제에 대해 이렇게 길게 사설을 늘어놓는 이유는 우리 모두가(사회 전체적으로) 이 일에 너무 소홀하기 때문이다. 이 주제는 충분히 강조가 되었으므로, 이제는 논점을 다른 사람의 행동이 못마땅할 때는 어떻게 해야 하는가의 문제로 돌려보자.

일단 진 폴 릭터의 말을 인용하는 것으로 시작해보자. "사람들은 우리 생각보다 반대의견과 충고를 훨씬 쉽게 받아들인다. 그들이 견디기 힘들어하는 경우는 비록 그것이 근거가 충분하다 해도 폭력적인 방식으로 제공될 때다. 마음은 꽃과 같다. 그것은 부드럽게 내리는 이슬에는 봉오리를 열어주지만, 격렬하게 퍼붓는 비에는 문을 굳게 닫아건다."

뛰어난 연사이자 우리 조직의 기업교육 책임자인 브라이언 플래너건은 직원들 사이에서 가장 모범적인 "나는 ……이 좋다. 왜냐하면 …… 때문이다" 메모의 작성자로 평가받고 있다. 그는 매우 자상하고 구체적이기 때문에 모든 직원이 그의 피드백을 받고 싶어 한다. 그는 꼼꼼하게 자신이 하는 모든 칭찬의 근거를 댄다. 여러 차례 그는 구두 피드백을 통해 글로 쓴 장점 기록 메모를 보강하며, 이 일을 그가 칭찬하는 직원의 상사 앞에서 하곤 한다. 그리고 이 과정에는 항상 진심이 동반된다. 또 브라이언은 자기 책임 하에 있는 직원들에게 교육적인 피드백을 해주어야 할 때는 온갖 적절한 도구와 기술을 이용한다. 한번은 그의 직속상관이던 짐 새비지가 한 직원이 풀이 죽은 모습으로 브라이언의 사무실을 나서는 것을 보게 되었다. 당연히 그는 무슨 일이 있었는지 궁금했다.

브라이언이 그에게 설명했다. "짐, 알다시피 저 젊은 아가씨는 우리 부서 최고의 직원 중 한 명이에요. 매일 정시 출근하고 필요할 때는 초과근무도 마다하지 않죠. 회사에 이익이 되는 일이라면 물불 안 가리고 달려들 정도지요. 그러데 바로 지난 달 나는 그녀의 관심과 전문 분야와는 약간 동떨어진 프로젝트를 맡겼고, 그녀는 기꺼이, 아주 훌륭하게 완수해냈죠. 하지만 이 프로젝트는 사실상 그녀의 의욕을 꺾어놓았습니다. 내가 부과한 그 임무는 그 직원을 자신의 정상적인 업무에서 이탈하게 했고, 본업으로 복귀한 이후에는 프로젝트 시작 전 만큼의 실력을 보여주지 못했죠. 나는 그저 그 직원의 생산성이 그녀의 평상시 수준에 못 미친다는 사실을 지적했고, 그 이유를 물었어요. 그리고 귀담아 들었죠. 그녀는 자신의 걱정을 털어놓았고, 대화를 하면서 우리는 그녀의 생산성을 떨어뜨리는 구체적인 행동과 요인들을 알아낼 수 있었습니다. 이 정보를 토대로 우리는 그녀의 생산성을 높일 수 있는 행동계획을 마련했고, 그녀는 이에 동의하고 만족해했습니다. 나는 그 직원에게 그녀는 회사의 소중한 직원일뿐 아니라, 소중한 사람이기도 하다는 사실을 상기시켰습니다. 또 우리는 함께 만나서 행동계획의 진행 상황을 검토할 날짜도 정했습니다. 그녀는 함께 문제를 협의할 수 있게 되어 안도했어요. 이 만남에 대해 약간 불안해하기는 했지만, 그녀는 자신에게 분명한 방향이 필요하다는 사실을 인식했으며 내가 관심을 갖고 그녀에게 시간을 내주고 방향을 제시해준 것에 대해 기뻐했습니다."

이 특별한 시나리오에서 브라이언 플래너건은 바람직한 리더의 본을 보인 역할 모델이다. 여러분도 글을 읽어나가면서 요점을 파악했겠지만, 다시 돌아가 꼼꼼하게 분석이 되었는지 확인해보자.

1. 피드백은 사적으로 제공되었다. 공개적인 질책처럼 파괴적인 것은 없다. 임원들 중에는 자신의 불쾌감을 표시하는 방법으로 특정 문제에 대해 여러 사람 앞에서 직원을 놀리거나 "쿡쿡 찔러대는" 부류가 있다. 이 모든 행동은 관련된 사람들 사이에 신뢰가 형성될 토대를 무너뜨린다. 교육적이거나 비판적인 모든 피드백은 사적으로 제시되어야 한다.

2. 피드백은 구체적이고 관찰 가능한 행동에 관한 것이었다. 관련 당사자는 결코 개인적인 공격을 받지 않았다. 만약 비판받을 만한 요소가 있다면, 그것은 결코 행위자가 아닌 행위 자체를 향한 것이어야 한다.

3. 피드백은 즉각적이었다. 브라이언은 문제를 인식하자마자 상황과 대면했다.

4. 브라이언은 질문을 하고 대답에 귀 기울였다. 성급한 판단을 내리는 대신 그는 대체로 이미 답을 알고 있는 질문을 던졌다. 그가 찾고 있던 것은 답이라기보다는 답에 대한 직원의 시각이었다. 다음번 교육적인 피드백 시간은 다음의 질문으로 마무리해보라. "이 만남에 대해 내가 어떻게 느낄 거라고 생각하나요?" 이에 대

한 대답은 종종 당신을 놀라게 하며, 대체로 이 모임에서 드러난 사실에 대한 놀라운 통찰을 얻게 해줄 것이다.

5. 협력적인 행동계획이 마련되었다. 브라이언은 상황을 바로잡기 위해 어떤 행동을 취하라고 지시하지 않았다. 오히려 두 사람은 상호 합의할 만한 계획에 대해 서로 토론했다. 직원도 이 과정에 참여했고 도출된 계획에 대해 주인의식을 느꼈다.

6. 브라이언은 자신의 기대가 충족되었는지 확인하기 위해 후속 모임을 위한 날짜를 정했다. 너무나 많은 훌륭한 행동계획들이 시급한 일에 밀려 흔적도 없이 사라져버린다. 우리는 좋은 의도를 갖고 직원에게 다가가려 하지만, 어떤 예기치 못한 일들이 튀어나오고 이전의 계획은 까마득하게 잊어버린다. 구체적인 날짜와 약속을 정하는 것은 계획에 긴급성을 부여하며, 소홀함으로 인해 감정이 상하는 것은 물론 실패를 예방하는 데도 도움을 준다.

7. 만남의 시간 내내 칭찬이 이용되었다. 칭찬 사이사이에 비판을 끼워 넣는 방식에 대해서는 많은 논란이 있다. 어떤 임원들은 모든 회합을 칭찬으로 시작해서 칭찬으로 끝내야 한다고 생각한다. 언제 칭찬을 해야 할지는 여러분의 판단에 맡기겠다. 그러나 성공 여부를 평가하기 위해 우리는 "이 직원은 자신에 대한 좋은 느낌을 갖고 나와의 면담을 마쳤는가?"라는 질문에 긍정적으로 대답할 수 있어야 한다. 어느 누구도 상사와의 면담 자리를 자신의 인간적인 가치나 자존심에 회의를 느끼는 상태로 떠나서는 안 된다.

장점발견자가 되기 위해서는 자주 우리가 책임지는 사람들에게 뭔가 좋은 일을 하도록 가르쳐야 한다. 이것이 교육적인 피드백의 목적이다. 위대한 경영자들은 어떻게 해야 더 성공할 수 있는지에 대한 가르침을 주며, 항상 직원의 능력 범위 내에서 올바른 방향을 제시해준다. 위대한 관리자는 실수를 간과하지 않는다. 원칙 없는 관용은 직무태만이다. 조지아주립대학 경영대 학장인 마이클 메스칸 박사가 말하듯이 "가게 점원이 무례할 때는 그 점원이 아니라 그의 매니저에게 책임을 물어라. 부하직원의 행동에 대한 최종 책임은 매니저에게 있다." 만약 당신이 장점을 찾고 그것을 말이나 서면으로 지적하며, 이제까지 지적한 방식으로 교육적인 피드백을 제공하고 아랫사람들에 대한 책임을 받아들인다면 당신은 이미 위대한 인력관리자의 길로 성큼 들어선 셈이다.

미국의 경영자이자 자선가인 마셜 필드는 이렇게 말했다. "구매하기 위해 오는 사람들은 나를 먹여 살리며, 아첨하기 위해 오는 사람들은 나를 기쁘게 한다. 불평하는 사람들은 남을 즐겁게 함으로써 더 많은 사람이 모여들게 하는 법을 가르쳐준다. 오직 불만이 있으면서도 불평하지 않는 사람들만이 나에게 해를 준다. 그들은 내가 잘못을 바로잡고 이를 통해 나의 서비스를 개선할 수 있는 기회를 거부하는 사람들이다."

리더로서 직원의 성취도를 높이고 그들의 인간적인 성장을 돕기 위한 방법으로 우리는 마셜 필드의 가르침에 귀를 기울일 필요가 있다. 잊지 마라. 사람들에게 듣기 좋은 말만 하면 그들을 기쁘게 할 수 있다. 그러나 그들을 기쁘게 하는 것이 우리가 하는 일의 전부라면, 우리는 그들에게서 조직에 대한 기여의 기회와 함께 성장 가능성과 발전의 기회를 박탈하는 음모에 가담하고 있는 셈이다.

긍 정 적 인   일 깨 움

직원의 의욕을 고취하는 일의 가장 중요한 측면 중의 하나는 칭찬 및 인정과 관계가 있다. "나는 ⋯⋯이 좋다. 왜냐하면 ⋯⋯ 때문이다" 식의 접근이 매우 효과적인 것은 바로 이런 이유 때문이다. 이 장을 마무리하기 전에 다른 느낌을 주는 이야기를 소개할까 한다.

한 회사에서 부부 네 쌍을 우리 번투원 세미나에 보냈다. 첫날 교육이 끝났을 때 그들은 "나는 ⋯⋯이 좋다. 왜냐하면 ⋯⋯ 때문이다" 개념에 상당히 고무되고 흥분했다. 그날 저녁 늦게 그들은 댈러스의 최고급 식당으로 식사를 하러 갔다. 그들은 아주 만족스러운 시간을 보냈다. 음식은 최상급이었고 서비스도 최고 수준이었다. 그들의 시중을 든 웨이터는 25년 경력의 프로였고, 그 중 20년 이상을 그 식당에서 일해 왔다. 그는 필요할 때는 테이블에서 시중을 들었지만, 그들의 파티에 동참하지는 않았다. 친근하지만 일정한 거리를 유지했다. 다시 말하지만 그는 프로였다.

네 부부는 모두 품위 있고 친절했으며, 곧 그 웨이터와 서로 이름을 부르는 사이가 되었다. 식사는 특별히 미각을 자극했고 여기에 웨이터의 상냥하고 훌륭한 서비스가 더해져 한층더 먹는 즐거움을 주었다. 그들은 웨이터에게 25%의 팁을 주었는데, 고급 식당에서 그 정도면 상당한 수준이었다. 또 손님들 각각은 웨이터에게 "나는 ⋯⋯이 좋다. 왜냐하면 …… 때문이다" 메모도 남겨 그들이 왜 그를 좋아했는지를 세세히 기록했다. 그들이 식당을 나와 정문에서 약 30미터쯤의 거리에 이르렀을 때, 웨이터가 그들을 불러 세우며 잠깐 기다리라고 청했다.

웨이터는 빠른 걸음으로 걸어와 8장의 메모 용지를 손에 든 채 말을 시작하려 했지만, 감정이 북받치는지 말을 잇지 못했다. 드디어 평정을 되찾았을 때, 그는 네 부부를 향해 이 일은 웨이터 경력 25년 동안 자신에게 일어난 일 중에서 가장 의미 있는 사건이라고 고백했다. 상상해보시라!

그 웨이터는 내 친구이자 동료 연사인 고 캐빗 로버트Cavett Robert가 즐겨 말했던 현상의 산 증인이었다. 그는 이렇게 말하곤 했다. "지구상에 존재하는 사람들 중 삼십억 명이 매일 밤 굶주린 배를 움켜쥐고 잠자리에 든다. 그러나 그보다 많은 사십억 명이 격려와 인정의 간단한 말 한 마디에 굶주린 채 매일 밤 잠자리에 든다." 만약 이들 중 하나가 당신의 배우자거나 자녀, 부모, 또는 인생의 힘든 시기를 맞은 동료라면 얼마나 불행한 일이겠는가!

감사는 다양한 방식으로 표현될 수 있으며, 감사의 표현은 보편적이다.

이런 종류의 감사 표시로 이미 유능한 이 웨이터는 자신의 일에 한층 더 성실할 것이라고 생각하는가? 그가 이 경험으로부터 유익을 얻었다고 보는가? 당신도 그가 시중 드는 테이블에 앉고 싶은 생각이 드는가? 가장 중요한 질문은 이것이다. 그들 중에서 누가 가장 큰 승리자라고 생각하는가? 그 쪽지를 받았던 웨이터인가, 아니면 그 쪽지를 작성한 네 쌍의 부부들인가? 이 질문에 대답하는데 상상력이 그렇게 많이 필요한가? 나는 그 쪽지를 쓴 사람들이 최고의 승리자였다는 확신이 드는데, 여러분도 동의하리라 믿는다.

바로 이것이 이 개념의 진정한 의미다. 나는 우리가 지금 이야기하고 있는 것이 전술이 아니라 원칙이라는 점을 강조하고 싶다. 성경에서도 "주라. 그러면 받으리라"고 전하고 있다. 그러나 만약 뭔가를 얻으려는 기대를 품고 남에게 뭘 주거나 그를 위해 어떤 행위를 한다면, 그것은 전술이 되며 기대에 어긋난 결과를 가져오거나 완전히 비효과적이 될 것임이 분명하다. 반면 남이 원하는 것을 얻도록 충분히 도와주고 그들을 정직하고 진정을 담아 칭찬함으로써 그들이 더 효율적이고 생산적이 되도록 하는 방법을 통해 인생에서 우리가 원하는 모든 것을 얻을 수 있다는 개념을 받아들인다면, 그것은 그들에게뿐 아니라 우리 자신과 우리의 조직에게도 크게 유익할 것이다. 한마디로 정리하면 이렇다. 만약 그것이 원칙이라면 승리의 첩경이 되겠지만 전술이라면 패배의 지름길이 될 것이다.

만약 그것이 원칙이라면 승리의 첩경이 되겠지만 전술이라면 패배의 지름길이 될 것이다.

인정받고 싶은 마음이야말로 인간성의 깊은 욕구라고 지적한 하버드대학 윌리엄 제임스 교수의 말을 기억하라. 리더인 당신이 그 욕구를 채워줄 수 있을 때, 당신은 더 유능한 리더이자 경영자가 되는 길을 향해 한걸음을 내디딘 셈이다.

1996년에 나는 크리슈 다넴에게 내 대신 이틀 과정의 번투원 세미나의 목표설정 부문을 맡아달라고 요청한 적이 있다. 나는 그가 성장하는 것을 지켜보았고, 준비가 되었다고 판단했다. 그해 말에 크리슈는 나에게 놋쇠로 만들어진 작은 물펌프를 선물했다. 이 글을 읽는 독자들 중 많은 분들은 그 물펌프가 30년 이상 내게 인내의 상징이었다는 사실을 알고 있을 것이다. 크리슈는 그것을 인도의 한 벼룩시장에서 구입한 후 내게 선물하기 전에 글을 새겨 넣었다. 새겨진 글귀의 내용은 이렇다. "구루닥쉬나Gurudakshina-크리슈 1996." 크리슈의 모국어인 텔레구 언어로 구루라는 말은 스승을 뜻하며, 닥쉬나는 선물을 뜻한다. 더 알아본 결과, 인도에서는 스승이 제자에게 이제 그가 준비가 되었다는 사실을 알리면 제자는 스승에게 감사의 선물을 드리는 것이 관례라고 한다. 인도에서 내게 인내의 상징물을 가져다줌으로써 크리슈는 감사와 인정이 보편적인 개념이며, 감사와 사랑과 존경심은 감정적이고 지리적인 경계를 초월할 수 있고 또 초월한다는 사실을 증명했다.

성공원칙

1. 타인의 장점을 찾아라.
2. 남들이 일을 잘하고 있는 순간을 포착하라.
3. 행동은 종종 감정보다 앞선다는 사실을 기억하라.
4. 진심이 담긴 칭찬을 공유할 수 있는 기회를 찾아라.
5. 칭찬은 공개적으로, 비난은 사적으로 하라.

최고를 기대하라

어떤 사람에게서 최상의 결과를 끌어내고 싶다면,
그가 지닌 최고의 장점을 찾아야 한다.
－버나드 홀데인Bernard Haldane

장점발견자Goodfinders

최고를 기대하라 Expect the Best

충성Loyalty

GEL 공식의 E는 최고를 기대하는 것이다. 얼마 전 세미나에서 나는 지금까지 여러분에게 설명해 온 개념의 일부를 전하고 있었다. 그때 휴식 시간 중에 수강생 한 명이 내게 다가와 말했다. "정말 좋은 내용입니다. 제 사무실의 그 멍청이들이 와서 이 강의를 들어야 하는 건데 말이죠."

여기서 여러분에게 질문을 하나 하겠다. 이 사람이 아주 중요한 점을 놓치고 있다고 생각하지 않는가? 이 점을 좀 더 깊이 파고 들어가 보자. 당신은 어떤 종류의 동료, 혹은 직원들과 일하고 있는가? 자녀는 어떠하며 배우자는 어떤 사람인가? 상당히 많은 경우 우리는 타인에게서 정확히 우리가 기대하는 것을 얻는다. 간단히 말해 우리가 타인을 바라보는 방식은 그들을 대하는 태도에 영향을 주며, 우리가 그들을 대하는 태도는 그들의 행동에 영향을 준다.

증 거

우리는 마음만 먹으면 우리가 반영되거나 반향되기를 원하는 종류의 신호를 보냄으로써 우리를 둘러싸고 있는 감정과 분위기를 바꿔버릴 수 있다. 연기자나 코미디언들은 자신들이 반영되기를 원하는 종류의 신호를 보냄으로써 자신들이 원하는 종류의 기분이나 분위기를 조성한다. 한 드라마 감독은 이렇게 설명했다. "일단 한번 웃기 시작하면 계속 웃기가 쉬워집니다. 행동과 감정이 서로를 자극하기 때문이죠."

우리 모두는 개인과 동료들로 구성된 청중에 둘러싸여 있다. 그들의 기분, 감정, 기질을 포함하는 그들의 하루는 우리가 그 하루를 어떻게 시작하느냐에 따라 영향을 받는다. 아마 영업부장은 현장 영업사원들의 가장 중요한 신호 생성자일 것이고, 영업부장의 기대는 그가 이끌고 감독하는 영업사원들의 실적에 적지 않은 영향을 줄 것이다.

작 동 원 리

미국 심리학의 아버지인 윌리엄 제임스는 사람이 어떻게 행동하느냐가 그의 본질을 결정한다고 말했다. 또 다른 저명한 심리학자인 알프레드 애들러는 우리가 스스로를 웃게 만들 때 실제로 웃고 싶어진다는 사실을 증명함으로써 이 개념을 재확인했다. 결국 우리의 기분은 우리의 마음가짐에 좌우되며, 더욱 중요한 것은 우리 주변 사람들은 우리가 느끼는 대로 느끼는 경향이 있다는 사실이다. 기분은 전염성이 있다.

행동주의 심리학자 B. F. 스키너는 우리의 행동은 집이나 학교, 직장 등 기타 환경의 영향을 받으며 행동은 결과에 의해 구체화된다고 주장한다. 예를 들어 어떤 영업부장이 자기가 이끄는 팀에게 자신들은 매우 유능하고 능률적이며 자기들이 하고 있는 일은 매우 가치 있고 중요하다는 신호를 보내게 되면 이 신호를 받는 팀원들은 대부분의 경우 더욱 유능하고 효율적으로 일을 수행하며 자신의 일을 더 보람 있고 만족스럽게 인식하는 것으로 반응한다. 인간 행동의 열쇠는 자아상self-image이다. 자아상이 바뀌면 행동이 바뀐다. 이 외에도 자아상은 개인적 성취의 경계를 정하며, 내가 할 수 있는 것과 할 수 없는 것을 결정한다. 자아상을 확장하면 가능한 일의 영역도 확장된다.

기대의 힘을 통해 관리자는 직원들에게 적절하고 현실적인 자아상을 형성시킬 수 있고, 이렇게 형성된 자아상은 그들에게 새로운 능력과 재능을 불어넣고 실제로 실패를 성공으로 뒤바꿔놓는 힘이 될 것이다.

A. 긍정적인 피드백

우리는 이미 긍정적인 피드백의 중요성을 논하는 데 상당량의 시간과 에너지를 소비했으며, 여러분도 이 개념의 중요성에 공감했으리라 확신한다. 장점발견자가 되어야 한다는 사실을 잊지 마라.

B. 규칙적인 학습과 성장 기회

IBM은 임원진에게 1년에 40일씩의 교육을 받게 한다. 연중 8주의 시간을 교육에 투자하는 것이다. 경제적으로 힘든 시기에는 교육 프로그램 예산이 삭감 대상 1순위인 경우가 허다하다. 그러나 이것은 가야 할 길과 정반대되는 길을 가는 것이다. 오히려 재정적으로 어려운 시기일수록 교육 예산을 대폭 늘려야 한다.

경영컨설턴트 톰 피터스의 말을 빌려보자. "우수 기업들은 폭 넓고 실용적인 교육을 호시절에나 먹어보는 별식 정도가 아니라, 필수품으로 바라본다. ……우리는 그들을 믿고 철저하게 훈련시켜야 한다." 교육에 왜 그렇게 많은 돈을 쓰느냐는 질문을 받았을 때 피터는 이렇게 대답했다. "최고 기업의 경영자는 그런 질문을 안 할 겁니다."

댈러스의 스웰Sewell 그룹의 자동차 대리점은 뛰어난 서비스로 명성이 자자하다. 그럼에도 그들은 더 나아지기 위해 지속적으로 교육과 인력 개발에 투자한다. 말할 필요도 없이 우리는 그들의 교육 부문 투자가 지글러 교육시스템을 상대로 이루어지고 있는 것에 감사한다. 우리 직원들은 오래 동안 그들로부터 많은 자동차를 구입했으며, 그 서비스에 대해 침이 마르도록 칭찬을 아끼지 않는다.

C. 우리의 노력이 의미 있고 생산적이고 인정받는다는 사실을 증명하는 활동과 정보

나는 가급적 '결코never'니 '항상always'이니 등의 절대 표현들을 사용하지 않으려고 노력하지만, 이번만은 좀 예외를 두어야겠다. 어느 때 어떤 상황에서든 결코never 여러분의 조직이나 가정, 교회, 또는 기타 관심 영역에서 인정 프로그램의 역할을 가볍게 여기지 마라. 2부 '최고 성취를 이루는 법칙'에서 인정 프로그램을 개발하는 문제를 자세히 논하겠지만, 지금 여기서 미리 강조해두건대, 절대 이 부문의 중요성을 간과해서는 안 된다.

우리의 노력이 의미 있고 생산적이라는 사실을 입증하는 활동과 정보에 유의하는 것은 최고 성취자의 매우 중요한 역할에 속한다. 사람들은 어떤 개념이나 비전—'큰 그림'을 볼 수 있게 해주는 생각—을 이해하고 그들이 어떻게 그 큰 그림의 일부가 되어 기여할 수 있을지를 알아야 한다. 그리고 위대한 경영자들은 수시로 지금 이 일이 정확히 어떻게 진행되고 있으며, 앞으로 몇 달 동안 무슨 일이 기다리고 있는지를 자기 사람들에게 생생한 그림을 그리듯 말로 설명해주어야 한다.

이 일이 중요한 것은 오늘의 사회가 직면하고 있는 가장 큰 문제 중의 하나가 '비현실적인 기대'의 문제기 때문이다. 비즈니스 세계는 비현실적인 목표를 정하거나 조직의 발전이 너무 빨리 실현되기를 기대한다. 관계의 영역에서도 우리는 남들이 우리를 위해 특정한 일을 해주거나 특정한 방식으로 행동하기를 기대하며, 그렇지 못할 경우 크게 실망한다. 여기서 여러분은 이렇게 치고 들어올지 모른다. "잠깐만요, 지글러 씨. 조금 전에는 최고를 기대하면 최고의 결과를 얻게 된다고 말해놓고, 이제 와선 '비현실적인 기대'가 문제라니요!" 내 말을 끝까지 들어보시라.

불행히도 요즘에는 자신의 일이 성공적으로 완수된 때가 언제인지를 아는 사람이 극히 적다. 이들은 자신이 감당해야 할 몫이나 어떤 활동을 해야 할지에 관한 지침 등은 잘 알고 있다. 하지만 자기들이 확실히 성공했다는 것은 어떻게 알 수 있을까?

경영자는 어떤가? 만약 그가 직원들에게 정기적인 피드백을 해주고 그들의 업무 진행 상태를 알려주며 그들을 위해 '큰 그림'을 그려줘야 한다면, 어떤 정보를 전해줘야 할지를 어떻게 결정할 수 있겠는가?

성취도 측정 단계

나는 이 질문에 대한 답이 3단계로 구성된 성취도 측정법에 있다고 믿는다. 성취도 측정 단계 중 1단계는 기본 수준foundational performance이다. 이것은 직원이 직장에 계속 붙어 있기 위해(또는 아이들의 경우에는 처벌을 피하기 위해) 도달해야 하는 성취도 수준이다. 내가 이것을 "최소 기준minimum standard"이 아닌 "기본 수준"라고 부르는 것은, 사람들이 최소 기준에 도달하기 위해 일하는 것은 말할 것도 없고 최소를 생각하는 것조차 싫기 때문이다. 그러나 최소 기준이 아니라 기본 성취 수준에 도달한다는 사고를 지닌 사람들은 자기 자리를 유지할 뿐 아니라, 미래의 성공을 쌓아갈 수 있는 토대를 세우게 된다. 각 성취도 측정 단계의 구체적인 방법에 대해서는 2부에서 논의할 것이다. 일단 여기서는 간단히 기본적인 성취 수준은 임원과 직원의 상호 합의에 의해 결정된다는 사실만 지적해두겠다. 직원은 이렇게 합의된 생각에 대해 주인의식을 갖게 되며 그것이 자기에게 강요되었다고 느끼지 않는다. 그리고 임원은 토론을 통해 직원이 큰 그림을 더잘 이해할 수 있도록 지도해야 한다.

여기 좋은 소식이 있다. 우리는 직원들이 목표와 기준에 도달하도록 자극하기보다는 그들이 자신의 기본 수준에 대해 현실적이 되도록 유도해야 하는 경우가 많을 것이다.

성취도 측정의 제 2단계는 성공 수준successful performance이다. 성공 수준이란 경영자와 직원 모두가 합리적이고 현실적으로 기대해볼만한 성취 수준이다. 다시 말하지만 임원과 직원은 이 수준을 함께 결정하며, 토론을 통해 성공적인 성취 수준과 관련하여 각자가 무엇을 찾고 있는지를 합리적으로 이해해야 한다. 자세한 방법론은 2부 제8장에서 논할 것이다.

성취도 측정 단계 중 제 3단계는 가치 수준value performance이다. 가치 수준이란 모든 일이 계획대로 풀려가고 직원이 모든 분야에서 탁월한 실력을 보여줄 때 기대해볼 수 있는 성취 수준이다. 이 수준은 최고 성취자에게 목표를 제시한다. 가치 수준 역시 합의와 토론을 통해 결정되며, 리더는 가치 수준의 목표가 반드시 개인의 진정한 발전에 기여할 수 있도록 해야 한다.

모든 경영자가 피해갈 수 없는 가장 어렵고도 중요한 일 중의 하나는 직원을 해고하는 것이다. 이런 일은 좀처럼 발생해서는 안 된다고 생각한다면 정말 다행이다. 만약 가치 수준의 성취를 내가 적법절차

due process라고 부르는 것과 결합시킨다면, 해고는 크게 줄어들 것이다. 적법절차는 우리를 다음으로 이끈다.

D. 타인에게 바람직하고 보람 있는 결과가 산출되게 한다(행동의 75~85%는 결과에 의해 결정된다는 사실을 기억하라)

내게 있어 적법절차는 삼진아웃을 의미한다. 직원이 한 번 실수를 할 때 사실 우리는 기뻐해야 한다. 왜냐고? 그것은 승리보다 실수를 통해 배우는 바가 훨씬 크기 때문이다. 따라서 사람들이 실수를 할 때는 오히려 축하를 해줘야 마땅하며, 우리 자신이 실수를 할 때도 스스로에 대해 즐거워할 정도가 되는 것이 좋다. 일단 초기의 이 환희 단계를 넘어서면 왜 그런 실수를 했는지와 그것을 되풀이하지 않으려면 어떻게 해야 하는지를 분석해야 한다. 그리고 똑같은 실수를 세 번 저지르면 그것은 곧 끝을 의미한다는 사실을 모두가 이해하고 있어야 한다.

실수를 반복하는 사람은 자신의 감정과 능력 수준에 대해 가치 선언을 하는 셈이며, 그 선언의 내용은 다음 두 가지 중 하나다. 첫 번째, 이 일은 내 인생에서 별로 중요하지 않다. 내 열정과 헌신의 수준은 그다지 높지 않다. 두 번째, 내게는 이 상황을 감당할 만한 능력이 없다. 우리는 자신과 다른 사람들이 성취의 달인이 되도록 도와야 할 책임이 있으므로 해당 직원이 이 두 가지 가운데 어떤 선언을 하고 있는지를 알아내고 그에 따라 적절한 조치를 취해야 한다. 첫 번째 선언의 경우 직원과 회사를 위해 취해야 할 적절한 조치는 그 직원이 자신과 회사의 이익을 위해 자리를 옮기도록 돕는 것이다. 그것은 힘든 결정일 수 있지만, 은퇴한 경영 컨설턴트인 프레드 스미스Fred Smith가 말했듯이 이런 결정은 빠르면 빠를수록 실제적인 낭비를 줄일 수 있다.

문제의 직원이 두 번째 선언을 하고 있는 경우에 우리가 할 일은 그가 상황을 감당하는 데 필요한 훈련을 받게 해주는 것이다. 만약 필요한 능력 수준이 직원의 능력 범위를 벗어난 것이라면, 그때는 직원이 아니라 고용 절차에 문제가 있는 것이다.

이 직원을 도울 수 있는 가장 좋은 방법은 그가 자신이 이미 지니고 있는 기술과 능력을 활용할 수 있는 일자리를 찾아주거나, 아니면 더 뛰어난 기술을 지닐 수 있도록 그를 훈련시키는 것이다.

이 방법이 정말 통하는가?

이 개념이 적용된 구체적인 사례를 살펴보자. 짐 새비지는 치과의사들과 그들의 배우자, 그리고 전체 병원 직원 그룹을 상대로 강연을 했고, 그들을 통해 이 방법이 정말 효과가 있음을 확인했다. 짐에 따르면 그들은 매우 전문적이고 수용적이며 아주 진지하게 자신의 사업을 더 번창시킬 수 있는 아이디어를 찾으려 노력하는 정말 유쾌한 그룹이었다. 프로그램이 끝난 후에 그들은 함께 점심을 했고, 짐은 크고 둥근 테이블에서 의사들과 자리를 함께하며 매우 즐거운 오찬 대화를 나누었다.

한 치과의사가 말했다. "제 접수원은 영 '텐션콜tension call'을 안 합니다. 하라고 해도 말을 잘 안 들어요." 텐션콜은 사람들에게 진료 약속을 확인하거나 치아를 스케일링할 때가 되었다는 것을 상기시키기 위해 거는 일상적인 전화를 말한다. 이에 짐이 "순진하게" 물었다. "그런데도 그 직원은 왜 계속 일하고 있는 거죠?" 짐은 분명히 아픈 곳을 건드렸다. 그 의사가 약간 흥분한 어조로 답변했기 때문이다. "그래도 좋은 직원 구하기가 어디 그렇게 쉬운가요!"

그러자 짐이 물었다. "그 직원이 얼마나 훌륭한데요?" 의사는 몇 분 동안 그 직원과 계속 일할 수밖에 없는 이유를 설명하다가 갑자기 대화 흐름을 끊더니 이렇게 말했다. "제가 어리석었어요…… 그 아가씨 정말 좋은 직원인데, 하지만 저는 그녀에게 적절한 방향을 제시해주지 않았군요." 짐은 그 의사가 제 스스로 결론에 이르는 과정을 지켜보는 일은 정말 재미있었다고 말했다. 질문에 답변하는 과정에서 이 의사는 다음의 사실을 발견할 수 있었다.

1. 그는 이 전화가 중요하다는 사실을 확인하고 납득시켜야 한다.
2. 그는 직원들이 그의 기대에 부응하도록 훈련시켜야 한다.
3. 그는 자신이 기대하는 결과를 확실히 얻을 수 있도록 점검해야 한다.

이 똑똑한 의사는 진료실로 돌아가 사무장과 접수원이 함께하는 회의를 소집했고, 이렇게 말문을 열었다. "두 사람의 봉급을 올려주자는 것이 제 목표입니다. 이게 어떻게 가능할지에 대해 더 얘기해볼 생각 있나요?" 확실히 의사는 그들의 주의를 잡아끄는 데 성공했다. 그들이 힘차게 고개를 끄덕이자 그는 계속 말을 이었다. "두 사람도 알다시피 우리 진료실은 매달(일일 근무시간과 잠재고객의 수를 기초로 따져볼 때) 우리 능력의 60~75%를 감당하고 있어요. 두 사람의 봉급을 상당히 올리려면 고객이 더 필요합니다. 그리고 고객을 더 확보할 수 있는 한 가지 좋은 방법은 진료 약속을 확인하는 것이지요. 이렇게 하면 약속 취소율과 병원에 나오지 않는 사람들의 수가 줄어들 겁니다. 또 다른 방법은 서비스콜(이 이름이 훨씬 좋네요)을 하는 겁니다. 전에는 전화를 하는 사람에게 초점이 맞춰졌기 때문에 텐션콜이라 불렸던 거죠. 지금부터는 우리가 전화하는 대상에게 초점이 맞춰지기 때문에 서비스콜이라고 부르는 게 좋을 겁니다. 우리가 하는 일은 사람들에게 필요한 서비스를 제공하는 것이고, 그들이 언제 병원에 와야 하는지를 알려주는 방법으로 그들을 돕는 것은 우리의 의무입니다. 이게 신경을 좀 써야 하는 일이라는 건 알아요. 하루 종일 이런 전화를 하라는 건 아닙니다. 그러니까 먼저 고객 한 사람이 우리 병원을 찾아오게 하는 데 서비스콜을 몇 통이나 걸어야 하는지 계산하는 것으로 시작합시다."

대화는 계속되었고(질문을 통해) 사무장과 접수원의 아이디어를 이끌어낸 결과 다음과 같은 결론이 도출되었다.

1. 접수원은 약속 날짜 7일 전에 미리 전화를 걸어 모든 약속을 100% 확인하도록 한다. 오전과 오후에 전화를 하며, 필요할 경우에는 매일 저녁 집에서도 전화 한 통을 날린다.
2. 사무장과 접수원은 서비스 전화를 두 개의 동등한 부분으로 나누

었다. 매일 5통의 전화는 기본 성취 수준, 8통은 성공 수준, 그리고 10통은 가치 수준으로 정해졌다. 사무장은 한 장으로 된 기록 보고서를 만들어냈고, 이를 통해 관련된 직원 모두는 계획이 어떻게 진행되는지 확인하는 데 필요한 정보를 수집하고 평가할 수 있었다. 이 보고서는 매주 의사에게 제출되었다.

3. 계획을 실행한 지 6일 만에 약속 날짜에 나타나지 않는 환자들이 거의 완전히 사라졌다(부수적으로 이 조치는 굉장한 홍보 효과도 냈다). 진료실의 환자 수용 수준은 85~90%까지 상승했으며, 사무장과 접수원은 봉급이 상당히 인상되었다. 정리해보자. 치과의사는 직원들이 원하는 것(봉급 인상)을 얻게 해주었기 때문에 자신이 원하는 것(더 많은 고객)을 얻었다. 그리고 직원들은 고객이 원하는 것(더 아름답고 건강한 치아와 잇몸)을 얻는 데 도움을 주었기 때문에 자신들이 원하는 것(더 많은 봉급)을 얻을 수 있었다.

목표를 세분하여 각각 기본 성취 수준, 성공 수준, 그리고 가치 수준으로 나눌 때, 우리는 언제 성공적이 되며 어떻게 최고 성취 수준에 도달할 것인지를 알게 된다. 한 유능한 경영자는 이렇게 말했다. "만약 측정할 수 없다면, 관리할 수도 없다."

일 혐오증 환자

어느 날 앨라배마 주의 버밍햄에서 강연을 하기 직전, 한 숙녀가 잠깐 나를 찾아왔다. 옷차림은 매력적이었지만, 얼굴에 웃음기라곤 눈을 씻고 봐도 찾을 수 없는 여성이었다. 그녀는 내게 다가오더니 분명 미리 외워둔 듯한 말을 시작했다. "지글러 선생님, 뵙게 되어 반갑습니다. 저는 제 일과 직장 동료들 전부가 싫습니다. 그들도 저를 벌레 대하듯 하죠."(그녀는 자신이 있던 방에서 나갈 경우 그 방 전체를 환해지게 만들, 그런 종류의 여자였다) 고 캐빗 로버트식 표현을 빌리자면, "그녀는 타이타닉 호의 유람 책임자cruise director처럼 보였다."

확실히 그녀는 가만히 앉아 있는 사람 얼굴에 쓰레기 더미를 쏟아부은 경험이 꽤 많아 보였다. 마치 나보고 그곳에 가만히 앉아서 자기가 퍼붓는 쓰레기 세례를 고스란히 받아달라고 간청하는 것 같았다.

심지어 그녀는 "아, 정말 큰 도움이 되었습니다. 제 얘기를 들어주셔서 고맙습니다"라고 말하고는 작은 손수건으로 눈가를 훔치면서 면담을 마칠 것으로 기대하는 것 같았다. 그러나 내가 그런 접근방식을 택했다면, 그것은 바로 내가 믿는 모든 것을 배신하는 꼴이 되었을 것이다. 그녀에게 가장 불필요한 것이 바로 동정이었다. 정작 필요한 것은 동정이 아니라 공감이었다. 그녀에게는 자기 문제에 동참해줄 사람이 아닌, 그녀가 해결책을 찾는 데 도움을 줄 사람이 필요했다.

악화될 상황

드디어 여자가 한숨 돌리는 찰나 나는 그 틈을 비집고 들어가 그녀를 쳐다보며(단호하지만 부드럽게) 말했다. "그래요. 아가씨 상황은 그다지 좋아 보이지 않고, 게다가 더 악화될지도 모르겠네요." 여자는 화들짝 놀랐다. 내가 그녀의 얼굴에 얼음물 한 동이를 쏟아부었다 해도 그렇게 놀라지는 않았을 것이다.

분명 그녀는 이 "친절한 지글러 씨"는 완전히 다를 것으로 기대한 모양이었다. 여자는 펄쩍 뛰며 물었다. "무슨 말씀이시죠?"

지그 : "아주 간단합니다. 아가씨는 실업자가 될 확률이 높기 때문에 상황이 더 안 좋아질 거라는 말이죠. 별로 신통찮은 일자리라 해도 요즘 직업 구하기가 그렇게 쉽지 않잖아요."

여자 : "지금 무슨 말을 하시는 겁니까?"

지그 : "아가씨, 한곳에 그토록 지독한 부정적 태도를 방치하고도 살아남을 수 있는 회사는 그 어디에도 없습니다."

기억하라. 우리는 자신이 삶에서 찾는 것을 발견하게 된다.

여자의 눈에 눈물이 맺히기 시작했다. 이윽고 그녀가 입을 열었다. "그럼 저는 어쩌면 좋죠?"

지그 : "아가씨가 진정으로 이 문제를 해결하고 싶다면, 내게 좋은 수가 있습니다."

여자 : "그게 뭔지 말씀해주세요. 정말 알고 싶어요."

좋은 점을 찾기 시작하라

지그 : "오늘밤 아가씨가 집에 가서 제일 먼저 해야 할 일은 종이 한 장을 가져다 아가씨의 일과 직장의 좋은 점을 모조리 목록으로 나열하는 겁니다."

여자 : "그건 일도 아니네요. 맘에 드는 게 하나도 없으니까요."

지그 : "잠깐만요. 좀 물어봅시다."

여자 : "좋아요."

지그 : "아가씨는 거기서 일해주고 보수를 받습니까, 아니면 봉사활동을 하는 건가요?"

여자 : "물론 저는 돈을 받고 일합니다."

지그 : "됐어요. 그러면 아가씨 직업의 첫 번째 좋은 점은 일을 해주면 봉급을 준다는 것이 되겠네요. 그걸 적어요. 지금 당장 목록을 작성해봅시다."

그렇게 해서 우리는 그녀의 직업이 갖는 장점 22개를 찾아냈다. 3주간의 유급휴가, 건강보험과 생명보험, 연 5일의 병가휴가, 전 국경일 휴무, 이익분배제도, 자동차로 겨우 10분 정도의 짧은 통근 거리, 꼬박 한 시간의 점심시간, 사원·고용주 간 유대 프로그램, 개인 주차 공간이 딸린 아름다운 건물 등이었다.

상상할 수 있는 가장 훌륭하고 위대한 인물을 데려다 그의 구석구석을 이 잡듯이 뒤져보라. 분명 그에게서도 얼마간의 단점이 발견될 것이다. 반면 그저 평범한 사람을 데려다 그의 좋은 점을 찾아보라. 그러면 의외로 상당히 많은 장점을 발견할 수 있을 것이다. 중요한 것은 우리가 찾는 것이 무엇이냐 하는 것이다.

남편이여, 만약 그대가 아내를 왕비처럼 대한다면 평생 바가지 긁힐 일은 없으리라. 아내들이여, 만약 그대가 남편을 왕처럼 대한다면 결코 숙맥이나 목석과 사는 일은 없으리라.

내가 원치 않는 것이 아닌, 내가 원하는 것을 찾아라.

우리는 자신의 직업과 직장에 존재하는 많은 장점과 단점을 발견할 수 있다. 그것은 인생에서 내가 원하는 것이 무엇이냐에 따라 달라진다. 왜냐하면 나는 내가 찾는 것을 발견하게 될 것이기 때문이다. 나 자신, 배우자, 직업, 자녀, 조국, 또는 나의 미래에서 좋은 점, 혹은 나쁜 점을 찾으려 노력하는 만큼, 내가 발견할 좋은 점 또는 나쁜 점도 그에 비례하여 더 많아질 것이다.

긍 정 적 인   요 소 에   집 중 하 라

나는 그 여자에게 자기 직업의 22가지 장점 목록을 가져다 잠자리에 들기 직전에 거울 앞에 서서 힘차게 "나는 내 일을 사랑한다"고 선언하고, 그 22가지의 이유를 일일이 열거하라고 권했다. 나는 그녀가 "나는 내 직업을 사랑한다"고 선언할 때마다 실제로 그녀는 "나는 내 일에 대해 감사한다"라고 말하는 것이라는 사실을 지적했다. 감사는 인간의 모든 감정 중에서도 가장 건강한 감정이다. 나는 그날 밤 그녀의 잠자리가 더 편해질 거라고 장담했다. 또 나는 이 과정을 매일 아침과 매일 밤 3주 동안 반복하라고 조언했으며, 그 시기 동안 목록에 더 많은 장점을 추가하도록 했다.

그 아가씨는 완전히 다른 사고방식을 갖고 그 자리를 떠났다. 그녀는 더 이상 상처받고 패배의식에 사로잡힌 존재가 아니었다. 걸어 나갈 때 그녀의 걸음걸이는 사실상 힘찬 활보였다. 오해하지 마라. 나는 그녀가 평생 동안 견지해 온 부정적인 사고행태를 단 몇 분 만에 긍정적으로 뒤바꿀 수 있었다고 말하는 것은 아니다. 그러나 나는 그녀에게 얼마간의 희망과 계획을 제시했고, 이들이야말로 강력한 힘을 발휘하는 두 인자다. 사실 성공적인 경영자는 자기 사람들에게 어떤 약속을 할 때 반드시 그 약속을 실현 가능하게 만들기 위한 계획을 제시한다. 그리고 누군가에게 무슨 요구를 할 때는 직접 그 사람으로부터 현실적으로 어떻게 그 요구를 충족시킬 것인지에 대한 계획을 이끌어낸다.

6주 뒤에 나는 후속 영업교육을 위해 버밍햄에 돌아왔다. 그 아가씨는 맨 앞줄에 앉아 바나나를 옆으로 먹어치울 수 있을 정도로 입을 활짝 벌린 채 웃고 있었다. 나는 잠깐 그녀와 얘기하며 그간의 상황을 물었고 그녀는 이렇게 대답했다. "굉장해요, 지글러 선생님. 회사와 거기서 일하는 사람들이 어떻게 그렇게 변할 수 있는지 믿기지 않을 정도예요."

자신과 타인에게서 최고를 기대하라.

1. 그녀가 변한 것은 소위 자동차 대학Automobile University에 등록하여 출퇴근길에 내 오디오테이프 시리즈를 듣기 시작했기 때문이다.
2. 이렇게 그녀의 마음에 입력되는 정보의 내용이 바뀌면서 자기와의 대화 내용도 바뀌었다.
3. 그녀는 단점발견자가 아닌, 장점발견자가 되었다.

성공원칙

1. 일반적으로 나는 타인으로부터 내가 기대하는 것을 얻는다.
2. 평범한 기업과 우수기업의 차이는 교육이다.
3. 나는 삶에서 내가 찾는 것을 발견한다.
4. 절대 계획 없이 약속하지 마라.
5. 만약 무엇을 찾아야 할지를 안다면 행복이나 기쁨, 감사 등은 보편적인 감정이 된다.

나는 당신의 리더다!

충성심 한 줌이 영리함 한 말에 값한다.
－엘버트 허버드Elbert Hubbard

장점발견자Goodfinders

최고를 기대하라 Expect the Best

충성Loyalty

GEL 공식의 L은 충성심을 나타낸다. 리더에게 있어 충성심이란 비록 회사를 위해 하루 24시간 일하지는 않는다 해도, 회사를 대표하는 일은 하루 24시간 계속된다는 사실을 기억하는 것이다. 성취의 달인이 되려면 세 가지 대상에 대한 충성심에 흔들림이 없어야 한다. 즉 자기 자신이나 함께 생활하고 함께 일하는 사람들, 그리고 자기가 속한 조직에 충성스러워야 하는 것이다.

자기 자신에게 충성하라

자신에게 충실하려면 건강한 자아상을 유지하기 위해 노력해야 한
다. 이것은 지나치게 부풀려진 자만심도 아니고, 현자가 말하는 "대개
상황을 제대로 이해하기 전에 생겨나는" 종류의 자신감도 아니다. 자
신에 대한 충성은 내가 왜 스스로의 가치를 믿어야 하는지를 설명해
주는 증거를 찾는다는 것을 의미한다.

로라 슐레진저Laura Schlesinger 박사는 자신에 대해 좋은 느낌을 가
질 수 있는 가장 좋은 방법은 스스로 자부심을 느낄 만한 일을 하는
것이라고 한다. 확실히 당신의 자아상은 당신이 속한 조직에서 얼마
나 성장할 것인가를 결정하는 데 중요한 역할을 한다. 왜냐하면 그것
은 당신 뒤를 이어 성공의 사다리를 타고 올라올 리더들을 키울 수 있
는 당신의 능력에서 큰 역할을 하기 때문이다.

이 목록은 어디에 자랑하기 위한 것이 아니다. 사실 당신 외에는 어
느 누구도 그것을 보아서는 안 되며, 자만심과는 아무 상관이 없는 것
이다. 내가 흔히 말하듯이 "자만심은 그것을 품은 사람을 제외한 모든
이를 아프게 하는 괴이한 질병이다." 이 목록은 당신이 가치 있는 사
람이라는 사실을 기억하게 하는 역할을 한다.

성공은 다른 사람과 비교하여 당신이 일을 어떻게 하는가에 의해
측정되는 것이 아니라는 사실을 잊지 마라. 당신은 그들보다 능력이
두 배나 될 수도 있고, 아니면 절반 수준밖에 안 될지도 모른다. 성공
은—진정한 성공은—단순히 외적인 목표의 달성 여부가 아니라, 신
이 당신에게 주신 능력을 얼마나 최대한 발휘했느냐에 의해 측정된
다. 이것은 성공이 "세속적인 의미의 성취가 아니라, 타고난 잠재력을

얼마나 활짝 꽃 피웠는가"에 의해 정의될 수도 있다는 것을 의미한다.

그렇다. 건강한 자아상은 최고 성취자와 더 유능해지고 인생이라는 게임에서 계속 승승장구하기를 바라는 경영자들에게 극히 중요한 덕목이다. 분명 나는 "내가 제일"이라는 사고가 근저에 깔린 과대 팽창된 초자아가 아니라, 그저 나의 내적인 능력과 이제까지 살아오면서 내가 이뤄온 일들에 대한 건강한 자존심을 말하고 있는 것이다.

『사이콜로지컬 리포트 2002』에 실린 「삶의 결과를 좌우하는 목표지향성과 개인의 정체성」이라는 글에서 배리 M. 골드맨 박사와 에드윈 A. 로크 박사, 그리고 데이비드 G. 젠센은 목표지향적인 사람들은 직장을 비롯한 그들 삶의 모든 영역에서 목표를 설정할 가능성이 높다는 결론을 내렸다. 그리고 이것은 확실히 직업 만족도, 높은 성취도, 그리고 수입증가와 깊은 관련이 있으며, 꼭 최고 성취자들이 따라야하는 지침처럼 들린다. 이제 자신에 대한 느낌을 개선하기 위한 몇 가지 추가적인 방법들을 살펴보자.

방법 1 : 작가 에릭 호퍼Eric Hoffer는 이렇게 말했다. "끊임없이 배움에 정진하는 자들은 변화의 시기에 새로운 땅을 물려받겠지만, 배우기를 멈춘 자들은 더 이상 존재하지 않는 과거의 세계에서만 활개를 칠 수 있을 것이다." 다음은 경영학자 톰 피터스Tom Peters의 말이다. "끊임없이 자신을 일신하는 사람들만이 앞으로도 계속 일할 기회를 부여받게 된다."

여기에 부수적으로 따라오는 좋은 소식은, 내가 새로운 것을 배우며 계속 성장할 때 자신에 대해 더 좋은 감정을 갖게 된다는 것이다. 그리고 이 감정은 경영자이자 리더로서 내가 책임져야 할 사람들에게

전염된다. 우리는 우리가 아는 것을 가르치지만, 우리의 인격과 태도
는 타인을 통해 재생된다는 점을 분명히 알아야 한다.

방법 2 : 자신에 대해 좋은 느낌—오만한 감정이 아니라—을 갖는
다는 것은 내가 스스로에 대해서도 똑같은 느낌을 갖게 될 사람들을
키울 수 있으리라는 것을 뜻한다. 그들의 자신감이 고취되고 그와 함
께 그들의 생산성도 올라간다. 실업가 클래런스 프랜시스Clarence
Francis는 이렇게 말했다. "우리는 돈으로 한 사람의 시간도 살 수 있
고 특정 장소에서 그의 육체도 살 수 있다. 심지어는 숫자로 측정된
그 사람의 숙련된 시간당 근육의 움직임도 살 수 있다. 그러나 그의
열정은 살 수 없다. 충성심도 살 수 없다. 그리고 그의 헌신적인 마음
과 영혼도 살 수 없다. 이런 것들은 공들여 얻어내야 하는 것이다." 앞
으로 우리는 우리가 키우는 것은 사업이 아니라 사람이라는 사실을
다시 배우게 될 것이다. 그리고 훌륭한 리더가 되고 바른 모범을 보임
으로써 사람을 키워낼 때, 최고 성취자며 탁월한 경영자이자 인간으
로서의 내 명성도 높아지게 될 것이다.

방법 3 : 내가 자신감을 갖고 스스로에 대해 편안한 마음일 때, 함께
일하는 사람들에게도 확신을 주며 그들을 팀의 진정한 일원으로 만들
가능성도 더욱 높아지게 된다. 미국이라는 주식회사에서 일하는 근로
자들 18%는 팀에 기여하지 않을 뿐 아니라, 실제로는 독을 퍼뜨리며
온갖 문제를 다 일으킨다. 그들을 팀에 초대하고 팀원으로 대우할 때,
우리는 그들이 암적 존재가 될 가능성을 확실히 차단할 수 있다. 결국
우리는 리더로서 개인을 생산적인 팀으로 변화시키면서 그들을 자랑
스러워하게 될 것이다. 또 다른 사람들이 자신에 대해 긍정적으로 생

각하고 스스로를 소중한 존재로 인식하게 만듦으로써 우리 자신에 대해서도 좋은 느낌을 갖게 될 것이다.

방법 4 : 자신에 대해 좋은 감정을 지닐 수 있는 또 다른 방법은 육체적, 정신적, 영적으로 스스로를 챙기는 것이다. 퍼듀대학의 A. H. 이스마일A. H. Ismail은 연구를 통해 육체적으로 건강한 사람들이 더 지적인 성향을 보이며, 정서적으로도 더 안정되고 침착하고 당당하며 평정을 느낀다는 사실을 보여주었다. 바로 우리가 묘사한 최고 성취자의 모습과 비슷하지 않은가? 개인적으로 나는 1972년에 절도 있는 식사와 규칙적인 운동을 시작하면서 성인이 된 후 24년 동안 달고 다녔던 17킬로그램의 군살을 떼어낼 수 있었다. 이로 인해 활력이 증가되었고 나 자신에 대해 더 긍정적인 느낌을 갖게 되었다는 사실을 고백한다. 내 아내 빨강머리 말로는 외모도 더 봐줄 만하게 변했다고 한다. 그러니까 자신에 대해 좋은 감정을 가지려면 먼저 몸부터 챙겨라. 절대 후회하지 않을 것이다.

방법 5 : 자신에 대해 좋은 느낌을 가질 수 있는 가장 좋은 방법 중의 하나는 다른 사람들이 스스로에 대해 좋은 느낌을 갖도록 만드는 것이다. 이 일에는 엄청난 기쁨이 따라오며, 기쁨은 행복보다 훨씬 더 벅찬 감정이다. 행복은 우발적인 사건에 의해 좌우되지만, 기쁨은 영적인 차원에 속하며 삶을 변화시킨다.

정직과 진실한 품성honesty and integrity을 합성한 이름인 호닌테그 인터내셔널Honinteg International의 사장 제임스 하워드James Howard는 실적과 이윤을 내려면 SIR식 방법을 써야 한다고 말한다. SIR식 방법이란 수시보고Short Interval Reporting의 약자로, 효율적인 측정을 위해 필수적인 요소다. 하워드는 임무를 부여받은 직원들이 많은 경우 일을 아주 훌륭하게 수행해낸다는 사실을 지적한다. 그러나 불행히도 상사들은 그 훌륭하게 수행된 임무의 93%에 대해 일언반구도 없이 그 냥 넘어간다는 것이다. 수시보고의 이점은 직원들의 공을 자주 인정해 줄 수 있다는 것이고, 이는 효과적인 동기부여를 위해 필수적이라고 하워드는 지적한다. 일주일에 한 번이든 한 달에 한 번이든, 부하직원 이 일을 잘해냈을 때 그를 칭찬하는 것은 그의 긍정적인 이미지 형성 에 큰 도움을 준다. 그 직원은 일을 더 잘하게 되고, 이는 내 기분을 더 좋게 하며, 다시 이것은 다른 사람이 원하는 것을 얻게 해줄 때 인생에 서 내가 원하는 모든 것을 얻을 수 있다는 진리와 연결된다.

물론 이 일에는 훈련이 필요하다. 그리고 사람들은 자신이 성장하 며 존중받고 인정받는 곳에 둥지를 튼다. 훈련을 통해 우리는 직원의 가치를 높이고, 직원은 다시 회사의 가치를 높인다.

2001년에 『USA 투데이』는 400개 기업이 참여한 연구결과를 보고 했다. 그것은 주로 30세 이하의 직원들을 대상으로 했고, 그들 중 60%는 가장 원하는 것이 기술을 개발할 기회를 갖는 것이라고 말했 다. 결국 이 젊은이들은 미래를 계획하고 준비하는 것이다. 효과적인 경영은 이들에게 그 미래를 확실히 얻을 수 있게 해주며, 우리는 그들 을 교육시키고 정직하고 진실하게 대함으로써 그들이 우리 기업에서 성장하는 것을 지켜볼 수 있게 된다. 이것이 바로 모두를 승리자로 만 드는 길이다.

방법 6 : 우리는 모두가 자동차 대학의 학생이 되도록 권함으로써 우리 자신의 자아상과 직원들의 자아상을 개선할 수 있다. 13년 전,

오클라호마 바틀즈빌Bartlesville 출신의 미국 원주민 스티븐 조 페인 Stephen Joe Payne은 자동차 대학에 입학했다. 현재 그는 8개 국어에 능통하며 그의 회사를 위해 불어와 스페인어 번역을 한다. 당연한 이야기지만, 그는 자신에 대해 큰 자부심을 느끼며 더욱 희망찬 미래를 바라보고 있다. 회사에서도 더욱 귀중한 존재가 되었다. 그는 외국어 공부에 필요한 시간의 90%는 운전 시간을 이용하며, 겨우 10% 정도만 다른 곳에서 얻는다고 한다. 그가 투자하는 시간은 최소한이지만 얻는 이익은 거의 천문학적이다.

스탠포드대학의 한 연구에 따르면, 어떤 생각이나 개념의 가치를 받아들이는 사람들의 95%가 그것을 끝까지 실천하지 못하는데, 그 이유는 그 일을 할 만한 자원이 없기 때문이라고 한다. 이 자원은 교육, 세미나, 책, CD, 테이프 등을 가리킨다. 내가 리더로서 사람들의 성장을 도울 때(이것은 리더·경영자의 책무이기도 하다), 그들의 충성심과 실적 모두가 크게 높아지면서 다들 회사에서 더욱 귀중한 존재가 된다. 그 과정에서 최고 경영진은 최고의 성취자들을 길러내는 나를 주목하게 되고, 따라서 나의 정상 등극도 훨씬 빨라지고 더욱 확실해질 것이다.

방법 7 : 시간 도둑을 경계하라. 계획을 세우고 끝까지 완수하는 데 필요한 일들을 하라. 한가한 잡담을 피하라. 그것은 두 사람이 회사의 시간을 훔치고 있다는 것을 뜻하기 때문이다. 이를 통해 개선되고 증가된 생산성은 돈이 새나가는 것을 막아주며, 이 돈은 수익률 개선으로 이어진다. 그러면 나 자신과 회사에서 내 가치가 올라가며, 결국 나는 스스로 자랑스러워할 만한 일을 해내게 될 것이다.

초기 노동운동 지도자인 새뮤얼 곰퍼스Samuel Gompers는 모든 기업의 최우선 목표는 이윤을 남기는 것이 되어야 한다고 말했다. 이익을 못 내면 회사는 망할 수밖에 없기 때문이다. 그러면 고용주와 직원 모두가 경우에 따라서는 아주 긴 시간 동안 실직자가 된다.

기업이 이윤을 낼 수 있는 가장 좋은 방법은 노사 모두가 이익을 남기는 기업을 만들기 위해 각자가 할 수 있는 일이 무엇일까를 생각하는 것이다. 물론 직원들은 이를 위해 최선을 다해야 한다. 그리고 고용주는 사원들의 마음을 하나로 모으고 적극적인 협력을 이끌어낼 수 있는 최상의 방법을 찾아야 한다. 그것은 그들을 존중해주고 그들 역시 감정과 권리를 지닌 존재라는 사실을 이해하는 것이다.

내 친구이자 멘토인 프레드 스미스는 사실상 그의 전체 비즈니스 인생을 여러 유수의 기업에서 높은 지위를 누리며 보냈다. 그는 노사 협상 업무를 담당했기 때문에 그의 사무실은 항상 공장의 뒷문 근처에 있었다. 그의 설명에 의하면, 이렇게 하면 직원들은 퇴근하는 길에 무슨 할 말이 있거나 불만사항이 있을 때, 아니면 그저 대화를 원할 때 부담 없이 자기 사무실에 들어올 수 있다는 거였다. 이런 식으로 그는 그들을 인간으로서 이해하게 되었다. 그는 직원들의 부인 이름을 일일이 기억하고 있었고, 자녀의 이름을 기억하는 경우도 많았다. 결론을 말하면, 그는 그들을 알고 그들은 그를 알았기 때문에 노조와 동고동락하며 함께 뒹군 그 모든 시간 동안 프레드 스미스가 버티고 있던 공장에서는 단 한 번도 파업이 발생하지 않았다.

나는 파업이 발생하면 경영진이나 노조, 사주 모두가 손해라는 사실을 분명히 알고 있다. 회사는 수입이 줄어들고 노동자들 역시 소득과 이익이 줄어들며, 이렇게 빠져나간 것들은 결코 되찾을 수 없다. 따라서 회사와 직원 모두가 손해를 보게 된다. 파업은 엄청난 비용을 초래하며, 더욱 중요한 것은 파업이 끝난 후에는 사람들의 태도와 관계가 그 이전과 똑같지 않을 경우가 많다는 사실이다. 그들은 모두 "우리가 이기고 그들이 졌다"거나 "그들이 이기고 우리가 졌다"는 느낌에 휩싸인다. 이런 감정은 원한을 키우게 되고 이런 감정이 생산성 증가에 좋게 작용할 리가 없다. 따라서 항상 같은 배를 타고 있다는 사고방식을 가져야 한다. 돌아가는 상황 파악에 능한 유능한 리더는 모두가 이런 생각을 갖도록 하기 위해 노력한다.

내 어머니가 말씀하셨듯이 중요한 것은 누가 옳으냐가 아니라, 무엇이 옳으냐며, 내가 지금까지 설명한 내용이 성장을 위한 올바른 접근방법이다.

최선excellence의 최대의 적은 차선good이다.

성장에 대해 생각할 때 나는 에드먼드 힐러리 경Sir Edmund Hillary을 떠올리게 된다. 에드먼드 경과 그의 셰르파 텐징Tenzing이 최초로 세계 최고봉인 에베레스트 산 정상에 오른 사실은 여러분도 잘 알고 있을 것이다. 힐러리는 초기 시도에서 몇 차례 실패했고, 한번은 다섯 명의 죽은 동료들을 산허리에 버려둔 채 그냥 돌아와야 했다. 의회는 이런 용감한 분투에 찬사를 보내고자 힐러리를 의사당에 초대했다. 그들은 심지어 의사당 전면에 에베레스트 산의 그림을 걸어놓기까지 했다. 힐러리 경이 국회에 들어서자 의원들은 모두 일어나 그에게 기립박수를 보냈다. 의원들이 모두 기립하여 자신 업적에 경의를 표하는 것을 보자 그의 눈에는 눈물이 고였다. 그 눈물을 본 많은 의원들은 아마 이렇게 생각했을 것이다. 아, 저건 우리가 그의 장한 노력 good effort을 인정해준 데 대한 행복의 눈물이겠지. 그러나 그것은 행복과 기쁨의 눈물이 아니라, 분노와 실망의 눈물이었다. 왜냐하면 힐러리는 산을 오르려는 "장한 노력"을 하기 위해 길을 나선 것이 아니었고, 다섯 명 동료들의 시신을 산에 남겨두려고 길을 떠난 것은 더욱 아니었기 때문이다.

힐러리는 의사당 앞으로 걸어가면서 많은 독자 여러분도 알고 있는 어떤 것을 인식했다. 그렇다. 그것은 그가 산을 오르기 위해 "장한 good" 노력을 했지만, 최선excellence의 최대의 적은 차선good이라는 사실이다. 차선에 만족할 수는 없다.

의사당 앞으로 걸어간 힐러리 경은 그림을 보고 소리쳤다. "이번엔 네가 나를 이겼다. 너는 분명 크고 거대하다. 그러나 너는 언제나 그 크기 그대로겠지만, 나는 지금도 계속 성장하고 있다!"

내가 이미 이루거나 이루지 못한 것이 무엇이든 만약 내가 성장 모드에 있다면, 위대한 일들이 내 앞에 도열한 채 내게 정복되기만을 기다리게 될 것이다. 내가 지닌 잠재 능력을 최대한 발휘하기 위해서는 성장을 멈추지 말아야 한다. 에머슨이 한 이 말을 기억하라. "내 뒤에 있는 것과 내 앞에 있는 것은 나의 내면에 있는 것과 비교하면 지극히 하잘 것 없는 것들이다."

당신이 책임져야 할 사람들에게 관심을 집중하라.

평사원이 관리직으로 승진할 때, 그는 자기의 새 직책에 대해 모든 것을 다 알아야 한다고 느끼는 경우가 많다. 이것은 감당하기에 너무 큰 부담이다. 하지만 기억해야 할 것이 있다. 그는 백과사전이나 컴퓨터 역할을 하기 위해서가 아니라, 잘 관리하라고 채용된 것이다. 관리자는 어디서 정보를 찾아야 할지 알아야 한다는 것이지, 완전 기억 능력을 구비해야 한다는 말은 아니다. 자잘한 사실들을 기억할 수 있는 사람보다는 생각할 줄 아는 사람이 훨씬 더 가치 있다. 교육은 아무리 많이 받아도 지나친 경우가 없다는 사실을 잊지 마라. 그러므로 교육, 세미나, 책, 테이프 등을 지속적으로 활용하는 일을 소홀히 하지 마라. 지식과 그 지식의 활용방법에 대한 욕망에 끝이 있어서는 안 된다. 그렇다고 참석하는 모든 세미나의 책자 내용을 다 암기해야 한다는 말은 아니다. 관리자로서 계속 성장하고 배우겠다고 결심하라. 그것은 긍정적인 자아상 확립에 크게 기여할 것이다.

기업은 건물과 컴퓨터, 전자장비, 비품, 통신장비 등에 천문학적인 돈을 투입할 수 있지만, 이런 엄청난 지출의 효용성은 전적으로 그 기업에서 일하는 사람들의 성장과 교육, 태도, 능력에 달려 있다는 사실을 간과하지 말아야 한다. 그리고 이런 성장과 교육, 태도, 능력 등에 대한 책임은 말할 것도 없이 경영자들의 어깨 위에 놓여진다.

자긍심을 높이는 가장 빠른 방법 중 하나는 내 관심을 다른 사람에게 돌리는 것이다. 타인을 더 생각하는 만큼 자만심이 줄어드는 경우가 많다. 나를 잊고 진정으로 그들에게 시선을 주는 행위는 직접적으로 나에게 건강한 자존심을 형성하게 해준다. 남에게 온전히 관심을 집중하고 그들을 행복하게 하는 데 초점을 맞출 때, 나의 자의식은 더 줄어든다.

알프레드 애들러 박사는 어떻게 하면 남에게 도움이 될 수 있을까를 매일 생각하면 14일 만에 우울증이 치료될 수 있다고 장담했다. 데이비드 던David Dunn이 저술한 작지만 놀라운 책 『자신을 내줘라Try Giving Yourself Away』는 위대한 통찰과 함께 타인을 고무하고 도울 수 있는 간단하고 실용적인 방법들을 제시한다. 순수한 마음으로 남에게 관심을 기울일 때, 우리는 부정적인 사고와 노닥거릴 시간이 없게 된다.

성급한 판단이 빚은 촌극

몇 년 전 어느 토요일 오후, 아내와 나는 댈러스 지역의 한 멋진 클럽에서 골프를 치기로 되어 있었다. 그날의 티업시간은 1시 예정이었다. 그러나 토요일에는 지역 주민들은 물론 다른 도시에서도 사람들이 많이 모여들기 때문에 우리 티업시간은 몇 분 지연되었다. 우리 앞에 있던 4인조 그룹은 젊은 두 부부로 구성되어 있었고, 그 중 한 명이 티박스에서 티샷을 날릴 준비를 하고 있었다.

카트에 앉아 있던 아내와 나는 이 젊은이를 지켜볼 수밖에 없었다. 서른 살 가량 되어보이는 그는 키는 한 190센티, 몸무게는 100킬로그램쯤으로 보였다. 공을 칠 자세를 취하며 서 있는 폼을 보아하니 내가 보기에 그는 분명 골퍼가 아니었다. 그 남자는 약간 불편해보였고, 공을 다루는 방식도 변칙적이었다. 그는 골프채를 들어 올린 후 몇 번 휘두르더니 다시 내려놓았고 그 과정을 반복했는데, 내게는 그 시간이 영원처럼 느껴졌다.

참다못한 나는 결국 목소리를 내리깔며 저 사람은 분명 풋내기라고 투덜거렸다. 아내가 조용히 그걸 어떻게 아느냐고 물었다. 나는 오래도록 골프를 쳐봤고 수많은 골퍼들을 봐왔기 때문에 그냥 감으로 저 사람이 골퍼가 아니라는 걸 알아볼 수 있다고 대답했다. 그동안에도 그는 계속 골프채를 흔들고 들어 올렸다 내려놓기를 반복했다. 드디어 남자는 골프채를 뒤로 길게 빼더니 공을 쳤고 바로 정 중앙 쪽으로 약 220미터 정도 날려 보냈다. 골퍼를 알아보는 내 눈은 이제 더 이상 믿을 게 못되었다.

그 젊은 친구는 공을 친 후 자기 카트로 걸어가서 가방에 골프채를 넣고는 곧장 내게로 걸어왔다. 그러고는 웃지도 찌푸리지도 않은 표정으로 이렇게 말했다. "지글러 선생님, 선생님이 하셨던 강연을 들었습니다."

여기서 독자 여러분은 잠시 상상력을 발휘해보시기 바란다. 만약 여러분이 내 입장이었다면, 무슨 생각을 했겠는가? 그리고 어떻게 행동했겠는가? 나는 낯이 뜨거워 그 자리에서 증발해버리고 싶었다. 그러나 다행히 젊은이는 계속 말을 이었다. "선생님이 3년 전 제 고향에서 하신 강연은 제 삶을 완전히 바꿔놓았습니다. 저는 그저 제가 선생님과 같은 장소에서 골프를 치는 것만도 영광으로 생각한다는 점을 말씀드리고 싶습니다."

말할 필요도 없이 나는 깊은 안도의 숨을 내쉬고 그에게 깊이 감사했다. 더구나 예상치 못했던 갑작스럽고도 유쾌한 사건의 반전에 고마움마저 들었다. 그날 나는 다짐했다. 앞으로 다른 사람을 관찰하거나 상대할 때 그에 대한 판단에 더욱 신중하리라!

만약 그 젊은이가 내가 자기에 대해 말한 그 불쾌하고 불친절하고 불공정한 평가를 들었다면 일이 얼마나 난처해졌을까를 생각하며 나는 종종 가슴을 쓸어내린다. 틀림없이 그것은 그에게 부정적으로 작용하여 나에 대한 그의 평소 생각을 완전히 뒤집어 놓았을 것이다. 그뿐만 아니라, 앞으로도 감동과 교육이라는 측면에서 나는 결코 그에게 긍정적인 영향을 줄 수 없었을 것이다.

관리자와 리더로서 우리가 피할 수 없는 한 가지는 사람들에게 우리가 그런 자리에 있을 만한 자격이 있다고 느끼게 만들어야 할 책임이 있다는 사실이다. 그들은 상당 부분 우리가 그들을 바라보고 느끼고 대하는 태도에 기초하여 우리를 평가하고 반응한다. 바로 이런 이유로 사람들의 좋은 점을 찾고 최상의 결과를 기대하며, 항상 리더로서 자신이 많은 조직 구성원들의 역할 모델이라는 사실을 기억하는 일이 그토록 중요한 것이다. 최소한 우리는 그들의 호감을 살 수 있어야 한다. 그러나 그들의 존경을 받는 것이야말로 절대적으로 중요한 일이다. 만약 내가 그 젊은 골퍼에게 했던 것처럼 우리가 그들에 대해 근거 없고 비판적이고 불친절하며 사실과 다른 평가를 내린다면, 그들의 호감을 사거나 존경을 받는 것은 불가능하지는 않다 해도 정말 어려운 일이 될 것이다.

오해하지 마라. 그 젊은이를 포함해서 우리 각자는 자신의 행동과 처신에 대해 책임을 져야 한다. 아무리 상상의 나래를 펴도 나는 그의 행동에 대한 책임은 없다. 그러나 그에게 공정하고 정직하고 객관적이며 겉과 속이 같은 사람이 되어야 할 책임은 있다. 조직의 수장으로서 우리는 직원들의 행동에 대한 책임은 없지만, 그들에게 책임 있는 존재가 되어야 할 의무는 있다.

정직 더하기 예의는 충성

매사추세츠 주 보스턴 시에 소재한 포럼 코퍼레이션Forum Corpora-tion은 5개 산업의 11개 기업에서 일하는 영업사원 341명에 대한 심층 연구를 실시했다. 이들 중 173명은 일류 영업사원이었지만, 168명은 평균 수준이었다. 두 그룹 사이의 주된 차이는 기술이나 지식, 또는 능력이 아니었다. 그 차이는 바로 고객의 신뢰였다. 고객은 정직한 영업사원에게 한층 더 강한 신뢰를 보낸다. 그들은 사람들이 구매를 결정하는 것은 영업사원이 말하거나, 보여주는 것이 아니라 영업사원이 하는 말과 행동의 일치 여부다. 간단히 말해, 말 따로 행동 따로가 되어서는 안 된다. 그들의 언행일치된 모습에 고객들은 믿음을 얻는다. 우리가 관리하는 사람들의 활동을 감독하는 일에도 똑같은 원칙이 적용된다. 그들은 리더가 그들에게 말하고 보여주는 것만을 근거로 리더의 리더십을 수용하고 열정적으로 반응한다. 그 정도의 신뢰와 확신을 느끼지 못할 때, 그들은 리더에게 100%의 지지를 보낼 수 없게 된다.

사람을 관리하는 데 있어 신뢰와 정직은 우리가 시장에 가져가 어느 때든 현금으로 바꿀 수 있는 필수품과 같은 것이다. 최고 성취자는 모든 관계에서 완전히 정직한 모습을 보여줌으로써 사람들 마음속에 신뢰의 싹이 움트게 한다. 『포럼 리포트Forum Report』에 따르면, 이 일류 영업사원들이 지닌 두 번째 특징은 단순한 구식 예법이었다. 이들은 사무장과 회계사는 물론 전화교환대 직원과 문서 정리원에게도 똑같이 친절하고 정중했다. 그리고 회사 사장에게 만큼이나 발송계 직원과 용역직원에게도 똑같이 상냥했다. 이유는 간단하다. 현재의 구매 주문이 이행되고 제품이 설치되며 서비스가 제공되고 대금 지불이 완료되며 고객이 만족할 때까지 판매 과정은 완결된 것이 아니라는—그리고 미래의 판매가 위기상황에 있다는—사실을 분명히 알고 있기 때문이다. 이런 이유로 그들은 본사에 있는 전체 팀원의 협조, 노력, 그리고 호의가 필요하다는 사실을 알고 있다.

두 사람 이상이 얽혀 있는 기업이나 가정은 어디서든 항상 누가 무엇을 하느냐를 두고 얼마간의 토론과 불협화음이 있게 마련이다. 신뢰와 정직을 가르칠 수 있는 가장 좋은 기회의 하나는 책임을 다하며 해야 할 일을 하는 것에 있다. 불행히도 대다수 기업과 가정은 "그건 내 일이 아냐!"를 슬로건으로 내걸고 있다. 그러나 최고 성취자들은 함께 일하는 사람들에게 충실하며, 해야 할 일을 제 때에 해냄으로써 그들의 충성심을 행동으로 보여준다. 그들은 입으로 열렬히 지지를 표명하며, 동료에 대해 부정적이거나 불친절한 어떤 말도 하지 않는다. 남에게 흙탕물을 뿌려대면 어디서도 환영받을 수 없다는 사실을 아주 잘 알고 있다. 또 최고 성취자들은 주어진 임무 외에도 기꺼이 추가 작업을 떠맡고자 한다. 왜냐하면 그들의 기업이나 부서가 잘 될수록 그들의 직업 인생에 꽃이 필 가능성도 그만큼 높아진다는 것을 본능적으로 알고 있기 때문이다.

버크 마케팅 리서치Burke Marketing Research, Inc는 이 나라 최대기업 1,000곳 중 100개 기업의 간부들에게 "당신을 가장 불쾌하게 하는 직원의 행동은 무엇인가"라는 질문을 던졌다. 그 결과 "보스의 신경을 건드리고 참을 수 없게 하는 유형의 행동 목록"이 작성되었다. 이 조사를 의뢰한 임시 직업소개소 소장인 마크 실버트Marc Silbert는 이렇게 말했다. "이 목록에 나와 있는 행동들은 고용주가 사원의 장점을 볼 수 없게 합니다. 그들은 구제할 길이 없어지게 되죠." 조사에 따르면 거짓말쟁이, 책임 회피자, 병적으로 자기중심적인 사람, 느림보, 반항자, 불평꾼, 멍청이, 게으름뱅이 등이 상사를 괴롭히는 8개 독소였으며, 그 중에서도 거짓말쟁이가 제일 윗자리를 지키고 있었다. 실버트가 말을 이었다. "만약 한 기업이 어떤 직원의 정직성에 문제가 있다고 판단하면, 그 외의 다른 긍정적인 자질들—기술, 경험, 생산성, 지적 능력 등—이 다 무의미하게 됩니다." 실버트는 현재 전 세계에 330개 이상의 지사를 갖추고 8개의 고용사무소를 운영하는 로버트 하프 인터내셔널Robert Half International, Inc의 고문으로 일하고 있다. 우리가 함께 생활하고 함께 일하는 사람들에 대한 충성과 정직한 자세는 최고 성취의 전제조건이다.

조 직 에 충 성 하 라

내가 속한 조직에 충성하는 것이 중요하다고 할 때, 그것은 위에서 내려오는 모든 생각을 마치 절대 진리처럼 받아들여야 한다는 뜻은 아니다. 회사가 더 많은 것을 가져가고 내게 돌아오는 것이 더 적어지는 방향으로 임금 체계가 바뀔 때 기뻐 춤추는 사람은 없다. 근무 시간이 바뀌어 전과 동일하거나 오히려 더 적은 임금을 받고 더 많은 시간을 일해야 할 때는 도저히 회사에 고마워할 수가 없는 것이다. 조직에 충성한다는 것은 이러한 문제들을 적절한 방식으로 처리한다는 것을 뜻한다.

반대로 이런 상황에 부정적으로 접근하는 문제에 대해 이야기해보자. 우리는 상황을 바꿀 만한 권한이 없는 동료직원과 커피를 마시면서 우리가 걱정하는 문제를 불평하지는 않는다. 또 내부 문제를 조직 밖의 외부인과 논의하지 않는다. 이런 방법 중 어느 하나를 택하는 사람은 조직에 암적인 존재다. 알다시피 암은 신체의 다른 세포들과는 독립적으로 몸 안에 서식하는 세포로서, 제거되지 않으면 결국에는 몸을 죽음에 이르게 한다. 충성심 결여보다 조직에 더 치명적인 타격을 주거나 눈에 띄지 않게 회사를 서서히 좀먹어 들어오는 다른 질병은 거의 없다. 나는 이미 적법절차의 중요성을 언급했지만, 만약 적법절차를 거치지 않고 누군가를 해고해야 한다면 그것은 바로 충성심 부족이 그 원인이 될 것이다.

그러면 충성스런 직원은 어떻게 이 상황을 관리해야 하는가? 어떤 것이든 우리를 불안하게 하는 상황을 처리하는 적절한 방법은 "확인된 문제"를 그 상황을 감당할 권한이 있는 사람에게 가져가는 것이다. 그에게 문제와 고려해볼 만한 몇 가지 "잠재적 해결책"을 제시한다. 만약 적당한 시간이 흐른 뒤, 회사가 우리의 권고나 다른 만족할 만한 해결책에 따라 행동에 나선다면 우리는 더 튼튼한 조직을 만들기 위한 일이 조직 내에서 이루어진 것에 대해 자축해야 한다.

그러나 만약 상당한 시간이 흐른 후에도 회사가 상황 변화를 위한 행동에 나서지 않는다면, 우리가 취할 길은 두 가지 중 하나다. 하나는 입을 다무는 것이고, 다른 하나는 사표를 던지고 둥지를 옮기는 것이다. 다른 선택의 여지는 없다. 만약 우리가 어떤 해결책도 동원되지 않을 문제에 계속 골몰한다면, 암세포는 계속 성장하고 우리는 말 그대로 맨땅에 헤딩하는 꼴이 될 것이다. 나는 궤양, 심한 두통, 피로, 스트레스, 심지어는 심장병도 흔히 이런 식으로 시작된다고 믿는다. 데이비드 슈워츠David Schwartz 박사는 자신의 책 『크게 생각할수록 크게 이룬다The Magic of Thinking Big』에서 병원 침대의 80% 이상이 감정에서 기인된 질병을 앓고 있는 사람들로 채워져 있다고 말한다. 이것은 그들이 아프지 않다는 뜻이 아니라, 그들의 병이 마음에서 비롯되었다는 것을 의미한다.

그냥 현상에 동조하거나, 아니면 다른 회사를 알아보는 것은 조직은 물론 우리 자신을 위해서도 중요하다. 여러분 중에는 좋은 직장 구하는 게 그리 쉬운 게 아니라고 말할 사람이 있을 것이다. 옳은 말이다. 그런데 인간의 몸도 그렇게 쉽게 구할 수 있는 것이 아니다. 건강한 새 몸보다는 새 일자리 구하는 것이 더 현실적이다. 새로운 장기 이식을 기다리는 사람들이 얼마나 많은가! 답은 간단하지만 쉽지는 않다. 그냥 기존의 프로그램을 따라가거나, 아니면 정을 붙일 다른 프로그램을 찾아보라.

결론

우리는 이 장을 엘버트 허버드의 인용문으로 시작했다. 이제 마지막도 같은 사람의 지혜로운 언어로 장식해보자.

만약 누군가를 위해 일한다면, 진심으로 그를 위해 일하라. 만약 그가 당신에게 임금을 주어 일용할 양식을 얻게 해준다면, 그를 위해 일하고 그를 좋게 말하며 그와 그가 대표하는 조직의 지지자가 되어라. 위기 상황에서는 충성심 한 줌이 영리함 한 말에 값한다. 만약 욕하고 비난하거나 끝없이 헐뜯지 않을 수 없다면, 차라리 사표를 내고 그곳을 떠난 후에 실컷 저주와 악담을 퍼부어대라. 그러나 그 조직의 일원으로 있는 한은 가시 돋친 혀를 단속하라. 거친 입을 제어하지 못하는 것은 당신과 그 조직을 이어주고 있는 끈에 칼질을 하는 셈이니, 세차게 불어오는 첫 바람에 당신은 먼지처럼 날려가 버리고 아마 왜 그렇게 되었는지 이유도 모르게 될 것이다.

크리슈 다냄이 정리한 아래 표현들이 이 메시지를 요약해주고 있다.

태도를 가지고 계획하고,
재능을 가지고 준비하며,
봉사의 정신으로 참여하고,
감사한 마음으로 받아라.
이 정도만으로도 그대는 충분히
군중과 구별되는 존재가 될 것이다.

성공원칙

1. 충성심은 자신에게 충성하는 것으로 시작된다.
2. 자신에 대한 인식 태도와 조화되지 않는 방식으로 계속 일할 수는 없다.
3. 인지되는 모든 노력을 가장 눈에 띄는 것이 아닌, 가장 유능한 것이 되게 하라.
4. 최선의 최대의 적은 차선이다.
5. 해줄 만한 좋은 말이 없으면, 그냥 입을 다물어라.
6. 소속된 조직에 힘이 되어라. 그렇지 못하면 당신이 힘이 될 수 있는 다른 조직으로 둥지를 옮겨라.

사람 비즈니스에서
성공하는 법

사람은 눈이나 머리가 아닌 가슴을 통해 다른 사람에 대해
배운다.
　　　　　　　　　　　　　　　　　　　　　　　－마크 트웨인

　　인력관리자로서 우리는 불행히도 종종 별로 신통찮은 환영을 받고
이렇게 말한 연사와 같은 기분일 때가 많다. "셰익스피어의 말을 빌리
자면, 친구들과 함께 있는 것은 즐거운 일이라지요…… 비록 그들이
다른 누군가의 친구라 해도 말입니다." 리더와 그의 직원들은 거의 서
로 적대적인 관계를 조성하려고 애를 쓰는 듯 보일 때가 너무 많다.
하지만 우리는 오히려 세 명의 덩치 큰 불량배와 맞닥뜨린 연약한 소
년과 같아야 한다. 이들 중 누구든 소년을 한 방에 너끈히 날려버릴
수도 있고, 심지어 수틀리면 바로 그렇게 하겠다고 을러대기까지 한
상황이다. 우리 대부분이 그렇듯이 그 소년은 싸움에는 젬병이었지
만, 모든 성공한 리더처럼 생각은 할 줄 알았다(이 경우에 그가 제 몸을
건사하느냐는 바로 거기에 달려 있었다). 이 작은 친구는 냉정을 잃지 않고
여유 있게 뒤로 물러서더니 발 끝으로 땅에다 금을 그었다. 그러고는

골목대장의 눈을 쳐다보며 말했다. "이제 이 금을 넘어와 봐." 물론 그 골목대장은 당당하고 거만하게 선을 넘어섰다. 그러자 어린 소년은 활짝 웃으면서 외쳤다. "이제 우리 둘은 같은 편이야!" 사람을 관리하는 데 성공하려면, 경영자와 그가 이끄는 사람들은 같은 편이라는 사실을 기억해야 한다.

앞서 언급했듯이 에드먼드 힐러리 경과 그의 셰르파 텐징은 1953년에 에베레스트 산 등정에 성공한 최초의 인물들이다. 하산하는 길에 에드먼드가 갑자기 발을 헛디뎌 추락할 뻔했다. 그때 텐징은 잽싸게 도끼를 얼음에 박아 넣고 줄을 팽팽하게 쳐서 두 사람의 추락을 막았다. 나중에 텐징은 에드먼드 경의 목숨을 구한 데 대한 모든 영예와 찬사를 사양했다. 그는 그것을 자신이 하는 일상적인 일의 일부라고 생각했다. 그의 표현을 빌리자면, "산사람mountain climber들은 항상 서로를 돕는다." 경영자가 이와 다를 수 있을까? 그는 자기 사람들과 협력하며 그들의 에너지를 올바른 방향으로 유도하고 기술과 재능을 최대한 개발할 수 있도록 도와야 할 의무가 있지 않을까?

나의 수십 억 달러 자산

만약 여러분이 이 책에서 단 한 가지 생각이나 아이디어만 취할 수 있다면, 그것은 바로 지금 소개하는 것이다. 만약 진정으로(성공의 85%를 결정하는) "사람 비즈니스people business"의 전문가가 되고 싶다면, 다음의 진술에 주목해야 한다. "사람들은 내가 그들을 얼마나 배려하는지를 알기 전까지는 내가 얼마나 아는 게 많고 잘난 인간인지에는 별 관심 없다."

아마 여러분도 이 말을 들어본 적이 있을 것이다. 부모나 형제, 자녀, 배우자, 친구, 동료, 직원, 고용주 등 그들이 누구이든 사람들은 내가 MIT의 장학생 출신이든, 아니면 하버드대학에서 박사학위를 받았든 별로 신경 쓰지 않는다. 내가 20년 경력자든(아니면 일 년치 경험을 스무 번 반복한 것에 불과하든), 최고의 매출실적을 올렸든, 또는 회사가 보유한 모든 기록을 경신한 대단한 인물이든 사람들은 괘념치 않는다. 내가 그들을 얼마나 배려하는지를 알기 전까지는.

누구든 일을 할 수 있고, 또 누구든 일을 잘할 수도 있다. 그러나 뭇 사람들이 위대하다great고 부를 만한 성과는 사람의 가슴에 불타고 있는 일에 대한 사랑에서 탄생한다. 사랑은 배려하는 것이다. 내 인생을 투자하고 나의 모든 것을 걸며 끝까지 포기하지 않고 최선을 다해 충분히 배려하라.

사람들은 내가 그들을 얼마나 배려하는지를 알기 전까지는 내가 얼마나 아는 게 많고 잘난 인간인지에는 별로 관심을 두지 않는다.

사랑은 기여하고 투자하고 도와주며 어떤 노력이나 사업의 충직한 일부가 된다. 사랑은 사람이 할 수 있는 최상의 성과를 이끌어내며, 자기 자신이나 다른 사람들이 해낼 수 있으리라고 생각한 것 이상으로 해낸다. 사랑은 한 인간의 완전한 성공을 위해 온 잠재력을 자극한다. 사랑은 심지어 자기를 따르는 자들을 자극하고 다른 이들에게 동기부여 하도록 고무하기도 한다.

타인에 대한 봉사와 우리 자신의 일부를 내주는 것은 오늘날 우리 사회의 일반적인 관행이 아니지만, 잠시 생각해보자. 내가 퇴근할 때 문 앞에서 나를 맞이하며 내게 전혀 관심 없는 이야기를 참새처럼 늘어놓는 아내의 말에 내가 전적인 관심을 기울여준다면, 그것은 사랑하는 사람에게 내 삶의 일부를 내주는 행동이 아닐까? 이때 나는 자신의 일부를 포기하는 것이 아닌가?

하루 종일 사람들을 상대하며 시달려 온—그나마 항상 결과가 좋은 것도 아닌데—내가 지금 정말 원하는 것은 잠시 쉬면서 조용히 TV의 저녁 뉴스를 보거나 신문을 읽는 것이다. 그런데 자리를 잡자마자 내가 깊이 사랑하지만 지금은 잠시 거리를 둔 채 사랑하고 싶은 자식들이 마치 내가 무슨 놀이기구jungle gym라도 되는 양 기어오른다. 이때 내가 TV를 끄거나 신문을 치우고 아이들에게 사랑과 관심을 보일 경우 나는 그들의 삶에 내 삶의 일부를 투자하는 것이며 자신의 일부를 포기하는 것이다. 하루 종일 격무에 시달려 몹시 피곤할 때도 부하직원이 상담을 청하는 경우 시간을 쪼개 귀를 빌려줄 때, 그것은 나 자신의 일부를 내주는 행위가 아닌가?

만약 사람 비즈니스의 전문가가 되고 싶다면 다음의 성공 수칙을 읽고 가슴에 새긴 후 매일 그대로 실천하라.

성공원칙

1. 사람들은 내가 그들을 얼마나 배려하는지를 알기 전까지는 내가 얼마나 아는 게 많고 잘난 인간인지에 관심을 두지 않는다.

최고 성취를 이루는 법칙

과학은 조직화된 지식이다.

-허버트 스펜서

TOP

PERFORMANCE

의사소통의 중요성

잘못되거나 오해를 살 만한 말 한 마디가 돌발적인 경솔한 행동만큼이나 큰 낭패를 불러올 수 있는 이 아슬아슬한 균형의 시대에 정확한 의사소통이야말로 그 어느 때보다 중요한 가치로 부각된다.

—제임스 터버James Thurber

리더나 경영자치고 의사소통이 중요하다는 말을 못 들어본 사람은 없을 것이다. 그러나 우리 모두는 이따금씩 그것의 중요성을 새롭게 상기하며, 더 효과적인 소통을 위해 필요한 구체적인 방법을 알고 있어야 한다. 또 잘못되거나 부실한 소통, 또는 소통이 전혀 없는 상황은 엄청난 문제를 유발한다는 사실을 기억해야 한다.

이 장에서 우리는 효과적인 의사소통을 극대화하기 위해 소통을 방해하는 몇 개의 문제 영역을 살피고 더 나은 소통을 위한 규칙들을 검토하며, 대중연설이나 모임 같은 구체적인 상황들을 좀 더 자세히 들여다볼 것이다. 마지막에는 생산성에 유리한 근무 환경을 조성하는데 소통이 어떤 역할을 하는지도 따져볼 것이다.

『하버드 비즈니스 리뷰Harvard Business Review』에 따르면 고위 간부나 관리자, 영업사원을 가릴 것 없이 누구든 소유할 수 있고 가장 발전 가능성이 높은 자질이 소통 능력이라고 한다. 앨런 로이 맥기니스 Alan Loy McGinnis는 그의 탁월한 저작 『숨겨진 잠재력을 끌어내라 Bringing Out the Best in People』에서 그 이유를 다음과 같이 설명한다.

동기부여자는 그들의 잠재적 지지자들에게 자신의 꿈을 설명할 때 항상 풍부하고 강렬한 언어를 사용한다. 린든 존슨, 윈스턴 처칠, 리 아이아코카 등의 리더들이 공통으로 지니고 있던 재능은 매혹적인 말솜씨였다. 기질적으로 수줍은 면이 있었을지 모르지만, 일단 필요가 생기면 그들 모두는 풍성한 말잔치를 벌일 수 있었다. 올더스 헉슬리Aldous Huxley는 이렇게 말했다. "감동을 주는 연사는 열정을 불러일으킨다. 그의 강렬함은 전하는 내용의 합리성이나 훌륭한 명분이 아니라, 오로지 말을 인상적으로 사용하는 연사의 기술에서 비롯된다." 말은 놀라울 정도로 강력한 매체다. 프랭클린 델러노 루스벨트가 성공할 수 있었던 것은 언어를 조합하고 자신의 꿈을 집약한 슬로건을 활용할 줄 아는 능력 덕분이었다. 그리고 이 슬로건은 우리 국민의 삶을 구성하는 피륙의 일부가 되었다. 간디와 마틴 루서 킹 목사 둘 다 말에는 사람을 고무, 고양시키고 도취시키는 힘이 있다는 사실을 알고 있었다. 우리 대부분은 이런 경험을 무수히 해보았다. 청중 앞에서든 일대일 대화에서든 누군가의 말을 듣다가 급기야 그 소리와 흐름의 무게에 압도당해버렸던 경험 말이다.

만약 충분한 수의 사람들에게 메시지를 전할 의지만 있다면 상당한 추종자의 무리를 거느릴 수 있으며, 그 메시지를 받아들이지 않는 사람들 때문에 위축되지 않게 된다. 아니면 내 생각을 잠재적 지지자에게 소개할 수도 있다. 이런 식으로 충분히 많은 사람들에게 충분히 전파하면, 소수의 열렬한 동조자가 생겨나고 그들이 하나씩 퍼레이드에 동참하게 되며, 이내 하나의 움직임이 일어난다. 말 자체야 값싼 도구일지 모르지만, 제대로 사용하기만 하면 지지자들에게 돈 주고는 도저히 살 수 없는 것, 곧 불 붙은 심장을 갖게 해줄 수 있다.

기업의 세계에서 잘못된 소통은 생산성에 치명타를 날린다. 아마 그들은 알고 있을 거야, 라는 생각이 들 때마다 그것을 그들이 아마 모를 수도 있을 가능성을 경고해주는 붉은 깃발로 삼아라. 그리고 그것을 그들에게 꼭 알아야 할 것을 상기시켜 주는 기회로 삼아라.

AT&T에 따르면, 사무실에서 소비되는 시간의 가장 많은 부분이 듣고 말하고 난잡한 사실들을 바로잡고 메일을 처리하는 등의 커뮤니케이션 업무에 쓰여진다고 한다. 만약 일지를 기록한다면, 실제로 일을 해내는 시간이 얼마나 부족한지에 놀라게 될지 모른다(고위 간부들의 경우 하루 평균 근무시간의 약 15% 정도다).

그 외에 소통은 매우 어려울 수 있으며, 상대가 내 말을 이해했는지를 확인하기 위한 지속적인 노력이 필요하다. 소통은 최근에 내가 채터누가Chattanooga에서 목격한 새로 리모델링한 집의 표지판처럼 또렷하면서 핵심을 찔러야 한다. 표지판에는 이렇게 쓰여 있었다. "침입자는 사살됨. 생존자는 재 사살됨." 언제나 이렇게 위협적일 필요는 없지만, 소통의 명수가 되려면 그만큼은 명확해야 한다.

효과적인 비즈니스 프레젠테이션(EBP)

관리 영역과 사회에서의 소통 문제는 너무 심각하기 때문에 우리 지글러 교육시스템에서는 '효과적인 비즈니스 프레젠테이션Effective Business Presentations'이라는 기업과 개인을 위한 세미나 교육과정을 개발했다. 이 과정을 통해 각계각층에 있는 사람들의 소통기술을 현저히 개선할 수 있었다. 우리 직원들은 이틀에 걸쳐 그들의 발표를 코치하고 녹화한다. 참가자들은 첫 발표 때와 마지막 발표 사이에 나타나는 큰 차이에 놀라고 즐거워한다.

남들의 눈과 귀에 비친 자신의 모습을 보는 것이 중요하기 때문에 참가자들은 10여 차례 녹화되며 개인지도를 받고 12개의 핵심 기술 분야를 교육받는다. EBP가 매우 강력한 기술 강화 프로그램이 될 수 있는 것은 그 시간의 약 30%가 이론 교육에 소비되는 반면 70%는 각자에게 필요하며 직장에 복귀하자마자 당장 활용할 수 있는 기술을 실습하는 데 쓰여지기 때문이다. 지금 하는 이야기가 약간 상업적으로 들리기 시작할 텐데, 사실이 그렇다. 이것은 소통기술 획득을 홍보하는 광고나 마찬가지다. 여기서 우리 세미나에서 가르치는, 여러분이 당장 활용할 수 있는 몇 가지 소통기술과 아이디어를 맛보기로 소개하겠다.

몰랐던 사실

누군가를 처음 만날 때 그의 주목을 끄느냐 못 끄느냐는 약 4분이면 결판난다. 우리가 평생 동안 습득하는 정보의 87%는 시각을 통해 7%

는 청각, 3.5%는 후각, 1.5%는 촉각 그리고 1%는 미각을 통해 얻어진다. 따라서 잠재고객이나 직원을 만날 때, 그들의 눈에 비치는 것이 매우 중요하다. 듣는 사람들은 시각적인 자극, 즉 초점을 맞출 활동점 point of activity이 필요하다. 다른 시각적인 자극 외에도 몸짓언어, 얼굴 표정 등이 결정적인 역할을 한다. 보통 사람의 말하는 속도는 분당 약 150단어 정도지만, 생각하는 속도는 분당 약 600단어 수준으로 말하는 속도보다 네 배나 더 빠르다. 우리는 자신의 마음이 한가하게 어슬렁거린다고 생각할지 모르지만, 사실 그것은 고삐 풀린 경주마처럼 그 주인을 훨씬 앞서 질주하는 경우가 많다. 의사소통자로서 우리는 듣는 사람의 주의를 잡아두기 위해 가능한 모든 수단을 다 써야 한다. 여기에는 생각을 제어하거나 정돈하고 말하는 속도와 보조를 맞추도록 하는 일도 포함된다.

12가지 기술

우리는 의사소통의 12가지 핵심 기술 분야를 익힘으로써 더 유능한 소통자가 될 수 있다. 이들 분야는 외모, 자세, 몸짓, 눈 맞추기, 얼굴 표정, 목소리, 삽입어구, 참여, 질문 처리, 유머, 사람 소개, 시각 자료 등이다.

외모는 옷차림, 몸치장, 스타일, 액세서리 등을 의미한다. 나의 외모는 나에 대한 어떤 진술을 하는 것이며, 내가 스스로를 어떻게 생각하는지를 남들에게 알려준다. 나의 외모는 내가 전달하려는 메시지를 강화하는가, 아니면 오히려 사람들의 집중을 방해하는가? 내 외모는 무엇을 말해주는가?

자세는 신체언어를 뜻한다. 나의 신체언어는 어떤가? 나는 당당하고 절도가 있으며, 소통의 상대를 진정으로 배려하고 편안한 느낌을 주는 사람이라는 메시지를 전달하는가, 아니면 그 반대인가?

몸짓은 팔과 손의 움직임과 관련된 특징을 말한다. 손을 사용하지 않으면 소통이 제대로 안 된다는 사람들의 이야기를 들어보았을 것이다. 최소한 부분적으로는 맞는 말이다. 자연스런 팔과 손의 움직임은 훨씬 더 명료한 의사표현을 가능하게 한다.

눈 맞추기와 눈의 관계는 손과 악수의 관계와 같다. 내 눈과 상대의 눈이 서로 만날 때 나는 자신감과 신뢰, 용기, 관심 등의 긍정적인 신호를 보내거나 반대로 권태, 짜증, 역겨움, 적의, 심지어는 분노 등의 부정적인 신호를 보낸다.

얼굴 표정에는 미소와 찡그림이 포함된다. 내 얼굴은 효과적인 소통을 위한 가장 큰 자산의 하나다. 얼굴 표정을 조절함으로써 나는 대화의 분위기를 주도하고 앞으로 전개될 상황을 사람들에게 알려준다. 또 상대에게 내가 의미하는 바를 직접 보여주며 그들이 내 말을 더 쉽게 따라올 수 있도록 한다.

목소리에는 목소리의 높낮이뿐 아니라 음량, 억양, 속도가 포함된다. 음량 수준에 변화를 주고 특정 말이나 어구를 강조하며 다양한 속도로 표현하면, 소통은 더 효과적이 되며 이해하기도 쉬워진다.

삽입어구는 말 중간중간에 끼워 넣는 아, 에, 음, 거 있잖아요 등의 별 의미 없는 표현들이다. 재미 삼아 전화대화 내용(당신이 하는 말만)을 녹음하고 이런 감탄사들의 수를 세어보라. 아마 놀랄지도 모른다.

참여란 나와 내 말을 듣는 청자 모두의 적극적인 듣기를 지칭한다. 상대의 이름을 이용하는 것, 질문하기와 답변 듣기, 상대의 관심에 중점을 두고 말하는 것 등이 소통에 사람을 참여시키는 방법들이다.

질문 처리는 비즈니스 대화에서 특히 중요하다. 우리는 질문에 귀를 기울이지 않거나 제기되는 똑같은 질문에 답변하지 않는 경우가 너무 많다. 만약 비즈니스에서 성실과 신뢰가 중요하다면(실제로 그렇다) 우리가 질문을 처리하는 방식은 함께 일하는 사람들과의 관계에서 우리의 신뢰 수준을 높여줄 수 있다.

유머는 한 명이든 만 명이든 청중의 긴장을 풀어주고 그들과 친해지는 역할을 한다. 또 그것은 좀 더 심각한 주제로 옮겨갈 때 이용할 수 있는 하나의 가교나 청중에게 정신적인 이완효과를 제공하는 수단으로도 활용된다. 특히 유머는 긴 발표 시에 피곤하거나 산만해진 청중의 마음을 제 궤도로 되돌리는 데 효과적이다. 그러나 너무 지나치지 않도록 조심해야 한다. 너무 많은 소통자들이 유머를 위해 메시지를 희생시킨다. 말이 나서 하는 말인데, 점잖지 못한 우스갯소리를 하느냐 마느냐를 판단하는 규칙은 이렇다. 만약 내가 "이 얘기를 써먹어야 할까?"라는 질문을 던져야 할 정도라면, 나는 이미 "아냐!"라는 답을 갖고 있는 셈이다(나는 저속한 언어를 사용하거나 음탕한 이야기를 해서 연사가 강연 약속을 얻어내거나 직원이 승진하거나 영업사원이 판매를 실현시키거나 정치인이 표를 얻었다는 이야기는 들어본 적이 없다. 오히려 나는 상스러운 언어, 품위 없는 이야기, 또는 성차별적이거나 인종차별적인 발언 때문에 극단적으로 부정적인 반응을 촉발했던 사례는 셀 수도 없을 정도로 많이 알고 있다).

사람 소개는 그다지 중요하게 보이지 않을지 모르지만, 매우 지혜로운 어떤 사람은 "첫 인상을 남길 기회는 단 한 번뿐이다"라고 말했다. 누군가를 소개할 때 우리는 강렬한 첫 인상을 남길 뿐 아니라, 진정으로 타인의 가치를 인정해주는 시간을 통해 그가 자부심을 느끼게 할 수 있는 기회를 갖게 된다.

시각 자료는 중역 회의에서뿐 아니라, 일대일 대화에서도 이용된다. 청자의 감각을 하나 이상 자극할 수 있을 때, 우리는 소통의 게임에서 승기를 잡은 셈이다.

이상의 핵심 기술 분야를 이해함으로써 우리는 소통기술에서 앞서 가게 되며, 이들을 연구하고 연습하는 데 시간을 투자한다면 소통기술을 크게 향상시킬 수 있을 것이다.

구 술 언 어 와 문 자 언 어 의 차 이

비록 당신이 뛰어난 작가라 해도 말을 할 때에는 문자언어에 써먹었던 것과는 다른 방식을 적용하는 것이다. 만약 동일한 방식을 적용한다면 유능한 구두 소통자가 될 수는 없다.

- 구술언어는 청자에게 쉬우면서 즉시 이해되어야 한다. 만약 청자가 잘 못 알아들으면, 문자언어처럼 되돌아가 다시 확인할 길이 없다.
- 구술언어는 더 반복적이어야 한다. 청자의 머리에 각인시키고 싶은 핵심 아이디어는 몇 차례 말을 바꿔 반복 전달하는 것이 중요하다.

- 구술언어는 문자언어보다 구조적으로 더 단순해야 한다.
- 비유적 표현은 말에 생동감과 개성을 덧입힌다. 화려하고 묘사적인 언어는 자칫 진부했을 표현을 기억할 만한 것으로 바꾸어준다. 링컨은 한 나라를 "자유 속에서 잉태된"것으로 표현했으며, 케네디는 자유를 "새로운 세대에 인도된 횃불"로 묘사했다. CBS의 문장가 찰스 오스굿Charles Osgood은 "입으로 하는 말과 비교할 때 그림은 정말 초라하다"고까지 말했다.

성공원칙

1. 잘못되고 부실한 의사소통이나 소통이 전혀 없는 상황은 문제를 야기한다.
2. 소통 과정의 두 측면인 말하기와 듣기를 가르치는 의사소통 교육에 참여하라.

최고 성취의 필수요건 : 인정, 보상, 역할 모델

인생에서 가장 큰 굴욕은 인정받기를 기대하며 열심히 일했는데, 후에 그것을 얻지 못하는 것이다.
―에드거 왓슨 호우Edgar Watson Howe

사람에게서 최고의 잠재력을 끌어낸다는 것은 그들이 하는 일에 감사하고 그것을 포상하며, 그들이 최고 성취자가 되는 데 필요한 역할 모델을 제시한다는 것을 뜻한다. 이 장에서 우리는 성공적인 경영의 이 세 가지 주요 측면을 살펴볼 것이다.

인 정

몇 년 전 나는 한 보험회사의 초청으로 댈러스에서 개최된 연회에서 연설하기로 되어 있었다. 식사 중에 나는 헤드테이블에서 이 회사 이사 두 사람 사이에 앉았다. 우리는 식사가 제공되는 동안 즐거운 대화의 꽃을 피우고 있었다. 웨이트리스가 앞에 샐러드를 갖다놓자 나는 "고마워요"라고 인사했다. 잠시 뒤 그녀가 빵을 가져왔을 때도 나는 "고마워요"라고 말했다. 다시 그녀가 주요리를 가져왔을 때는 고맙다는 말 외에 이렇게 덧붙였다. "정말 서비스가 훌륭하군요. 그렇게 능숙하게 일하면서도 전혀 서두르는 기색이 없으니 그저 놀라울 뿐입니다. 더구나 이렇게 상냥하고 친절하시니 그저 감사할 따름입니다." 그녀는 환하게 웃으며 내게 감사하고 나 때문에 그날 하루가 유쾌해졌다고 말했다.

이 모든 일이 진행되는 동안 내 양쪽에 앉아 있던 두 이사들은 그 웨이트리스를 무시하거나 그냥 무표정하게 그녀의 서비스를 받고 있었다. 그들은 나와 우리의 대화에만 신경 썼다. 그런데 디저트 타임에 눈이 휘둥그레질 만한 일이 벌어졌다. 초콜릿 시럽이 담긴 아이스크림이 나왔을 때, 두 이사가 받은 것은 골프공 크기만 했다. 반면 나는 야구공 크기만 한 것을 받았다. 그 눈에 띄는 큰 차이에 두 이사는 동시에 이렇게 말했다. "지그 회장님은 저 아가씨와 아는 사이인가 봅니다." 이에 나는 웃으며 대답했다. "아닙니다. 저는 저 아가씨를 오늘 밤 처음 만났지만, 그녀에 대해 많은 걸 알고 있습니다." 그들은 어떻게 아느냐고 물었다. 나는 그 웨이트리스도 인간이기 때문에 여느 사람과 마찬가지로 남들로부터 감사와 진정한 관심을 받고 싶어 한다는 사실을 지적했고, 바로 그래서 나는 그녀에게 이 두 가지를 준 것이라고 답했다.

우리의 가족이나 조직 구성원들도 마찬가지다. 누구든 인정받고 감사받기를 원한다. 어떤 친절한 말을 듣거나 작은 서비스를 받을 때 간단하지만 정중하게 "고맙습니다"라고 말하는 것 이상으로 더 좋은 감사 표시방법이 어디 있겠는가! 물론 나는 아이스크림을 더 많이 얻어먹고자 그 아가씨에게 친절을 베푼 것은 아니었다. 솔직히 나는 큰 덩

어리의 아이스크림이 아니라, 더 작은 것이 필요했다. 그 웨이트리스는 욕구를 충족받자 자기가 할 수 있는 유일한 방법으로 내게 고마움을 표시했다. 그것은 아이스크림 뜨는 기구를 더욱 깊숙이 찔러 넣어 더 큰 덩어리를 퍼 올리는 것이었다. 사람들에게 사려 깊고 친절하고 남을 배려하도록 가르침으로써 그들이 최고 성취자가 되도록 돕는 것은 결국 스스로의 인생을 더 깊이 파고들어가 거기서 더 큰 것을 퍼 올리는 법을 가르치는 것이라고 나는 믿는다.

순 진 한 낙 천 철 학 이 아 니 다

일리노이 주 크리스탈 레이크Crystal Lake 시에서 공구 유통업체 스냅온툴즈Snap-on Tools의 지역 책임자로 있는 아트 폴라스키Art Pollasky는 더 깊게 파서 더 크게 퍼 올리는 법을 배운 사람이다. 사람들은 돈과 함께 자신에게 부여된 역할과 책임을 통해 뭔가 중요한 일을 하고픈 뿌리 깊은 욕망에 의해 동기를 부여 받는다고 그는 말한다. 버로우스 사Burroughs Corporation의 젊은 영업사원으로 사무용 문서 서식을 팔면서 그는 남들이 원하는 것을 얻도록 충분히 도와주면 우리는 삶에서 자신이 원하는 모든 것을 얻을 수 있다는 철학을 신봉하게 되었다. 그 결과 그는 자신을 정상으로 이끈 찬란하고 눈부신 영업 경력을 쌓아가기 시작했다. 최근의 프로젝트와 관련하여 그를 방문하는 동안 나는 운 좋게도 그를 더 잘 알게 되는 행운을 얻었다. 전문 분야에서 경력을 쌓고 자신의 가치를 높일 새롭고도 더 나은 방법을 찾는 일에 진력한 이 젊은 청년은 확실히 현재 그 모든 노력의 열매를 수확하고 있었다. 주변 사람들에게 그의 진실한 품성과 열정을 높이 평가하는 말을 듣는 것은 정말 큰 기쁨이다. 아트와 매우 긴밀히 협력해온 브라이언 플래너건과 크리슈 다냄은 그가 영업 업무를 수행하고 자신의 삶을 꾸려가는 과정에서 보여주는 품격과 유연성을 크게 칭찬했다.

『월스트리트저널』은 잭 팰비Jack Falvey가 쓴 「생산성을 높이려면 감사하라」라는 제하의 다음 기사를 실었다. 우리 모두에게 유익하리라 여겨 여기에 인용한다.

경영자나 관리자들은 스스로를 시스템 전문가나 문제 해결사, 또는 기능 전문가로 생각하는 경우가 많지만, 다른 사람들이 그들을 위해 자발적으로 일하게 만드는 것이 실용적이고 효과적이라는 상식은 간과한다. 훌륭한 경영의 본질은 사람들에게 내가 무엇을 기대하는지 알리고, 수행된 일을 점검하며, 잘 수행된 일을 칭찬하고 지지하는 것이다. 전문가들은 인간의 설계 한계design limitations를 알 수 없다는 점을 인정한다. 우리가 아는 거라곤 가장 열정적인 사람들조차 정상적인 하루 업무에서 그들의 뇌 능력의 15%나 20% 정도를 초과 사용하는 경우가 드물다는 사실이다. 보통 사람들도 증대된 자신감, 더 많은 격려, 우수한 조직화 능력, 더 깊은 헌신의 마음으로 무장할 때, 아주 적은 노력으로도 두서너 배의 성과를 올릴 수 있다. 여기에다 만약 리더가 부하직원들을 위해 일을 한다는 사고방식을 갖기 시작한다면 생산성이 측정할 수 없을 정도로 증가하는 것을 확인하게 될 것이다.

여기 예산을 안 늘려도 효과는 큰, 당장 시행할 수 있는 몇 가지 일들이 있다. 당신의 사람들과 비공식적인 만남의 시간을 마련해보라. 그들의 말을 잘 들으며 눈을 부릅뜨고 상황을 예의주시하라. 문제를 찾지 말고 그들의 장점과 잘한 일을 찾아라. 눈에 띄는 모든 긍정적인 요소들로부터 뭔가를 만들어라. 상사로서 당신이 하는 말과 행동은 생각보다 훨씬 강력한 힘을 발휘할 수 있다. 이 기술들을 이용해 조금만 노력한다면 거의 당장 효과를 볼 것이다. 이 방향으로 집중력을 갖고 지속적으로 밀고 나갈 때 그것은 엄청난 이익 창출로 이어진다. 당신이 찾을 수 있는 모든 긍정적인 요소들을 문서화하여 출판하라. 인쇄비용은 비싸지 않다. 그러나 그 효과는 오래간다.

건실한 생산적인 노력에 대해 긍정적인 기록을 남기고 그것을 당사자에게 보내라. 당신은 얼마나 혁신적인가? 당신이 주위 사람들에게 미치는 영향을 알고 있는가? 사람들과의 관계에서 부정적인 요소들을 줄이거나 없앨 수 있는가? 긍정적인 기여 요소를 찾아내는 데 필요한 탐색과 분석 작업을 수행할 의지가 있는가? 부하직원들의 장점을 어렵지 않게 열거할 수 있는가? 당신을 위해 일하는 우수 사원에게 주기적으로 인정과 감사의 마음을 전달할 수 있고 또 그렇게 하는가?

이 모두는 간단하고 쉬워 보이지만, 사실은 매우 어려운 직업상의 도전과제에 속한다. 전문 매니저로서 당신은 얼마나 훌륭한가? 헌신적인 사람들이 성과를 창출해낸다면, 그런 헌신의 마음을 강화하고, 또 그런 성과를 얻기 위해 당신은 얼마나 많은 시간과 관심을 투자할 수 있는가? 지금 당장 누군가에게 유익한 일을 하고 그를 기쁘게 하는 말을 하라.

최고의 성취를 인정하라

대부분의 임원들은 자신의 직업에 자부심을 느끼는 직원과 동료들을 곁에 두고 싶어 한다. 자부심이라는 것은 많은 사람들에게 각기 다양한 의미를 지닐 수 있으므로 우리 목적에 적합한 정의를 찾아보자.

내게 있어 자부심이란 일상적인 노력에 대한 개인의 책임의식이다. 만약 우리가 주변 사람들에게 그들의 일상 업무에 대해 개인적인 책임의식을 갖도록 요구하려면, 그 과정에서 그들의 수고를 인정해주는 일이 중요하다는 사실을 인식해야 한다.

메리 케이 코스메틱스Mary Kay Cosmetics 사의 창업자인 고 메리 케이 애시Mary Kay Ash는 모든 사람은 늘 내가 중요한 존재라고 느끼게 만들어줘요, 라는 간판을 들고 다닌다고 말한 것으로 알려져 있다. 만약 진심으로 남들이 자기를 중요한 존재라고 느끼게 만들어준다면, 우리는 성취의 달인들을 길러내는 길로 큰 걸음을 내디딘 셈이다.

모든 사람에게는 인정이 필요하다. 육체노동자들은 가족을 먹여 살리는 것으로 인정받고, 사무직 근로자들은 그들이 지닌 풍부한 잠재력으로 인정받으며, 영업·마케팅 쪽 사람들은 고소득 가능성으로 인정받는다. 여기서 중요한 사실은 어떤 이들의 인정에 대한 필요는 아주 단순한 반면, 또 어떤 이들의 그것은 매우 복잡하다는 것이다. 세상의 최고 성취자들은 건축가이자 행위자며 경쟁자 들이고, 그들은 무슨 일을 하든 그것에 기여하기를 원하고 심지어는 그렇게 해야 한다. 그들은 자신이 언제 얼마나 기여하는지를 알아야 한다. 최고 성취자들을 관리하는 사람들은 대개 자신이 일을 어떻게 하고 있는지를 모두에게 알려주는 평가 시스템을 개발한다. 이때 부정적인 평가는 사적으로, 긍정적인 평가는 공적으로 해야 한다는 사실에 유의하라.

열정적인 낙관주의를 고무하라

성과의 달인들을 키워내려면 삶에 열정을 바치는 법, 남에게 친절하게 대하는 법, 그리고 타인을 고무하는 법을 가르쳐야 한다.

좀 더 다정하고 외향적이 됨으로써 호감을 주는 성격을 개발할 때, 그것은 우리에게 사교적으로, 직업적으로, 그리고 정신적으로도 큰 도움이 될 수 있다. 몇 가지 중요한 개념을 실증하는 한 사건을 소개하겠다.

내 막내딸이 열여섯의 나이에 일자리를 구하느라 애쓸 때까지 나는 카페테리아에서 일하는 것이 얼마나 힘든지를 알지 못했다. 당시 딸아이가 찾을 수 있던 유일한 일자리가 식당 일이었다. 아이가 일을 하며 고객이나 관리자에게 시달리는 모습을 보면서 나는 앞으로는 카페테리아에 갈 때마다 배식대에서 일하는 모든 직원에게 뭔가 즐겁고 유쾌하고 친절한 말을 해주어야겠다고 다짐했다. 그래서 그 이후 지금까지 내 자신에게 했던 다짐을 지켜오고 있다.

8월의 어느 무더운 여름날, 내 친구와 나는 점심식사를 위해 카페테리아에 들어섰고 나는 다짐했던 그 일을 실행에 옮기고 있었다. 내 앞에 있던 신사도 분명 나와 사고방식이 비슷한 사람이었는지 일하는 직원들에게 즐겁게 인사했다. 그가 육류 코너에 이르러 "좋은 날이죠?" 하는 식으로 그날의 상태에 대해 뭔가 한마디 던지는 실수를 저지를 때까지는 모든 게 순조로웠다. 고기를 배식하고 있던 여자는 양손을 자기 엉덩이에 갖다 댄 후 오른손으로 이마의 땀을 닦아내더니 말 그대로 땀을 바닥에다 휙 털어버리고는 소리쳤다. "그래요. 정말 지겨운 날이죠."

여기서 나는 그녀가 내게 얘기하고 있던 게 아니라는 사실을 지적하고 싶다. 그러나 내가 하는 일과 내가 지닌 긍정적 사고의 소유자라는 명성, 거기다 동료까지 옆에 있던 상황을 감안한다면, 여러분은 이 일에 내 명성이 걸려 있었다는 사실도 감안하고 들어주시길 바란다. 그래서 그것은 전혀 내가 상관할 바 아니었지만, 기어코 "오늘 정말 좋은 날입니다, 그렇죠?"라며 일에 끼어들었다. 그러자 여자는 역겨운 표정으로 나를 쳐다보더니 이렇게 대꾸했다. "고생을 모르는 분이군요. 햇볕을 너무 오래 쐬었어요." 이에 내가 대답했다. "아닙니다. 사실 저는 해외에서 방금 돌아왔는데, 그곳에서 먹을 게 전혀 없는 사람들, 입을 옷도 없는 어린아이들, 차마 말로 표현할 수 없을 정도의 불결한 위생 상태, 그밖에 상상을 초월하는 빈곤의 현장을 목격했습니다. 그런데 오늘 아가씨 어떤가요. 젊고 예쁘고 직업이 있고 게다가 미국 시민이죠. 나는 아가씨가 이 일을 아주 잘해서 언젠가는 이곳 매니저가 될 수도 있을 거라 믿어요. 좀 더 얘기하자면, 아가씨가 진정으로 무한한 가능성을 지닌 미국의 꿈을 믿는다면, 결국에는 아가씨 소유의 식당을 차릴 수도 있을 겁니다."

개인적으로 나는 그것이 아주 친절하고 훌륭한 즉석연설이라 생각했고, 이렇게 희망에 찬 좋은 말을 해준 것에 대해 고맙다는 인사를 받을 거라고 여겼다. 그러나 나는 그녀가 대꾸하기에 적당한 말을 찾는 데 애를 먹을까 싶어 좀 도와주는 것이 좋으리라 판단했다. 그래서 이렇게 꼬리를 달았다. "어때요. 이제 기분이 많이 나아졌죠?" 그러자 아가씨는 한층 더 매스껍다는 표정을 짓더니 이렇게 토해냈다. "당신—아주—역겨워요!"

대 책 없 는 부 정 적 사 고

흔히 하는 말로 얻는 것이 있으면 잃는 것이 있고 또 어쩔 수 없이 포기해야 하는 것도 있는 법이다. 이 아가씨는 도저히 손쓸 수 없는 비관주의자였다. 그녀의 고약한 생각은 여러모로 구제불능의 징후를 드러냈다. 나는 조용히 배식대를 따라 걸었고 나머지 음식을 받고 표를 집어 들었다. 친구와 나는 앉아서 점심식사를 했고 잠시 후에 차가 떨어졌다. 그때 최소한 60세쯤 되어 보이는—아마 70세였을 수도 있다—작은 체구의 여인이 와서 차를 다시 채워주었는데, 그 나이대의 여인에게서 그토록 맑게 반짝이는 눈빛을 본 적이 없었다. 그래서 나는 유쾌하게 웃으며 그 유명한 질문을 던졌다. "기분 어떠세요?" 그녀는 반은 뛰어오르고 반은 춤추듯 뒤로 약간 물러서더니 활짝 웃으면서 말했다. "만약 이보다 더 좋았다간 누가 제게 최면을 건 줄 알겠어요." 나는 웃으며 대답했다. "방금 하신 그 말씀을 저 배식대의 아가씨들에게도 좀 해 주시는 게 어떻겠습니까?" 그러자 그녀는 공포에 질린 듯한 표정으로 손을 갑자기 쳐들며 말했다. "그건 안 됩니다. 저 아가씨들과는 부딪치고 싶지 않습니다. 만약 그들과 너무 어울리다간 저도 결국 물들어버릴 것 같거든요."

어디서 그런 심리 이론을 배웠는지는 모르지만, 어쨌든 그녀는 정곡을 찔렀다. 내가 읽은 성경도 "속지 마라. 악한 친구들이 선한 마음에 때를 묻힌다"고 가르쳤다. 우리의 주변 사람들이 우리의 감정, 태도, 도덕적인 가치관, 그리고 행동에 강한 영향을 준다는 것은 누구나 다 아는 기정사실이다. 다음은 내가 종종 인용하는 고전적인 사례다. 남부 출신의 소년을 북부나 서부로 보내보라. 그러면 얼마 뒤 그는 사투리로 말하게 될 것이다. 반대로 북부나 서부 출신의 소년을 남부로 보내보라. 그러면 머지않아 그는 표준어를 구사할 수 있을 것이다(물론 북부와 서부 출신 독자들은 이 사례를 뒤집어 말하리라는 것을 알고 있다). 우리는 함께 어울리는 사람들을 신중히 선택해야 한다. 왜냐하면 우리는 주변에 있는 것들의 일부가 되기 때문이다.

만약 고기를 썰어주는 배식대의 그 아가씨와 함께 있을 것인지, 차를 서빙하는 그 노부인과 함께 있을 것인지 선택할 수 있다면, 아마 여러분은 주저 없이 차를 서빙하는 그 부인과 함께 있기로 선택할 것이다. 이 책은 다른 이들이 최고 성취자가 되도록 도우려는 의도로 쓰여졌고, 그 길은 바로 그 노부인처럼 되게 하는 것이다. 뛰어난 성과를 인정해줌으로써 우리는 최고 성취자의 삶에 깊은 흔적을 남기게 된다.

인정과 보상이 의욕을 돋군다

거의 20년 전, 우리는 회사에 공식 인정 프로그램이 필요하다는 판단을 했다. 우수한 프로그램은 회사와 개별 직원의 성공에 중요한 자질들을 인지하고 그들을 장려하기 때문에, 우리는 우리가 중시해야 할 자질이 무엇인지를 결정하는 것으로 시작했다. 또 자체의 필요와 신념에 기초하여 직원들이 훌륭한 태도를 가지고 일에 임하며, 그들이 회사의 "공동 소유자"라는 사실을 보여주는 리더십 능력을 입증하는 것이 중요하다고 판단했다. 최고 성취자들은, 수표에 서명하는 것은 보스지만 그 액수를 결정하는 것은 직원이라는 사실을 깨달아야 한다.

우리가 중시하는 기본적인 자질—출석률, 태도, 리더십, 충성심—
은 분기별로 수여하는 4개의 보상으로 진화했다. 다음은 우리의 사원
매뉴얼에 포함된 내용이다.

지글러 교육시스템의 보상 프로그램은 "회사는 명백히 인정과 보상을 중시
한다"는 전제에 기초한다. 우리의 철학은 각 팀원에게 타인의 장점을 찾을
것을 독려한다. 지글러 교육시스템의 보상 프로그램은 그 장점을 찾고 우수
한 성과에 대해서는 보상하도록 한다. 보상의 범주는 흥미를 유발하며, 보
통 보상을 받는 개인에게 맞추어진다. 보상 범주에는 최고 성취 클럽(매출,
서비스, 혁신 부문에서 탁월한 실적을 올린 영업 전문가들에 대한 보상), 재직
기간 보상(회사 근속 기간에 따른 급료 차등 지급), 특별 공로(주어진 의무 범
위를 크게 넘어서는 일을 해내며 회사의 철학을 실천한 것에 대한 보상) 등이
포함된다. 그 외에 영업부가 참여하고 때로는 전체 지원팀도 가세하여 열광
의 분위기와 흥분을 고조시키는 일일 및 주간 콘테스트도 있다.

인 정 을 못 받 으 면 어 떻 게 되 는 가 ?

잡지 『사이콜로지 투데이Psychology Today』에 인용된 여론조사가 다
니엘 얀켈로비치Daniel Yankelovich에 따르면, 10년 이상 근무일지를
기록한 직원들은 자신들의 작업량이 10% 부족하다고 여긴다고 보고
했다고 한다. 전체적인 국가 생산성의 하락을 설명해주는 요인이 아
닐 수 없다. 그러나 근로자들을 탓하기 전에 다니엘의 말을 더 들어보

자. 다른 조사 결과에서는 "근로 윤리"가 이전보다 더 강해졌고 근로자들은 더 열심히 일하고 또 잘해내기를 바란다는 사실을 보여주었다고 한다. 그러면 왜 이런 모순적인 결과가 나오는가? 다니엘은 근로자들은 자기들이 생산성 증가의 덕을 보지 못한다고 믿고 있는 것으로 드러난 또 다른 조사 결과를 가지고 이 모순을 설명하고 있다. 생산성 증가는 경영진, 소비자, 그리고 주주들에게만 이익이 된다고 생각하기 때문에 근로자들은 더 생산적으로 일할 의욕을 느끼지 않는다는 것이다. 따라서 직원의 생산성 증가에 대해서는 그들에게 직접 보상하는 것이 문제의 해결책이라고 다니엘은 충고한다.

보 상

보상 문제를 생각할 때, 우리는 보통 돈을 생각한다. 유인 동기부여 Incentive motivation는 많이 논의되는 동기부여 유형이며, 특히 여러 조직의 영업 부문에서 실행 가능한 대안이다. 유인 동기부여와 관련하여 기억해야 할 중요한 사실 중 하나는 "오늘의 부가급부는 내일의 기대"라는 사실이다. 이것은 진정으로 동기부여가 되는 인센티브를 만들어내기 위해 우리는 "판돈을 더 올릴" 의지와 능력을 갖추어야 한다는 것을 뜻한다.

꼭 현금이 되어야 할 필요는 없다

어느 해 여름, 인디애나 주 인디애나폴리스에서 온 찰리 플루거

Charlie Pfluger가 교육자들을 대상으로 한 번투원 세미나에 참여했다. 그는 교육에 대한 긍정적인 접근 방식과, 어떤 상황에서든 올바른 태도를 가지고 할 수 있는 엄청난 일에 대해 큰 고무를 받았다. 찰리가 특히 흥분했던 것은 그가 폐교를 겨우 1년 앞둔 한 도심지 학교의 교장선생님이었기 때문이다. 그는 상당히 고무되어 고향에 돌아갔고, 직원들의 전폭적인 지원 하에 다가오는 1년을 위한 작전 계획을 수립했다.

찰리는 1달러 은화를 가져다 작고 깜찍한 프로젝트를 구상하는 데 이용했다. 한쪽에 그는 I CAN(나는 할 수 있다)이라고 썼고, 반대쪽에는 긍정적인 삶의 태도Positive Life Attitudes를 뜻하는 플라 머니PLA MONEY를 새겨 넣었다. 아래 그림에서 보듯이 우리는 여기에 약간 장식을 가미했다.

찰리가 고안했던 원래 형태는 종이를 잘라 만들어 상당히 조잡했지만 효과는 대단했다. 그는 그것을 수백 장 복사하여 각 선생님에게 배포했다. 학생이 지시받지 않았는 데도 학교 운동장에서 휴지를 줍거나 칠판을 청소하거나 새로 전학 온 학생을 환영할 때, 또 분실물을 주인에게 찾아주었을 때 등의 착한 행동을 하는 모습을 보면, 선생님으로부터 I CAN 표식을 받았다.

이 I CAN 표식을 100개 받은 학생에게는 I CAN 티셔츠 1개가 수여되었다. 전체 594명의 학생들 중에서 587명이 티셔츠를 받았고, 그것은 진정한 지위의 상징이 되었다. 찰리는 학교 운동장에서 바람에 날리는 종이 한 장을 잡으려 다섯 명의 아이들이 뛰어가는 모습을 보면 약간 우습기도 하다면서 미소를 지었다.

어떤 학생들은 길을 건널 생각이 없는 할머니들이 길을 건너도록 도왔고, 학생이 새로 전학 오면 약 97명의 학생들로부터 개별적인 인사를 받았다. 결론을 말하면 학교 전체가 이 프로젝트에 참여했다는 것이다.

티셔츠 587개를 마련하는 비용이 비싸다고 주장하는 사람도 물론 있고, 그들의 말에도 일리는 있다. 그러나 그 결과를 생각할 때, 그것은 그때까지 그 학교가 한 최고의 투자로 평가받을 만하다. 무엇보다 그 1년 동안 폭력 행위가 단 한 건도 발생하지 않았고, 단 한 차례의 마약 단속 건수도 없었다. 그리고 그 시기 동안 출석률도 눈에 띄게 개선되었고, 성적도 상당히 좋아졌다. 무엇보다 가장 긍정적인 성과는 부모님, 선생님, 학생들 모두가 처음으로 그들이 같은 목적을 추구하는 같은 팀이라는 인식을 갖게 되었다는 사실이다.

역 할 모 델

리더십의 주요 기능은 팀원들의 존경을 받을 수 있는 리더 자신의 인격과 역량으로 팀을 창조하는 것이다. 교육계에서 목격한 위의 사례는 그 목표를 달성했다. 그리고 다음 기사에서 볼 수 있듯이, 이 원칙은 비즈니스 세계에서도 마찬가지의 효과를 낼 것이다.

역할 모델의 특징은 무엇인가? 그에게서 발견되는 크고 뚜렷한 탁월성의 요소는 무엇인가? 역할 모델과 나머지 사람들을 구분시켜주는 요인은 무엇인가? 한 사례를 살펴보자.

1902년에 남부 이탈리아에서 미국으로 이주한 니콜라 아이아코카Nicola Iacocca는 펜실베이니아의 앨런타운Allentown에 정착한 후 이곳에서 소규모 자동차 임대 사업을 시작했다. 그의 아들인 리 아이아코카는 평생을 자동차에 둘러싸여 지냈고 포드 사에서 일하기를 소망했다. 리하이Lehigh 대학에서 학사 학위를, 프린스턴대학에서 석사 학위를 받은 리 아이아코카는 1946년에 포드 자동차 회사에 입사했다. 1970년 무렵에 그 회사에서 아이아코카보다 더 높은 지위를 차지한 인물은 헨리 포드의 손자뿐이었다. 1978년 7월 13일, 아이아코카는 족벌경영에 대한 집착을 버리지 못한 포드 사에서 해고된다. 그 뒤 1978년 10월 30일에 리 아이아코카는 크라이슬러 사의 사장으로 임명된다. 그리고 바로 그날 크라이슬러는 사상 최대 규모의 분기 손실을 발표했다.

그 후 1983년 4월 21일 목요일, 다시 태어난 크라이슬러 사는 당당하게 1억 7천 210만 달러의 1/4분기 수익 실적을 발표했다. 그것은 그 자동차회사 역사상 최대 규모의 분기 소득이었다. 처음에 많은 사람들은 아이아코카를 크게 성공한 세일즈맨쯤으로 깎아내렸다. 무엇보다 크라이슬러는 붕괴 직전이었다. 월스트리트는 비아냥대고 대중은 코웃음을 쳤으며 의회는 철저히 조사했지만, 아이아코카는 꿋꿋이 버텼다. 사실상 회사 규모를 절반으로 줄인 뒤 아이아코카는 크라이슬러의 사람들을 손대는 일에 나섰다.

그의 경영방식은 매혹적이고 깐깐하며 오만하고 가차없으며 자신만만한 것으로 묘사되어왔다. 그러나 사실 아이아코카는 그가 주는 것 이상을 요구하지 않는다. 그는 이상적인 역할 모델이다. 그는 크라이슬러와 자기 자신과 그의 경영팀을 위한 분기 목표를 정했다. 아이아코카는 확신과 당당함으로 넘쳐흐른다. 그의 옷차림과 몸차림은 흠잡을 데가 없으며…… 몸에서는 말 그대로 자신감이 배어나온다. 그는 승리자다.

탁 월 성 의 3 요 소

리 아이아코카 같은 탁월한 인물들에게는 그들을 동류 그룹으로 묶어주는 공통의 특징이 존재한다. 별로 놀랄 일도 아니지만, 완전히 다른 사업에 관여하고 있음에도 그들 사이에는 놀라울 정도로 비슷한 특성들이 존재한다. 이 공통 요인들, 바로 성공 인자들이 탁월성의 3요소(3A라고도 한다)이며 태도Attitude, 공격성Aggressiveness, 외모Appearance로 구성된다.

태도 탁월함은 심적 태도이다. 당신은 믿어야 한다. 성공을 쟁취하는 사람들은 불굴의 열정과 자신의 능력에 대한 믿음을 지니고 있는 것처럼 보인다. 그들은 아주 기본적인 사업원칙, 즉 아무에게도 의지하지 말라는 원칙을 고수한다. 그들의 신념, 사고방식, 태도에는 전염성이 있다. 이것은 조직의 최상층부에서 맨 밑바닥까지 퍼져가는 것이다. 우리 모두는 믿기를 원한다. 먼저 CEO가 믿고, 그 믿음이 전 조직으로 퍼져나갈 때, 그 믿음은 전염된다. 아이아코카가 크라이슬러를 이끄는 동안 세인트루이스의 공장장으로 있던 존 버크하트John

Burkhart는 이렇게 말했다. "크라이슬러의 전 직원은 그분을 믿습니다."

공격성 오늘의 우리 사회는 전염병 수준에 이른 총체적인 무기력증에 압도되어 있다. 초경쟁적이고 다국적인 비즈니스 환경에서 우리는 더 이상 이런 사치에 빠져 있을 여유가 없다. 비즈니스 세계는 굶주리고 공격적인 경쟁자들로 들끓고 있다. 아마도 우리 역시 굶주려 있지만, 단지 아직 충분히 배가 고프지 않은 것인지 모른다. 최고에 대한 추구는 위에서 밑으로 흐르는 공격적인 과정이며, 비즈니스 세계에 대한 선제공격이다. 1등이면 이기는 거고, 2등이면 지는 거다.

외모 한 똑똑한 학생이 직업을 구할 수 없었다. 그는 10여 개 기업에 이력서를 발송했고, 그 중 여러 곳이 관심을 보여 그 학생에게 면접을 보러 오도록 했다. 그는 회사들을 찾아갔지만, 막상 일자리는 제공되지 않았다. 학생은 그 이유를 알고 싶었다.

그의 교수가 물었다. "정말 그 이유를 알고 싶은가?"

학생 : "그렇습니다."

교수 : "자네는 한 6개월간 어디 캠핑갔다 온 사람의 몰골이야."

학생 : "지금 제 머리와 수염을 말씀하시는 겁니까?"

교수 : "그렇다네. 자네의 그 옷과 신발, 그리고 냄새."

학생 : "이건 공정하지 않아요."

교수 : "자네는 그것이 공정한 건지 여부를 물은 게 아니잖나. 단지 그 이유만 물었지."

공정하든 하지 않든, 비즈니스 세계는 사람의 외모에 반응한다. 물론 외모는 실질적 능력으로 뒷받침되어야 하지만, 그럼에도 외모는 중요하다. 당신의 온몸에서 탁월함의 기운이 풍겨 나와야 한다. 레이건 행정부가 초기에 받았던 높은 점수는 실질이 아니라, 단순히 외모에 기초하고 있었다. 백악관은 다시 한 번 "대통령답게" 보였다. 레이건과 그의 팀은 정말 그 역에 잘 어울려보였다. 아이아코카의 화려한 의상은 행동이 아니다. 외모는 단지 태도와 공격성의 시각적 표현일 뿐이다.

성공원칙

1. 모든 사람이 인정을 필요로 한다.
2. 자부심은 일상적인 노력에서의 개인적 책임의식이다.
3. 우수한 보상 프로그램은 회사와 개인적 성공을 위해 중요한 자질들을 인정하고 이들에 대해 보상한다.
4. 탁월함에 이르는 세 가지 길은 태도, 공격성, 외모다.

자신과 타인에 대한 이해

경영자의 주된 능력은 임무를 어떻게 만들어야 할지를 알고, 그 임무를 수행하기에 적합한 인재를 골라내는 것으로 이루어진다.

ㅡ리 아이아코카

어떤 사람과는 참 궁합이 잘 맞는데 또 다른 사람과는 왜 자꾸 부딪히기만 하는지 궁금해 한 적이 있는가? 신임 상사가 전임 상사보다 상대하기 훨씬 부담스러운 이유는 뭘까? 왜 사람의 성격 유형과 행동 방식은 모두 제각각일까? 이 질문에 답할 수 있는 사람이야말로 자신과 타인을 이해할 수 있는 결정적인 열쇠를 쥐고 있는 셈이다.

이것이 최고 성취와 무슨 상관이 있는가? 사실 상관이 꽤 많다. 최고 성취자들은 자기 자신을 알고 있으며, 다양한 유형의 사람들을 효과적으로 상대하는 법도 잘 알고 있다. 우리는 모든 사람을 똑같이 대하지 않는다. 자기 직원들을 똑같이 취급하는 경영자는 별로 효율적이지 못할 것이다. 다양한 성격 유형에 대한 기본 사실들을 이해한다면, 그것이 우리의 대인관계 능력에 가져다주는 큰 차이에 놀라게 될 것이다.

요즘에는 자신과 타인의 성격 유형에 대해 귀중한 통찰을 제공해주는 정보들이 시장에 많이 나와 있다. 심리학자들은 메이어-브릭스 분석Briggs-Meyer Analysis을 실시하며, 스위스 심리분석학자인 칼 융은 1920년대에 「심리 유형Psychological Types」이란 글에서 "성격 차이의 주요 원인은 모든 사람이 주요 행동 영역에서 자기만의 지배적인 행동 양태를 형성하기 때문"이라고 지적했다. 계속해서 융은 우리 모두가 지니고 있는 선천적·후천적 특질들을 자세하게 설명했다. 지글러 교육시스템은 퍼포맥스 시스템즈 인터내셔널Performax Systems International, Inc,이 개발한 개인 성격 분석체계Personal Profile System를 이용한다. 자신과 타인을 더 잘 알게 되는 만큼, 이 복잡한 사회에서 사람 상대하는 일이 더 수월해질 수 있다. 내가 경력 초기였다면 사람을 채용할 때 성격 분석표를 이용하는 문제는 생각도 안 했을 테지만, 지금은 이 도구를 이용하지 않고 직원을 뽑는다는 것은 상상도 할 수 없을 정도다. 이것은 단지 우리만이 아니라 직원을 위한 것이기도 하다. 구체적인 사례 두 가지를 소개하겠다.

수년 전 론 에진가Ron Ezinga가 지그 지글러 코퍼레이션의 사장이 되어달라는 내 제안을 두고 저울질을 할 때, 우리는 우리가 서로 잘 융화할 수 있을지 시험을 받아보는 것이 좋겠다는 데 합의했다. 우리 중 누구도 성공적이고 생산적이지 못한 사업 관계를 맺는 데는 관심이 없었다. 왜냐하면 론에게 있어 우리 회사와 손을 잡는다는 것은 더 큰 기업의 사장직을 사임하고 그의 가족을 1,600킬로미터가 넘게 떨어진 댈러스까지 데려와야 한다는 것을 의미했기 때문이다. 또 그것은 우리 회사의 큰 변화는 물론 내게도 상당 수준의 방향 전환을 의미했다. 1년에 100회 이상 강연을 다니면서, 회사를 경영하기에는 무리가 따랐기 때문에 우리가 서로 손을 잡는 것은 자연스러워 보였다. 론의 일은 금전적으로는 풍족감을 느끼게 했지만, 그의 창의력, 조직화 능력, 전문적인 경영지식을 제대로 활용할 기회는 허락하지 않았다. 우리는 서로 합치기를 원했지만, 동시에 이것이 우리의 가족과 직업을 위해 후회 없는 선택이기를 바랐다.

신중한 의사결정자로서 론과 나는 광범위한 테스트를 거쳤고, 그 결과 우리 두 사람이 비즈니스 관계에서 서로 찰떡궁합이라는 사실을 확인할 수 있었다. 내 방식은 잽싸게 움직이고 신속히 결정하는 것이었지만, 론의 방식은 아주 신중하고 먼저 사실들을 수집하는 것이었다. 심리학자들의 말을 옮기면 이렇다. "지그 씨, 만약 선생이 론을 약간 밀어붙이고, 론이 선생을 조금 진정시킨다면, 두 사람은 사업상 천생연분이 될 겁니다." 그의 강점이 내 약점을 보완하고, 나의 강점이 그의 약점을 보완해줄 듯한 영역이 많았다. 과학적인 평가 도구들은 우리의 결합이 좋은 결과를 낳을 수 있음을 확인시켜 주었다. 그리고 확실히 말하는데, 나는 그때 론을 우리 회사로 인도해주신 것에 대해 신께 감사한다. 그의 효율적이고 창의적인 지도 하에서 우리는 여러 새로운 분야로 진출했고, 론이 우리 팀에 합류하기 전보다 5~10배나 많은 사람들에게 손을 뻗을 수 있었다.

여기서 소개하고 싶은 두 번째 사례는 우리가 예비 접수원으로 고용한 젊은 아가씨의 사연이다. 그녀의 전화 받는 태도는 매우 상냥하고 친절했다. 하지만 그녀가 예비 직원으로서 전화 접수 업무를 수행해야 할 시간에는 도대체 제자리에 붙어 있질 못했다. 주체할 수 없는 에너지로 똘똘 뭉쳐진 그녀에게 그저 앉아 있는 일은 참으로 고통스럽게 느껴졌던 것이다. 그래서 그녀에게 다른 일자리를 알아보도록 요청하는 문제를 고려할 시점에 우리는 성격 분석 시스템Personality Profile System을 접하게 되었다. 우리는 이 분석을 통해 문제는 그녀가 아니라 우리라는 사실을 알게 되었다. 그녀를 완전히 엉뚱한 곳에 배치했던 것이다. 다행히 그때 부사무장직이 비어 있었다. 그 일은 한번에 14개의 각기 다른 업무(사무비품 주문, 사무기기 수리, 방문객 안내 등)를 처리해야 하는 일이었고, 그녀는 발군의 실력을 보여주었다. 그녀는 우리가 목격한 그 직책의 최적임자 중 하나였다. 우리는 그녀가 남편의 직업 때문에 직장을 떠나야 했을 때 모두 눈물을 훔쳐야 했다.

요점은 이렇다. 과학적인 평가 도구를 이용하면 사람을 채용할 때든, 직업을 선택할 때든 어떤 진로 결정을 하는 데 큰 도움을 받을 수 있다. 나는 지금 여러분의 조직도 이런 성격 유형 분석 도구를 이용해보라고 권하고 싶다. 우리는 각 조직의 특수 상황에 적합한 인사관리 프로그램 개발을 전문으로 하는 컨설팅팀도 구성해놓고 있다.

자 아 와 타 인 의 발 견 을 위 한 여 행

성격 분석이란 부분적으로는 악보의 음표를 분석하는 것과 흡사하다. 이 분석을 통해 연주의 성격이나 심지어는 질적 수준까지도 드러난다. 악기든 인간이든 똑같은 것은 없다. 서로 상호작용하는 그룹의 사람들에게 어떤 공동의 목표를 추구하게 해보라. 그러면 각자가 서로 다른 성격적 특성을 지니고 있다는 사실을 발견하게 될 것이다. 이 사람들은 각자 다른 방식으로 동기를 부여받는다. 그리고 이 차이들은 론 에진가와 내 경우처럼 효율적인 협력관계를 낳을 수도 있고, 아니면 완전히 불협화음을 일으킬 수도 있다. 이것이 꼭 한 사람은 옳고 다른 사람은 그르다는 뜻이 아니다. 단지 사람은 제각각 별개의 존재라는 말이다. 그리고 이것은 좋은 일이다. 만약 우리가 항상 동의한다면, 우리 중 한 사람은 불필요하다는 말 아닌가!

어떤 방법을 쓰든 성격 분석의 이점은 우리와 주변 사람들이 왜 특정한 방식으로 행동하는지 이해할 수 있게 해줄 뿐 아니라, 이 지식을 이용하여(사람을 이용하는 것이 아니라) 에너지를 올바른 방향으로 유도하고 기존의 재능을 더 좋은 쪽으로 집중시킬 수 있게 해준다는 사실이다. 성격 차이를 이해하는 것은 사람들이 서로를 더 잘 이해하게 하고, 그 결과 더 효율적으로 협력할 수 있게 한다. 이 부문에 대한 지식이 의사소통의 요령에 관한 구체적인 지식과 결합될 때, 진정한 윈윈 시나리오가 탄생된다.

작동원리는 다음과 같다. 우리가 행한 대부분의 연구는 행동 유형을 포괄적인 네 가지 영역으로 범주화한다. 한 사람의 성격은 전적으로 이 네 가지 범주 중 어느 하나에만 속하지는 않는다. 우리는 인간이지 컴퓨터화된 기계가 아니다. 인간의 성격은 감정과 기질의 다양하고 미묘한 차이를 반영하며, 정도의 차이일 뿐 모든 사람이 각각의 특성들을 골고루 지니고 있다. 그러나 그 중에서도 특히 지배적인 성격들이 있어 수시로 수면 위로 돌출된다.

공격형 인간

이 글을 읽으면서 여러분은 다른 사람이 원하는 것을 얻게 해주면 인생에서 내가 원하는 모든 것을 얻을 수 있다는 철학을 특별히 기억하기 바란다. 사람들을 더 깊이 알아가면서 우리는 무엇이 그들을 움직이게 하고 무엇이 그들을 고무하고 자극하며, 효율적으로 일하게 하려면 어떻게 도와야 하는지를 배우게 된다. 사람은 다 다르다. 이 지식은 경영자로서, 그리고 최고 성취자로서 우리가 서로 관계하는 사람들의 다양한 개성을 상대하는 데 도움을 준다.

화학 실험실에서 볼 수 있는 굽 달린 액체용 비커 네 개를 상상해보라. 각 비커는 성격상의 특징을 나타낸다. 첫 번째 비커는 공격성 용기aggression container라고 부르자. 만약 이 용기가 절반도 못 채워진 상태라면, 이 사람은 보통 다른 사람에게 결정을 맡겨버리거나 합의에 의한 의사결정을 선호한다. 이런 성향의 인물은 흔히 조용하고 겸손하며 사람을 대하는 태도가 부드럽고, 대개 개인적 성취 욕구가 그리 크지 않은 편이다.

이런 기질의 사람들을 제대로 활용하려면 압박이 심하지 않은 상황에서 일하게 하고, 강압이 아닌 협력적인 방식으로 리드하는 것이 좋다. 유인 동기부여 방식은 압박에 부담을 느끼는 이 온순한 성격의 사람들을 자극하는 데 별 효과가 없을 것이다. 그들은 자발적이며 헌신적이다. 바로 이 때문에 그들은 가끔 좀 더 공격적인 사람들에 의해 이용되기도 한다.

한편 공격성 용기가 절반 넘게 채워진 사람들은 흔히 의지가 강하고 임무 지향적인 "행동파"로 인식된다. 그들은 자신과 타인을 다그

치고 변화와 도전을 즐기는 경향이 있다. 이들은 엄격하고 완고하며 감정표현이 강렬하다. 주먹을 불끈 쥐고 테이블을 쾅쾅 치며 특정 사항을 강조하는(똑같은 효과를 위해 손가락을 쳐들기도 한다) 유형이다. 그들은 단순히 걷기보다는 성큼성큼 활보하며, 항상 어떤 목적을 갖고 서둘러 어디를 향하고 있는 것처럼 보인다.

이들에게 동기를 부여하는 방법은 자극하고 권한을 부여하는 것이다. 이런 성향의 인물들은 구속을 덜 받을수록 더 능률적이 된다. 이들에게는 직접적인 답을 주는 비즈니스 환경에 있을 때는 비즈니스에만 충실하게 하는 것이 좋다. 그리고 이들과 충돌할 때는 사람이 아니라 사실을 가지고 논쟁해야 한다. 목표와 성과를 언급하고 성공 확률에 대한 사실적인 근거를 제시할수록 그들의 관심을 더 잡아끌 수 있을 것이다.

만약 이런 기질의 사람들에게 끊임없이 문서작업을 요구하거나 정책과 절차를 따를 것을 강요한다면 이내 의욕을 잃게 된다. 그들은 추종자가 아니라 개척자들이다. 만약 그들의 권한 행사에 딴죽을 걸거나 소득과 승진 가능성에 한계를 둔다면, 그들은 보따리를 싸들고 다른 주인을 섬기러 갈 것이다.

성격적 특징을 살필 때 기억해야 할 중요한 개념 중의 하나는 약점은 장점의 연장인 경우가 많다는 사실이다. 이 사람들은 강력하고 과단성 있고 자신감 넘치며 끈기 있는 목표 달성자들이다. 그들은 성취 지향적이다. 그러나 이런 특징이 정도를 지나치면 성급함, 일중독, 세부 사항에 대한 관심 결여, 동료들과의 껄끄러운 관계, 그리고 특권 남용 등의 문제로 이어질 수 있다.

관계형 인간

다음 비커는 관계 용기people container다. 만약 이 용기가 절반도 못 미친 상태라면 이 사람은 대개 남들과 시간 보내는 것을 별로 달가워하지 않는 성격임을 나타낸다. 사람들은 그를 냉담하거나 비관적인 사람으로 인식하기 쉽다. 이 사람은 좀처럼 자기 목소리를 내지 않으며, 때로는 다른 이들의 동기를 의심한다. 그는 보통 사회 환경과 근무 환경에서 매우 양심적으로 처신하며 외모에 신경을 쓰는 편이다.

이런 기질을 자극하는 방법은 대인 관계에서 자유로운 근무 환경을 제공하는 것이다. 또 문제에 대한 해결책을 스스로 숙고하여 찾아낼 수 있게 하는 것이 좋다. 그의 능력은 논리적인 분석을 요구하는 프로젝트에서 최고의 빛을 발하며, 이들이 싫어하는 부류는 실속 없이 목소리만 큰 사람들이다.

이 부드럽지만 약간 내성적인 인물은 대단한 문제 해결사가 될 수 있다. 그러나 "인간 관계"의 문제를 해결하는 위치에 있을 경우 적잖이 불편을 느낄 것이다.

반면 관계 용기가 절반이 넘게 채워진 사람은 보통 매우 자발적이고 거침이 없는 사람이다. 그는 열정적이고 우호적이며 남을 자기편으로 끌어들이는 데 능하다. 이런 인물은 침착하고 매력적이고 감정적이며 낙관적인 성향으로 인식되고, 잘 웃고 편안하고 호의적인 태도를 통해 자신의 개성을 드러낸다. 그는 손과 팔을 이용한 표현력이 아주 풍부하며, 만약 당신이 한참 동안 그와 함께 있으면 그는 당신을 껴안거나 등이나 어깨, 또는 손을 두드려줄 사람이다.

이들을 자극하는 방법은 사람을 사귀고 대화할 시간을 주는 것이다. 그들이 마음껏 자기 의견과 생각, 특히 사람과 관련된 생각을 표현하게 하고 관계에서 그들의 뒤를 받쳐줌으로써 그들을 도와주는 것이 좋다.

이들이 김이 빠지는 경우는 무엇을 계속 기록하는 일, 장시간 고도의 집중을 요하는 일을 해야 하거나 친구를 비판해야 하는 상황에 처할 때다. 이들을 비참여적인 환경(컴퓨터 단말기, 회계 업무 등)에 밀어 넣으면 절대 오래 잡아둘 수 없을 것이다. 이 "관계형" 인간들은 사람을 믿고 사교적이며 관대하고 인기 있는 후원자들이다. 그러나 이런 장점들이 너무 지나치게 되면 결과보다는 인기에 더 골몰하는 상황과 장광설, 문제 회피, 감정에 치우친 결정 등의 부작용을 낳을 수 있다.

인내형 인간

다음은 인내 용기patience container다. 이 용기가 절반이 못 채워진 사람은 대개 적극적으로 나서는 성향이 있고 일정한 체계가 없는 환경을 선호한다. 또 현상에 실망하고 변화를 추구한다. 충동적이고 항상 움직일 준비가 되어 있으며 일을 벌이기 좋아하며 흥분을 잘하고 일에 대한 욕심이 많다.

이런 사람이 신바람 나게 일하도록 하려면 다양한 활동에 나서게 하고 재량껏 움직일 수 있는 자유를 부여해야 한다. 그가 일터에 몰고 오는 흥분성 에너지는 올바른 방향으로 유도만 된다면 굉장히 긍정적일 수 있지만, 적절한 방향 설정이 안 되어 있으면 불안, 신경과민, 그리고 긴장을 초래하기 쉽다. 이런 사람의 강점은 솔선수범하는 자세다. 그러나 아무것도 제대로 해내는 것 없이 일만 많이 벌일 때는 오히려 약점이 된다.

　반면 인내 용기가 절반 이상 채워진 사람들은 아주 안정적이고 차분하다. 그들은 친절하고 인내심 강하며 조용하고 절제하며 서비스 지향적이다. 남의 말에 기꺼이 귀 기울이며 표정과 용모에서 친근감이 묻어난다. 편안해 보이며 몸의 움직임은 부드럽고 힘이 들어가 있지 않다. 이 사람들의 의욕을 돋우려면 적응할 시간을 주고 변화를 적게 하며 놀라게 하는 일이 없도록 해야 한다. 만약 그들이 완수한 임무에 대해 진정으로 고마움을 표시한다면, 그들은 당신에게 매우 충성스런 직원이 될 것이다. 이들로부터 최대한의 생산성을 이끌어내려면 안전한 환경을 창조하고 그들이 직접 근무 패턴을 개발하게 하라.

　또 이런 성향의 인물은 압박을 느낄 경우 김이 빠지는 체질이다. 그들에게 수시로 새로운 임무와 새 사람들을 갖다 붙여주면 생산성 감소로 이어진다. 이들은 충성스럽고 신중하고 성실하고 부지런하며 끈기 있고 믿을만하다. 또 팀 플레이어들이다. 그러나 그들이 능장을 부리거나 프로젝트를 주도하도록 요청받을 때, 그들의 강점은 약점이 된다. 그들은 마감시한을 맞추는 데 어려움을 느끼기 쉽다. 항상 임무를 완수하기는 하기는 하지만, 자기 스스로 정한 일정에 따라 하기를 원한다.

품 질 지 향 형 인 간

마지막은 품질 용기quality container다. 만약 품질 용기가 절반도 못

171

채워진 사람은 보통 의지가 굳은(이것은 완고하다는 것을 유화적으로 표현한 것이다) 것으로 인식된다. 이들은 대개 매우 독립적이고 세부적인 것에 둔감하다. 이들에게는 질보다는 양이 문제다.

이런 기질의 사람들은 일을 제 방식대로 하게 내버려두고 자율권을 부여하는 방법으로 동기를 부여하는 것이 좋다. 그들은 끈기가 있고 정해진 행동 방향을 고수한다. 그러나 포기하는 것이 더 나을 프로젝트에 매달릴 때 이 강점은 약점이 된다.

한편 품질 용기가 절반 이상 채워진 사람들은 양심적이고 꼼꼼하며 세부적인 것에 관심을 기울인다. 직관적이며 환경에 민감하다. 이 신중한 인물들은 능력과 정확성을 중요시한다. 이들의 특징은 사실을 찾는 사색가라는 점이다. 몸짓이 요란하지 않으며, 쉽게 감정을 드러내는 사람에 대해 불편을 느낀다.

이런 성향의 인물을 자극하려면 그에게 개인적인 관심을 기울이고 임무 내용을 정확히 설명해주며 통제된 근무 환경을 제공해주는 것이 좋다. 만약 그가 그룹이나 팀의 일원이 되게 하고 또 토론을 통해 당신의 의견에 대한 확실한 근거를 제시한다면, 그는 당신의 좋은 친구가 될 수 있다. 그를 맥빠지게 하는 부류는 중요한 문제에 대해 신속한 결정을 요구하고, 꼼꼼하게 점검할 시간을 허락하지 않는 사람들이다. 만약 이런 사람을 성과에 대한 어떤 지침도 존재하지 않는 무질서한 환경에 배치한다면, 그는 다른 일자리를 알아볼 것이다.

양보다 질을 의식하는 이런 부류는 보통 높은 기준을 갖고 있는 성숙하고 정확하고 논리적이며 꼼꼼한 사람들이다. 그러나 만약 이런 장점을 약점이 될 정도로까지 끌고 간다면, 그들은 분석이 지나쳐 소위 "분석 마비증paralysis of analysis"에 걸리고 융통성 없이 방법과 절차에 매이게 되는 상황에 이를 수 있다. 그들은 자잘한 세목의 늪에서 허우적대고 전례 없이는 행동에 나서는 것을 주저하는 성향을 보이기 쉽다.

당신의 성향은?

이상의 각 용기들을 살펴보면서 여러분도 얼마간의 자기평가를 시도해보기를 바란다. 1을 매우 부족한 상태로, 10을 넘쳐흐를 지경으로 보고 1에서 10까지로 등급을 매길 경우 당신은 아래 도표에서 어느 쪽에 해당되겠는가? 당신의 부모님은 당신을 어떻게 평가하는가? 당신의 배우자나 직원들의 의견은 어떤가? 다시 말하지만, 모든 사람은 각 특성의 일부를 지니고 있다. 우리의 용기들은 거의 비어 있는 듯 보일 때도 있고 거의 채워져 있는 듯 보일 때도 있다. 그러나 각 사람은 그 중에서도 특히 지배적인 성향을 지니고 있음을 확인할 수 있을 것이다.

공격	관계	인내	품질
나 _____	나 _____	나 _____	나 _____
부모님 _____	부모님 _____	부모님 _____	부모님 _____
직원들 _____	직원들 _____	직원들 _____	직원들 _____
배우자 _____	배우자 _____	배우자 _____	배우자 _____
자녀들 _____	자녀들 _____	자녀들 _____	자녀들 _____
상사 _____	상사 _____	상사 _____	상사 _____

다른 비교 방법

만약 이 용기들 각각을 가져다 나란히 정렬시킨다면, 각 영역에서 우리의 위치가 어떻게 되는지를 비교해볼 수 있다. 중간선에서 멀리 떨어져 있을수록 해당 특징들이 더 강하게 나타나는 것으로 인식된다는 점에 유의하라.

	공격성	관계	인내	품질
10	직접적	열정적	예측가능	완벽주의적
9	대담함	설득력	느긋함	정확함
8	위험 감수	감정적	비표현적	체계적
7	단호함	잘 믿음	신중함	양심적
6	경쟁적	사교적	안정적	높은 기준
5	위험 예측	반성적	외향적	완고함
4	자기비판적	사실적	열성적	끈덕짐
3	손익 계산	통제능력	초조함	독립적
2	태평함	자의식적	조바심	엄격함
1	조용함	의심 많음	활동적	단호함

위에서 보듯 각각의 특성이 서로 겹치는(가령 품질 용기의 중간선 위쪽과 관계 용기의 중간선 아래쪽에 속하는 사람들) 경우도 있다. 이들은 서로에게 힘이 된다. 달리 말해 자신을 관계 용기의 3등급과 품질 용기의 8등급에 속하는 것으로 평가하는 사람은 분석 능력이 우수하며, 이런 장점을 활용할 수 있는 자리에서 뛰어난 실력을 발휘한다. 반면 그런 사

람들에게 홍보 업무를 맡기는 것은 장기적으로 바람직하지 못할 수 있다. 그들이 그 자리에서는 일을 해낼 수 없을 것이라는 말이 아니다. 문제는 얼마나 오랫동안 어떤 희생을 치르며 그 일을 감당하겠는가다.

이 도구들이 과학적으로 적용되었을 때 가져올 수 있는 효과는, 채용 목적으로 이용될 경우 둥근 못은 둥근 구멍에, 네모난 못은 네모난 구멍에 박아 넣을 수 있다는 것이다. 이미 직원들이 자리를 잡은 후에 이 도구를 이용할 때는 그들이 즐길 수 있을 뿐 아니라, 발군의 실력도 발휘할 수 있는 자리에 배치함으로써 그들의 장점을 십분 활용하는 데 보탬이 된다.

여기서 다시 한 가지 사실을 분명히 집고 넘어가야겠다. 그것은 옳거나 그른 성격, 또는 좋거나 나쁜 성격은 없다는 것이다. 우리가 지금의 위치에 있고 지금의 성격을 갖게 된 것은 우리의 마음속에 들어온 것들 때문이다. 우리는 자신의 마음속에 들어오는 것들을 변화시킴으로써 현재 우리의 위치와 상태를 바꿀 수 있다. 이 책에서 다룬 포괄적인 일반론에 만족하지 마라. 성격 유형 분야에 더 관심 있는 분은 우리에게 연락하면 성격 분석 도구 이용 방법에 대해 더 많은 정보를 알려드릴 것이다.

재차 강조하는데, 관리에 부적합한 성격이란 없고 성공하고 최고 성과를 올리는 데 맞지 않는 유형도 없다. 각각의 직업에는 나름의 전형—정력적이고 목표지향적인 주식중개인, 느긋하고 관계지향적인 사회사업가 등—이 있는 듯하다. 우리는 직업을 선택할 때 이런 전형들을 고려의 요소로 삼아야 할지 모른다. 다양한 산업이나 기업들이 특정 유형의 성격을 선호하는 경향도 있을 수 있지만, 그 특성이나 정도는 다 다르다. 다양한 시기와 상황에는 그에 맞는 각기 다른 관리 방식이 따로 있다는 점을 기억하라. 만약 당신이 소방 훈련을 지휘한다면, 탈출 계획에 대해 만장일치의 합의를 요구하지 마라. 그러나 브레인스토밍 시간에는 사람들에게 너무 엄하게 창의적이 될 것을 강요하지 마라. 오히려 아이디어가 고갈되기 십상이다.

이 장에서 논의한 모든 특징들이 아주 이상적으로 배합된 인물 중의 하나는 코카콜라의 최고경영자 고 로버트 W. 우드러프Robert W. Woodruff다. 그는 코카콜라의 CEO였음에도 불구하고 "무명인"이라는 별명이 붙었다. 다음은 그가 호주머니에 지니고 다녔던 낱장 인쇄물의 내용으로 그의 견실한 사업 철학과 인생 철학을 요약해준다.

인생은 아주 상당 부분 영업직과 흡사하다. 우리의 성공이나 실패는 대체로 우리가 거래하는 사람들이 우리 자신과 우리가 제공하는 것에 호감을 갖도록 하는 일에 얼마나 능할 수 있느냐에 달려 있다.

따라서 이 일에 성공하느냐 실패하느냐는 본질적으로 인간 관계의 문제다. 즉, 그것은 우리의 가족과 고객, 고용주, 직원, 동료 들이 우리에게 어떤 종류의 반응을 보이느냐의 문제인 것이다. 만약 이 반응이 호의적이라면 성공할 가능성이 매우 높아지고, 그 반대라면 실패를 피할 수 없게 된다.

인간 관계에서 우리가 저지르는 치명적인 죄는 그들을 당연한 존재로 여기는 것이다. 그들이 우리를 좋아하고 믿고 신뢰하게 만들며, 우리의 소망과 목적을 달성하기 위해 우리와 함께 일하고자 하는 그들의 욕망에 불을 지필 만한 말과 행동을 우리는 적극적이고 지속적으로 이어가지 못하고 있다. 단지 비즈니스와 삶에서 인간적인 요소를 소홀히 한 탓에 개인과 조직이 그들의 성공 잠재력에 크게 못 미치는 성과를 내거나, 아니면 완전히 실패하는 경우를 우리는 자주 보게 된다. 그들은 사람들과 그들의 반응을 당연한 것으로 여긴다. 그러나 그들의 흥망의 열쇠를 손에 쥐고 있는 것은 바로 이 사람들과 그들의 반응이다.

이 말은 우드러프의 친구이자 김벨 브라더스Gimbel Brothers의 회장을 역임했던 고 버나드 F. 김벨Bernard F. Gimbel이 한 것으로 알려져 있다. 이 메시지에 크게 감동한 우드러프는 내용을 팸플릿에 인쇄한 후 자기 조직의 임원들에게 나누어주었다. 오래도록 이 메시지는 거의 코카콜라의 정신이 되었다고 볼 수 있다. 그리고 이것은 모든 최고 성취자들이 삶의 지침으로 삼아야 할 메시지기도 하다.

성공원칙

1. 나 자신을 잘 이해하는 만큼 타인과 더 효율적으로 일할 수 있다.
2. 성격 분석표는 둥근 못은 둥근 구멍에, 네모난 못은 네모난 구멍에 박아 넣기 위한 유용한 도구들이다.
3. (과학적 도구를 활용한) 자기평가가 자기비난보다 더욱 큰 가치가 있다.
4. 우리의 약점은 장점이 확장된 것일 경우가 많다.
5. 좋거나 나쁘거나, 또는 옳거나 그른 성격은 없다. 그것은 단지 우리의 위치가 어디인지를 평가함으로써 가고자 하는 방향을 결정하는 데 도움을 주는 역할을 한다.
6. 우리가 지금의 위치에 있고 지금의 모습을 갖게 된 것은 우리의 마음속에 들어온 것들 때문이다. 따라서 우리의 현재 위치와 상태는 우리의 마음속에 들어오는 것을 바꿔줌으로써 변화시킬 수 있다.

경영 금언

강물에 떠내려와 한군데 몰린 통나무들을 처리하는 벌목꾼처럼 각 상황의 본질을 찾아라. 프로는 높은 나무 위로 올라가 막힘 현상을 푸는 데 열쇠가 되는 통나무를 찾아내어 그것만 처리하고 나머지는 물길에 맡긴다. 아마추어는 막혀 있는 통나무 더미 가장자리에서 시작하여 모든 통나무를 옮기고 결국은 열쇠 통나무까지 움직인다. 두 방법 모두 효과는 있지만, "핵심" 개념은 시간과 노력을 절약해준다. 찾는 법을 배우기만 한다면 거의 모든 문제에는 막힘을 푸는 "열쇠 통나무"가 있다.

—프레드 스미스

이 책 전반에 걸쳐 나는 원래 나의 생각이 아닌 것은 인용문의 출처를 밝히기 위해 최선을 다했다. 즉 나의 독창적인 아이디어가 아닌 것에 대해 주인 행세를 하지 않으려고 추적 가능한 모든 정보를 끝까지 추적하는 수고를 아끼지 않았다.

2부의 이 마지막 장에서 나는 독자 여러분과 출처의 추적이 어려운 주옥같은 경영의 금언들을 함께 나누고 싶다. 이것들은 전부는 아니라도 대다수의 유능한 경영자들이 공감해 온 시간을 초월한 진리들이다. 나는 여러분이 이 개념과 원칙들 속에서 문제를 더 효과적으로 해결하는 데 결정적인 단초가 될 만한 '열쇠 통나무'를 발견할 수 있기 바란다.

최고 성취를 위한 경영 원칙

1. 기회 있을 때마다 정직하고 진심 어린 감사의 마음을 표현하라. 상대에게 자신이 중요한 존재라고 느끼게 하라.

2. 비판이나 비난 혹은 불평하지 마라.

3. 당신의 자아보다는 대의를 앞세워라.

4. 완벽이 아니라, 발전을 위해 노력하라.

5. 문제 지향적이 되지 말고 문제의 해결에 집중하라.

6. 책임 우선순위 목록에 따라 최고의 투자수익률을 가져다주는 활동에 시간을 투자하라. 노력만으로는 충분치 않다. 활동하는 이유는 성과를 내기 위해서다.

7. 일을 하는 주요 이유는 책임 완수고, 훈련은 그 방법이다.

8. 자신의 약점을 인정하고 수용하라.

9. 점검표를 만들고 지속적으로 참고하라.

10. 살면서 만나는 사람들에게 항상 겸손하고 감사하라.

성취 지향적인 관리자를 위한 6대 행동지침

1. 성과에 대해 주기적이고 구체적이고 관찰 가능한 행동 중심의 피드백을 제공하라.

2. 의사소통 라인과 서열을 존중하라.

3. 적시에 결정하라.

4. 남들이 쉽게 접근할 수 있는 사람이 되라.

5. 창의적인 아이디어를 고무하라.

6. 개인적인 지원을 제공하라.

최 고 의 팀 성 과 창 출 을 위 한 10 대 필 승 규 칙

사람을 상대할 때는,

1. 미소야말로 우리가 마음대로 써먹을 수 있는 가장 강력한 사교 수단임을 기억하라.
2. 남의 말을 잘 듣는 능력이 오늘날 비즈니스(혹은 가정)에서 가장 무시되는 기술이다. 잘 듣는 사람이 토론의 최종 결과를 지배한다. 상대에게 말할 기회를 주고 의식적으로 당신의 훌륭한 듣기 기술에 장애가 되는 요소들을 제거하라.
3. 상대의 관심 분야와 관련된 이야기를 하라. 우리가 만나는 모든 사람에게는 그만의 "독특함"과 "특별함"이 있음을 발견하게 될 것이다. 사람의 진면목을 알게 될 때 그는 흥미로운 존재가 된다. 상대의 관점을 파악하라.
4. 당신이 이미 답을 알고 있는 질문을 하라. 그것을 통해 상대의 관점을 알게 된다. 대부분의 아이디어는 스스로 "발견할" 때 더 매력적이다. 진정으로 남을 배려하는 사람은 상대를 "발견의 노정"으로 이끈다.
5. "당신의 인격이 훨씬 더 크게 말해주기 때문에 입으로 하는 말은 잘 들리지 않는다." 남에게서 당신이 원하는 행동과 태도를 보고

싶다면, 먼저 모범을 보여라.

6. 누군가에게 일을 시킬 때는 당신이 보기에 그가 충분히 잘 해낼 수 있다는 믿음과 확신을 주는 임무를 부여하라.

7. 항상 요청하라. 결코 명령하지 마라.

8. 설화적인 이야기와 의미 있는 유추를 활용할 수 있는 능력을 개발하라. 이들은 강력한 교습 도구다.

9. 늘 다른 사람들을 존중하라. 제 시간에 회의에 참석하고 늦을 경우 왜 늦는지를 알림으로써 당신의 존중심을 표현하라.

10. 전화, 이메일, 서신에 즉각 답장하라. 그렇게 하지 못할 만한 이유는 없다.

근거 없는 "경영 신화들"

1. 교묘한 조종과 동기부여는 종종 같은 것이다. 절대 그렇지 않다. 조종은 사람들이 당신을 위해 꼭 그들에게 유익하지 않을 수도 있는 방식으로 행동하도록 만드는 것이다. 반면 동기부여는 사람들이 상호 이익을 인식하고 그 "명분"에 동참하게 하는 것이다. 그것이 당신은 물론 그들에게도 유익이 되기 때문이다.

2. 최선을 다하는 것이야말로 진정 중요한 것이다. 그렇지 않다. 너무 많은 사람들이 성과를 노력으로 대체한다. 일을 하는 이유는 결과를 얻기 위해서다. 더 적은 노력으로 최대의 성과를 내는 사람이 더 영리하고 더 열심히 일하는 사람이다. 피로는 성공의 지표가 아니다.

3. 위임은 성공적인 경영의 열쇠다. 역시 잘못된 신화다. 위임은 누군가에게 내가 원하는 일을 언제 어떻게 해야 할지 말해주는 것이 아니다. 이것은 지도direction다. 위임은 내가 기대하는 결과를 배정하고 그 기대하는 바가 제대로 실현되었는지 점검할 수 있게 하는 후속 체계를 고안하는 것이다. 신참들은 지도를 받지만, 경험 많은 직원들은 위임을 받는다. 어떤 직원에게 지도가 필요한가를 판단하고 그를 지도하는 것, 그리고 결과와 그 결과를 얻기 위한 권한을 위임하는 것이 성공적인 경영의 중요한 열쇠다.

4. 경영자는 보통 육체적, 정신적, 영적으로 더 뛰어난 인물이다. 천만의 말씀이다. "정상적인" 경영자들은 극소수다. 어느 책에서도 경영자가 "더 뛰어나다"고 말하지 않는다. 아주 간단히 말하면, 경영자는 기꺼이 책임을 떠안고 다른 사람의 힘을 빌려 성과를 얻으려는 사람이다. 당신은 "감독supervisor"이나 "슈퍼일꾼superworker"이 되고자 하는가?

5. 경영자는 모든 환경을 통제해야 한다. 절대 아니다. 경영자는 문제와 상황을 다루며, 이 둘 사이에는 분명한 차이가 있다. 상황은 우리가 그것을 통제할 수 없기 때문에 존재한다. 사람들은 통제할 수 없는 것을 통제하려 하다가 궤양에 걸린다. 반면 문제는 그에 대해 행동을 취할 수 있는 어떤 것이다. 탁월한 경영자는 이 둘 사이의 차이를 배운 후, 문제에 대해서는 행동을 취하고 상황에 대해서는 괘념치 않는다.

당신의 과제

이상의 간략한 요약에 사실 특별히 "대단한 계시"는 없다. 그러나 프로들은 새삼스럽게 새로운 진리를 들을 필요가 없다. 그들은 누군가 그들에게 자명한 진리를 다시 일깨워줄 때 그것을 기뻐한다. 만약 21일 동안 매일 상기의 금언들을 숙독한다면, 이내 실행에 옮겨질 원칙들을 통해 당신의 비즈니스 인생은 활짝 꽃을 피우게 될 것이다.

성공원칙

1. 이 장에 나열된 원칙들을 21일 동안 매일 숙독하라.

최고 성취를 이루는 가치

인간의 행동에 품격을 더해주는 것은 동기뿐이다.

―브뤼예르

ZIG ZIGLAR

TOP

PERFORMANCE

동기부여 법칙

> 내가 먼저 열광하지 않으면 남도 열광하게 할 수 없다.
> ―클레런스 데이|Clarence Day

어느 날 저녁, 동료와 나는 댈러스의 러브필드Love Field로 날아가 셔틀버스에 올라탔다. 그 버스를 타고 외곽에 위치한 주차장으로 가 우리 차를 픽업할 예정이었다. 버스에 오르자 내 고객 한 사람이 반갑게, 그리고 열정적으로 인사를 했다. 나와 몇 마디 농담을 주고받은 후 그는 특별히 누구랄 것도 없이 차 안의 모든 사람에게 말했다. "가끔 저는 지그 회장님을 저희 회사에 연사로 모십니다. 열정적이고 낙천적인 분이죠. 이분은 사람들을 충전시키고 모든 일이 잘 풀릴 거라는 확신을 줍니다. 또 낙관적이고 긍정적인 마음을 가져야 한다고 주문하죠." 그는 계속 말을 이었다. "물론 저는 사물을 약간 다르게 인식합니다. 저는 사람들에게 상황을 정확히 있는 그대로 말해주고, 때로는 호되게 몰아붙이기도 합니다."

이 대목에서 승객 한 사람이 대화에 끼어들었다. "그 말은, 지글러 회장님은 너무 낙관적이라 비현실적이고, 당신은 현실적이란 말이군요." 이 말에 나는 그를 돌아보며 말했다. "제가 질문 하나 하죠. 선생이 일어날 거라고 예상하는 나쁜 일 중에서 실제로 발생하는 경우는 몇 퍼센트나 됩니까?" 여기서 또 다른 승객이 끼어들며 대답했다. "약 5%나 10% 정도요." 내가 그 말을 받았다. "달리 말하면, 우리가 예상하는 부정적인 사건의 90% 이상은 일어나지 않는다는 말이죠. 이게 현실적인 거고, 또 전문가들도 그게 사실적이라고 말합니다. 제가 볼 때 결론은 명백합니다. 부정적인 것은 완전히 비현실적인 태도이고, 긍정적인 것이야말로 완전히 현실적인 태도라는 것이죠." 하지만 그렇다 해도 문제가 존재한다는 사실을 부정하는 것 역시 현실적인 태도는 못 되므로, 하나의 문제를 진지하게 살펴보고 몇 가지 긍정적인 해결책을 찾아보자.

틈새 메우기

비즈니스의 동향을 연구하는 여러 연구단체와 잡지에 따르면, 지난 5년간의 일반적인 경향은 직원의 불만족이 증대되는 방향으로 흘러왔다고 한다. 임시직, 정규직, 전문가, 심지어는 기업임원 등 직급을 불문한 대부분의 근로자들이 고용주를 바라보는 시각이 곱지 않다는 것이다. 그리고 이들의 불만은 돈보다는 근무 환경과 더 관계가 있다.

이런 긍정적인 내용의 책에서 이 무슨 "별로 유쾌하지 않은" 소리냐고 의아해하신다면, 우리는 모든 상황에서 긍정적인 요소를 찾아야 한다는 점을 말씀드리고 싶다. 그렇다고 해서 더욱 긍정적이 되는 데 장애가 되는 요소들을 찾아내는 일에 소홀해서도 안 된다. 의사가 질병을 정확히 진단하지 못하면 병을 제대로 치료할 수 없듯이, 우리도 조직의 문제를 구체적으로 확인하기 전까지는 해결을 기대할 수 없다. 장애나 문제를 확인하는 것이야말로 피할 수 없는 관문이다. 중요한 것은 문제 지향적이 아니라, 해결 지향적이 되는 것이다.

사원의 불만족을 줄이고 원만한 노사관계를 발전시키기 위한 다음의 행동지침 목록을 활용하라.

잘 수행된 일에 대해 경의를 표하라. 임금이 얼마나 차이가 나든, 1급 수준과 2급 수준의 일이 따로 있다는 의식에서 벗어나라. 진정한 직업 평등이야말로 회사의 발전에 필수적인 감정이다.

직원을 참여시켜라. 이것은 결정을 하고 유익한 의견을 개진할 수 있는 기회를 제공한다는 뜻이지 기본적인 의사결정 권한을 양보한다는 의미는 아니다. 또 직원에게 참여하고 책임을 질 기회를 준다는 뜻이다.

조직의 리더로서 혀를 단속하라. 남의 이야기는 구체적인 도움을 주려고 의도된 것이 아닌 이상 파괴적이 되거나 부질없는 한담이 되기 쉽다.

목소리를 부드럽고 설득력 있게 가다듬어라. 말의 내용보다 말하는 방식이 더 중요한 경우가 많다. 어떤 유형의 토론이나 논쟁에서든 당신의 목표는 상대를 굴복시키는 것이 아니라, 그가 내 의견을 수용하게 하는 것이다.

약속에는 신중하고 이행에는 철저하라. 말보다 행동이 더 크게 말한다. 말보다 행동이 더 중요하다는 말이다.

함께 일하는 사람들의 목표, 행복, 가족에 관심을 기울여라. 사람들의 삶은 다면적이다. 일차원적인 상사가 되지 마라. 그들의 사적인 삶을 간섭할 수는 없지만, 당신이 진정으로 관심이 있다는 사실을 알게 할 수는 있다.

논쟁의 여지가 있는 모든 문제에 대해 열린 마음을 유지하라(보스라고 해서 그가 항상 옳다고 볼 수는 없다). 토론하되 논쟁하지는 마라. 뛰어난 지성을 나타내주는 표식은 불쾌감을 유발하지 않으면서 이의를 제기할 수 있는 능력이다.

직원들의 감정에 유의하라. 조롱, 혹평, 그리고 어떤 형태의 것이든 인종차별적인 빈정거림은 절대 금물이다. 리더는 누군가가 분노하거나 적의를 품고 있을 때 그 독기를 제거할 수 있는 가장 좋은 방법이 그의 공로와 능력을 인정해주는 것이라는 사실을 본능적으로 알고 있다.

직원의 사기는 직장 안팎의 다양한 요인에 의해 영향을 받기 때문에 경영진의 진실한 품성에 확신을 가지고 있는 사람들은 일관되게 최선을 다하고 또 최고의 성과를 올릴 가능성이 높다. 경영진이 이런 신뢰의 분위기를 조성할 수 있는 가장 좋은 방법은 자신들의 역량을 정직하고 당당하고 직접적으로 전달하는 것이다. 잘 굴러가는 기업은 사원들의 사기 진작에 아주 능하다.

요약하면 연구자들과 그들의 통계가 말하는 것도 매우 중요하지만 훨씬 더 중요한 것은 그들이 말하지 않는 것이다. 즉 직원들이 진정으로 원하는 것은 자기들이 신뢰할 수 있는 능력과 배려의 마음으로 무장된 경영진의 리더십이다.

근로자들은 정신적으로 사회적으로 영적으로 그리고 육체적으로 성장할 수 있는 기회를 원하며, 또 그런 기회를 가질 만한 자격이 있다고 느낀다. 동시에 그들이 성장하고 팀의 일원으로 노력한 결과 따라오는 금전적인 보상과 안정을 기대한다.

직원들이 진정으로 원하는 것은 자기들이 신뢰할 수 있는 능력과 배려의 마음으로 무장된 경영진의 리더십이다.

앤드루 카네기는 이렇게 말했다. "무한한 열정을 품고 있기만 하면 인간은 거의 무슨 일에든 성공할 수 있다." 무한한 열정을 어떻게 정의하든, 그것은 대개 동기나 욕구, 추진력, 낙관주의, 희망, 믿음, 에너지 등으로 구성된다. 스스로 동기를 유발할 수 없는 사람은 이력서가 아무리 휘황찬란해도 현상에 만족해야 한다. 그러면 카네기가 왜 그런 말을 하고, 동기유발이 개인과 기업의 삶에서 왜 필수요소가 되는 것인지를 좀 더 깊이 따져보자.

허비된 시간

한 가지 충격적인 통계는, 허비되거나 심지어는 도둑맞는 엄청난 양의 시간이 한 나라와 그 국민의 막대한 돈, 또 기회를 갉아먹는 요소임을 보여주고 있다. 마이클 G. 케슬러&어소시에이츠Michael G. Kessler&Associates 사의 1999년 8월 보고에 따르면, 전국의 500명 이상의 직원들을 대상으로 한 조사 결과 조사 대상자의 87%가 출퇴근 카드에 허위 기재했음을 인정했다고 한다. 이는 매우 슬픈 현실이긴 하지만, 이보다 더욱 큰 형태의 시간 절도 행위가 전혀 생각 없이, 심지어는 나쁜 일이라는 의식도 없이 매일 발생한다. 인터넷은 우리에게 무수한 혜택을 안겨주는 한편으로, 컴퓨터를 이용하고 월드와이드 웹에 접속하는 거의 모든 사람들의 생산성을 좀먹어 들어가기 시작했다. 약 38%의 이메일이 원치 않는 스팸메일이거나 목전의 업무와 관련이 없는 것들이다. 여기다가 전형적인 시간 낭비요소들—음료수 자판기에서의 잡담, 지각, 조기 퇴근, 사적인 전화대화 등—을 더해보라. 그러면 허비된 시간을 통해 증발되는 돈은 잠재적으로 신흥기업 세 개 중 하나를 도산하게 만들 정도의 액수가 된다. 기업의 입장에서 참으로 막대한 비용이 아닐 수 없다. 그러나 진정으로 큰 손실은 개인이 입는 손실이다. 왜냐하면 에머슨이 말했듯이 "지금 이 시간의 의무를 올바로 이행하는 것이 그 뒤에 올 시간들을 위한 최상의 준비가 될 것"이기 때문이다.

내가 이 정보를 모으는 동안 발견한 전국적 규모의 가장 조심스런 조사 결과는 평균 근로자가 단지 해야 될 일을 미루거나 연기하는 데만 1년에 꼬박 9주 분량의 주당 근무시간을 낭비한다는 사실을 보여주었다. 버크 마케팅 리서치Burke Marketing Research는 회계, 부기 및 데이터처리 인사 조직인 어카운템스Accountemps를 위해 조사를 실시했다. 이 조사는 미국의 최대 기업 천 개 중 백여 곳의 이사와 인사부장들과의 인터뷰에 기초하고 있다. 조사에 응답한 사람들은 평균 직원이 일을 지연시킴으로써 전체 시간의 18%, 또는 매년 9주 35시간의 주당 근무시간을 허비하는 것으로 추정했다. 왜 그럴까? 이 조사의 마지막 질문은 "업무가 지연되는 주요 이유는 무엇이라 생각하는가?"였다. 다음 목록은 이 질문에 대한 답을 보여준다. 잘 읽어보고 리더십이 회사에 제공할 수 있는 가장 중요한 요소가 동기부여라는 데 동의할 수 있겠는지 확인해보라.

의사소통 결여
사기 저하
직업이나 특정 업무에 대한 관심 부족
명확한 목표나 목적의 부재
훈련 부족
낮은 자부심

이 목록에 추가해야 할 문제가 있다. 그것은 너무 많은 사람들이 찰스 E. 햄멜Charles E. Hammel이 "긴급사안의 횡포"라고 표현한 문제에 휘둘리며, "긴급한urgent" 일들 때문에 "중요한important" 일들을 제쳐둔다는 것이다. 기본적으로 우리는 시간문제가 아니라, 우선순위 설정의 문제를 안고 있다.

효율성Efficiency은 일을 제대로 하는 것이다.
유효성Effectiveness은 해야 할 일을 하는 것이다.

미시간 주 앤아버Ann Arbor 시에 소재한 매니지먼트 그룹Management Group의 사장인 토머스 K. 코넬란Thomas K. Connellan은 시간과 자원을 적절히 활용하려면 너무 단순하고 기본적이라서 많은 사람들이 완전히 놓치고 지나가는 몇 가지 진실에 눈을 떠야한다고 지적한다. 먼저 전혀 할 필요가 없는 일은 잘해봤자 아무 소용이 없다는 점을 이해해야 한다. 어떤 임무를 맡게 되면, 이것이 내가 해야 할 일인가, 아니면 누군가 다른 사람이 해야 할 일인가를 자문하는 것이 중요하다. 시간을 효율적으로efficient 사용하는 데보다는 올바른 용도에 유효하게effective 사용하는 데 초점을 맞추어라.

코넬란에 따르면, 임원들이 개인적으로 처리하는 임무의 10~15%는 위임해야 할 것들이며, 10~15%는 아예 없애는 것이 마땅하다고 한다.

그럼 자기 일을 진지하게 받아들이고 자기 시간을 현명하게 사용하는 능률적인effective 사람들에게는 어떤 일이 일어날까? 『어소시에이티드 프레스Associated Press』의 발표내용에 따르면, 이런 사람들은 승진한다고 한다.

따분한 사람들은 파티에 가장 우선적으로 초대되는 대상은 아닐지 모르지만, 대개 승진 1순위라고 이곳의 한 의과대학 연구팀이 밝혔다. 이 팀은 중역 88명을 대상으로 연구를 했고, 이 진지하고 "즐기는 능력이 부족한" 사람들이 가장 성공적인 임원이 된다는 사실이다. 이것은 그들이 주의를 분산시키지 않고 자기 일에 집중할 수 있기 때문이다······ "재미를 추구하는 fun seeking" 부류로 분류된 간부들은 대체로 연봉이 더 낮았다(저자의 주 : 여기서 핵심이 되는 말은 추구하는seeking이다. 우리는 자신의 일을 즐기고 재미있게 하는 것이 좋으며, 심지어는 그렇게 해야 한다).

성공한 사람들은 태도의 가치를 알고 있다

뜨거운 갈채를 받은 책 『기업 헤드헌터의 고백Confessions of a Corporate Headhunter』을 저술한 앨런 콕스Allan Cox는 태도에 대해 상당히 많은 이야기를 한다. 그리고 13개 기업의 임원 1,173명을 대상으로 한 조사 결과를 토대로 몇 가지 주장과 의견을 제시하고 있다. 그는 이렇게 말한다. "태도는 힘을 결정하며 방향을 결정한다. 미국의 간부들은 대개 긍정적인 태도를 갖는 것이 경력 발전에 중요한 역할을 한다고 믿는다." 이 조사에서 그는 이런 질문을 던졌다. "긍정적 사고의 영향과 관련하여 당신이 알아낸 사실은 무엇입니까?" 이에 대해 최고 간부들 중에서 49%는 긍정적 사고가 그들의 성공에 매우 강력한 영향을 주었다고 답했고, 46.5%는 그것이 "중요한" 요소였다고 말했다. 간단히 요약하면 이들 중 95.5%는 그들의 태도가 자신의 성공에 매우 강력한, 또는 중요한 역할을 했다고 대답했다. 나머지는 그 질문에 대해 중립적이었다. 한편 콕스는 리더들이 상대하는 사람들 중에서 부정적 사고방식의 소유자에게 가장 적은 시간과 고려가 주어진다는 사실을 지적한다.

또 콕스는 긍정적인 사고는 누구를 조종하거나 누구에게 조종당하는 것이 아니라고 말한다. 그것은 허세도 아니고 순진한 것도 아니다. 거짓된 열정이나 낙천성도 아니다. 아마 가장 중요한 사실은 긍정적 사고는 주기적으로 찾아오는 정상적인 의기소침이나 우울한 심사를 부정하지 않는다는 것이다. 또 긍정적 사고는 단지 누가 하란다고 해서 연습할 수 있는 것이 아니고, 선택적으로—가령 가정에서의 삶으로—확장할 수 있는 것도 아니며 일과 분리시킬 수 있는 것도 아니다. 삶은 끊임없이 우리에게 장애와 기회를 제공한다고 콕스는 지적한다. 이때 긍정적인 사고는 이 두 가지를 건설적으로 다루는 수단이 된다.

타인에게 줄 수 있는 중요한 선물

우리가 타인에게 줄 수 있는 가장 중요하고 긍정적인 선물 중 하나는 방향과 격려, 그리고 믿음이 뒷받침된 희망이다. 그들의 현재 상태가 어떻든 그들의 미래는 밝을 것이라는 희망이다. 몇 년 전 플로리다의 마르코 섬에 있는 한 호텔에서 잊혀지지 않는 경험을 한 적이 있다. 한 연사 친구와 내가 방에 있을 때, 청소원이 문을 노크하고 방을 청소할 수 있게 해달라고 요청했다. 별 문제 없었기에 우리는 청소를 허락했다.

그녀가 일을 시작한 지 1분도 지나지 않아 우리는 대화를 멈췄고 나는 그녀의 움직임을 예의 주시하기 시작했다. 상당히 과체중인 편이었음에도 그녀는 놀라운 속도로 움직였다. 세 번 재빨리 손을 놀리는가 싶더니 순식간에 침대에서 담요와 리넨을 벗겨냈다. 그리고 양손으로 두 개의 베개에서 베갯잇을 동시에 제거하고 매트리스를 덮고 있는 시트를 벗긴 후 재빨리 한쪽에 놓았다. 다음에는 그 위에 커버시트를 놓고 다시 그 위에 가벼운 담요와 침대덮개를 놓은 후, 베개 위에 베갯잇을 놓고 침대 한 쪽의 일을 마쳤다.

그러고는 잽싸게 반대쪽으로 이동하더니 눈 깜짝할 사이에 그쪽 침대의 일을 마무리했다. 그녀가 그 다음 작업을 어떻게 해치웠는지는 내게 완전히 수수께끼다. 어쨌든 침대 반대쪽에서 그녀는(침대 이쪽에 가지런히 쌓아 두었던) 침대덮개와 베개를 정확한 지점에 가볍게 던져 놓았고, 옆구리 쪽에서 두 번 더 재빨리 몸을 놀리는가 싶더니 이내 침대 정리가 완료되었다.

그 청소 직원은 내가 그때까지 만난 모든 사람들이 해낸 시간의 절반도 안 되는 시간에 침대 정리를 끝냈다. 이건 과장이 아니다. 나는 해군에서 2년간 복무하면서 직접 몇 백 개의 침상을 정리해본 적이 있기 때문에 이 일에 대해 얼마간 일가견이 있다고 생각한다. 그러나 이 여인이야말로 내가 만난 사람 중에서 단연 최고였다.

호기심이 발동한 나는 그녀에게 질문 좀 해도 되겠냐고 물었다. 그녀는 쾌활하게 그러라고 대답했다. 그러나 말을 주고받는 동안에도 그녀는 다른 청소 작업을 하고 있었다. 먼저 나는 그녀가 시간제로 일하는지, 아니면 청소하는 객실의 수에 따라 임금을 받는지 물었다. 그녀는 객실 수에 따라 급료를 받는다고 말했다. 나는 웃으며 물었다. "틀림없이 꽤 벌겠네요, 그렇죠?" 처음으로 그녀는 하던 일을 멈추고 대답했다. "사실을 말하면, 제게는 식구가 많고 그들을 부양해야 할 사람은 저밖에 없어요. 열심히 할 수밖에 없죠." 이렇게 대답한 후 그녀는 활짝 웃으며 말했다. "그래요. 제법 버는 편입니다."

훈련을 통해 동기부여가 지속되고 또 강한 효과를 내게 할 수 있는가?

어디서 시작하는지는 중요하지 않다

나는 이 이야기의 마지막을 내가 그녀의 이름과 주소를 얻었고, 2년 뒤 서신교환을 통해 그녀가 그 호텔의 지배인이 되었다는 사실을 알게 되었다고 말하면서 마무리 짓고 싶다. 그러나 불행히도 나는 그녀의 주소조차 못 얻었다. 그래서 그런 식으로 그녀의 이야기를 끝낼 수 없게 되어 참 아쉽다. 하지만 그녀가 여전히 "꽤 벌고" 있으리라는 점만은 확실히 장담할 수 있다.

약 1년 뒤 나는 오하이오의 제인즈빌Zanesville에서 강연을 했고, 홀리데이 인의 지배인, 상공회의소 소장, 그리고 내 친구와 함께 점심을 했다. 그 자리에서 나는 이 여인의 이야기를 했고, 그때 홀리데이 인의 지배인은 이렇게 대답했다. "확실히 그 여자는 제가 아니었네요. 하지만 저도 하마터면 그 위치에 계속 머물러 있었을지도 모릅니다." 이 지배인은 고등학교를 마치고 결혼했고 일을 해야 했다고 말했다. 구할 수 있었던 유일한 일이 홀리데이 인에서 잡역부로 일하는 것이었고, 그녀의 일은 객실 청소였다. 그러나 그녀는 가능한 한 열심히 일해서 자기 분야에서 최고가 되겠다고 결심했다. 그 결과 6개월 내에 홀리데이 인 1개 층의 매니저가 되었다. 그로부터 몇 달 뒤에는 전체 관리부서의 장이 되었다. 다시 1년 뒤에 호텔은 그녀를 식당으로 재배치했고 처음에는 부지배인으로 시작했지만, 얼마 안 있어 지배인이 되었다. 그로부터 2년 뒤에는 다시 제인즈빌에 있는 홀리데이 인의 지배인이 되었고, 몇 년 동안 그 직책을 유지했다. 낸 검프Nan Gump라는 이름의 이 여성은 자신이 맨 처음 시작했던 위치에 그대로 머물러 있을 수도 있었을 것이다. 그러나 그녀는 끝나는 지점이 어디냐가 훨씬 더 중요하다는 사실을 깨달았다.

동 기 가 어 디 서 끝 나 냐 에 영 향 을 줄 수 있 는 가 ?

전문 연사가 되겠다는 나의 꿈은 1952년에 처음 싹을 틔웠지만, 1970년이 되어서야 본격적으로 그 꿈을 향해 정진할 수 있었다. 그리고 내 강연 인생이 진정으로 꽃을 피운 건 1972년이었다. 꿈의 실현을 위해 준비하는 동안 나는 항상 내 철학과 내가 고수한 원칙에 충실했다. 초기에는 교육 방식에 변화를 주기도 했지만, 원칙에서 이탈하지는 않았다. 60대 중반에는 여러 조직에 지글러 교육시스템의 정체성이 된 기본적인 동기유발 프로그램과 함께 영업 훈련 원칙을 교육했다. 이 과정에서 나는 래리 프로핏Larry Profit이라는 젊은이를 만났다. 래리는 자신의 경험과 전문지식, 내가 가르친 일부 원칙을 흡수한 후 일본에 가서 자기 지평을 넓히기로 했다. 래리는 톰 와타나베Tom Watanabe라는 이름의 일본 신사이자 문학에 조예가 깊은 번역가의 도움으로 자신의 원칙을 문화적으로 번역하는 데 성공했다. 톰 와타나베는 마수다Masuda라는 또 다른 일본 신사와 관계를 맺고 있었고 이들이 직접 사업체를 만들어 미국으로 건너오면서 이 이야기는 새로운 방향으로 전환한다. 래리 프로핏은 영업 및 영업 교육 담당자로서 조직에 동참해달라는 권유를 받았다. 이 회사가 현재 캘리포니아의 얼바인Irvine에 본부를 둔 수십 억 달러 규모의 직접 마케팅 기업 니켄Nikken이다.

우리가 처음 만난 지 거의 30년 만에 래리는 샌프란시스코에서 열린 이 거대 기업의 총회에 나를 연사로 초빙했다. 거기서 나는 니켄의 재무 담당 이사였던 켄달 조Kendall Cho라는 젊은 한국인 신사를 소개받았다. 현재 그는 사장이 되었다. 관계가 공고해지면서 그 다음 5년은 더욱 빠르게 흘러갔다. 지글러 교육시스템과 니켄은 두 개의 맞춤식 교육 프로그램을 개발했고, 나는 개인적으로 몇 차례 더 그들의 연차 총회에 얼굴을 내밀었다. 2001년에 니켄은 내게 그들의 해외사업부

명예 회장직과 국내사업 대변인직을 제안했다. 그 35년 동안 일어났던 일련의 사건들을 돌아볼 때, 성공은 의지가 굳셀 뿐 아니라 꾸준한 사람들에게 찾아온다는 사실을 나는 전보다 더욱 확신하게 되었다.

지난 35년 동안 내 인내의 상징은 크롬 도금한 물펌프였다. 이 이야기를 알고 있는 분들은 내 메시지가 마중물을 부은 후에는 계속 펌프질을 하는 것이라는 사실도 알고 있다. 처음에는 힘차게 펌프질을 해야 하지만, 일단 물이 나오기 시작하면 완만한 속도를 꾸준하게 유지시켜주기만 하면 된다. 초기 시절의 펌프질은 설명하기 힘든 방식으로 결실을 맺었다. 그러나 케이크 위의 당의에 해당하는 것은 니켄의 보상 체계에서 지위의 표식인 첫 번째 핀이 라펠핀lapel pin으로 고안된 작은 물펌프에 의해 상징된다는 사실이다. 공교롭게도 지글러 교육시스템의 직원들 역시 1년 근무를 마친 후에 그런 종류의 핀을 받는다.

그렇다. 동기는 인생에서 우리의 결승지점이 어디냐에 영향을 줄 수 있고 또 영향을 준다.

항 상 의 욕 이 넘 치 는 상 태 를 유 지 할 수 있 는 가 ?

세상의 모든 주제들 중에서 분명 가장 흥미롭고 혼란스러운 것 중의 하나는 동기부여라는 주제다. 다음의 사례는 이 매혹적인 주제의 겨우 한 단면을 보여준다.

여러분은 줄을 서서 기다리거나 어떤 일이 일어나기를 기다릴 때 어떤 모습을 하고 있는지 모르겠지만, 나는 워싱턴 D.C.에서 일어났던 한 작은 사건이 잊혀지지 않는다. 이 사건은 동기부여라는 게 무엇이고 동기부여된 사람은 어떻게 행동하는지에 대해 보통 사람이 갖고 있는 생각을 아주 잘 묘사해준다. 나는 마약퇴치부모전국연합National Federation of Parents for Drug-Free Youth에서 강연을 했고, 반응은 매우 만족스러웠다. 청중은 적절한 대목에서 웃거나 동의의 뜻으로 고개를 끄덕였고, 주요 대목에서는 박수를 쳤으며 강연이 끝났을 때는 열정적인 기립박수를 보냈다. 찬사가 쏟아졌다. 내 아내가 그곳에 있었더라면 사람들이 나에 대해 말한 모든 것에 흡족해했을 것이다. 내 아이들은 그것에 대해 조금 당혹해했을 것이고, 내 어머니는 그 모든 말을 그대로 믿었을 것이다. 간단히 말해 그것은 나를 '한껏 고무시킨 up' 시간이었다.

다음날 아침 나는 식당에서 주인이 내 앞에 있던 손님을 자리에 앉힌 후 돌아오기를 기다리며 조용히 서 있었다. 그때 전날 밤 내 강연을 들었던 여성 세 명이 내 뒷줄에 섰다. 그들은 분명 내가 자기들의 말소리가 들리지 않는 곳에 있다고 생각했거나, 내가 자기들이 하는 말에 신경 쓰지 않을 거라고 여긴 모양이었다. 그러나 내 귀는 다음의 대화를 포착했다.

첫 번째 여성 : "저기 어젯밤 그 연사분이 있네요."

두 번째 여성 : "그렇군요. 저분은 분명 올빼미형 인간인 모양이에요."

세 번째 여성 : "틀림없어요. 확실히 별로 의욕이 넘쳐motivated 보이지 않네요."

솔직히 말해 나는 의욕이 넘쳐 '보이는' 것이나 의욕적인 상태로

'서 있는' 모습이 어떤 것인지는 잘 모른다. 아마 그 여성들은 내가 만면에 미소를 띠고 있어야 한다고 생각한 모양이거나, 아니면 펄쩍펄쩍 뛰면서 식당의 사람들에게 손이라도 흔들어야 한다고 여긴 것인지 모른다. 만약 그것이 의욕적인, 또는 동기 부여된motivated 사람에 대한 그들의 생각이라면, 나는 그들이 본질에서 한참 벗어나 있다고 말할 수밖에 없다.

내가 가장 자주 받는 질문은 "당신은 항상 그렇게 '힘이 넘치는가up'?"이다. 이에 대한 대답은 물론 "아니오"다. 그러나 나는 내 시간의 95%는 '의욕이 넘치는up' 상태에 있다. 내가 힘이 없어 보이는 경우는 대개 살인적인 일정 때문에 거의 녹초가 되어 있을 때다. 이럴때 나는 대개 낮잠을 자거나 산책을 해야 한다.

그러나 '의욕적인 것up'과 '들떠 있는 것on' 사이에는 커다란 차이가 있다는 점을 말씀드려야겠다. 하루 24시간 '들떠 있는' 사람은 치명적인 어떤 것에 대해 '들떠 있는' 것이다. 그 사람은 곧 피로에 지치고 아마 우울증이나 심지어는 정신병에 걸릴지도 모른다. 이런 상태나 항상 '들뜬' 상태를 유지하려는 노력은 사람을 약물에 의존하는 지경으로까지 몰아갈 수 있다. 약물은 무수한 사람들이 자기들은 항상 들뜨고 멋진 시간을 가져야 한다는 잘못된 믿음에 빠져들게 했다.

누가 의욕에 넘치는가?

너무 많은 이들이 '의욕적인motivated' 사람은 요란스럽고 열정적이며 흥분에 들뜬 외향적 인물로, 열 명과 함께 있든 천 명의 군중과 함께 있든 주위를 떠들썩하게 하고 관심의 중심이 된다고 생각한다. 그러나 이것이 꼭 의욕이 넘치는 상태는 아니다. 오히려 그것은 '병적 흥분hysteria'에 더 가까울지 모른다. 병적 흥분은 의욕적인 상태 motivation, 곧 동기부여된 상태와 혼동되기 쉽다. 외향적인 사람은 의욕적인 사람이 아니라는 말이 아니다. 이런 사람도 얼마든지 의욕을 느낄 수 있다. 그러나 요란하고 시끌벅적한 것이 반드시 의욕이 넘친다는 것을 뜻하지는 않는다. 내가 알고 있는 대부분의 '고무되고up' 의욕적인 사람들은 조용하고 겸손하다. 분명한 사실을 지적하겠다. 우리는 조용히 조깅하고 독서하고 기도하고 배우자의 손을 잡고, 심지어는 잠을 자면서도 '고무되고' 의욕이 넘칠 수가 있다.

내가 이 마지막 단락을 쓰고 있는 사이 아내는 오스트레일리아의 브리즈번Brisbane에 있는 브리즈번 강변의 식물원에 산책을 가기 위해 나를 기다리고 있었다. 그것은 상당히 '유쾌한up' 경험이었다. 푸른 잎과 가지들, 관목, 꽃, 바위, 온갖 식물, 새, 배, 물, 사람 들은 아름답고 매혹적이고 조용했다. 산책 내내 그 어느 순간에도, 특히 벤치에 앉아 오리와 새 들이 끝없이 먹이를 찾아 종종거리는 모습을 지켜보던 그 시간에 우리가 '들떠on' 있었다고 말할 사람은 없을 것이다. 그러나 그것은 분명 유쾌한 경험이었고 내 기억 은행에 매우 즐겁고 기운을 돋우는 삽화로서 영원히 각인되어 있다.

덧붙여 말하고 싶은 것은 이 과정이 과거의 삶이 만들어놓은 쓰레기와 혼란을 청소하는 데 도움을 줌으로써 내가 앞으로 더 능률적으로 일할 수 있는 준비를 갖추게 한다는 사실이다. 또 다른 이점은 이런 종류의 명상meditation을 통해 많은 약물medication을 쓰레기통에

버릴 수 있다는 것이다.

그렇다. 인생은 때때로 우리를 '고무시키는up' 경험들로 점점이 수놓아질 수 있고, 심지어는 그래야 한다. 나에게 있어 자녀나 손자, 손녀 들과의 산책, 아내나 아들과의 골프 한 게임, 감동적인 설교, 감미로운 세미클래식 음악, 신념의 찬가, 또는 선인이 악인을 누르고 승리하는 내용의 실제 삶에 기초한 드라마 등은 항상 '기운을 북돋는up' 경험이다. 이들은 모두 내 직업이 요구하는 강연과 저술 작업을 하기 위해 힘을 낼 필요가 있을 때 나의 에너지를 충전시켜주는 것들이다.

여러분도 이와 매우 흡사하리라는 것이 내 생각이다. 그리고 나처럼 최고 수준의 성취에 이르는 데 필요한 의욕을 꺾어놓는 경험들도 했을 것이다. 그것은 서류작업이나 길고 지루한 회의 같은, 여러분이 하는 일에 수반되는 어떤 바람직스럽지 못한 측면일지 모른다. 또는 내 문제가 삶을 지탱하기 힘들 정도로 어깨를 짓누를 때 남의 문제까지 신경 쓰고 감당해야 하는 상황일 수도 있다. 문제는 "지금 당장은 별 의욕을 못 느끼는 어떤 일에 대해 의욕을 갖는다는 것이 가능한가?"다. 이에 대한 답은 분명 "예스"다. 특히 대부분의 사소한 문제들은 해결을 자꾸 지연시킴으로써 점점 더 커지게 된다는 사실을 이해할 때 그렇다.

그것은 내가 4A 법칙Four-A Formula이라 명명한 동기유발을 위한 간단한 법칙을 이해할 때 한층 쉬워질 것이다. 이 법칙은 다음 4개 장에서 자세히 설명된다.

동기부여의 개념에 대해 더 깊이 들어가기 전에 한 가지 더 지적해야 할 사항이 있다. 당신은 원하는 만큼 동기부여가 되어 있을지 모른다. 그러나 당신 주위에는 당신이 기대하는 만큼 의욕적이지 못한 사람이 있을 것이다. 따라서 이어지는 장들을 읽을 때 여러분은 다음 두 가지 관점—첫째, 이 내용은 내가 최고 성취자가 되는 데 어떻게 도움이 될 수 있는가? 둘째, 이 내용은 내가 남들이 최고 성취자가 될 수 있도록 돕는 데 어떻게 이용될 수 있는가?—에서 읽고 있다는 사실을 잊지 마라. 단언하건대, 여러분은 이 두 가지 질문에 대한 답에 만족할 것이다.

성공원칙

1. 지속적으로 다른 사람들을 고무시키려면 동기유발에 대해 이해해야 한다.
2. 경영자의 의무는 자신의 인적 자원을 성장시키는 데 힘쓰는 것이다.
3. 직원들이 진정으로 원하는 것은 자기들이 믿을 수 있는 능력과 배려의 마음으로 무장한 경영진의 리더십이다.
4. 우리가 타인에게 줄 수 있는 가장 중요한 선물 중 하나는 방향과 격려, 그리고 신뢰가 뒷받침된 희망이다.
5. 어디서 시작하는가는 어디서 끝나는가 만큼 중요하지 않다.
6. 우리는 '흥분에 들뜨지on' 않고도 얼마든지 '고무up'될 수 있다.

나는 왜 리드하고 그들은 왜 따르는가?

> 인간이 행동하는 진정한 동기는 보통 오르간의 파이프처럼 숨겨져 있다. 정작 그럴듯하게 포장되어 앞에 전시되는 것은 알맹이 없이 겉만 번지르르한 거짓 구실이다.
> —찰스 칼렙 콜튼Charles Calep Colton

인식Awareness

가정Assumptions

분석Analysis

행동Action

4A 법칙의 첫 번째 A는 인식Awareness을 나타낸다. 인식을 이야기할 때 나는 "왜?"라는 질문에 답하는 문제를 말하는 것이다. 나는 왜 이 책을 읽는가? 나는 왜 내 일을 계속 하는 것인가? 나는 왜 나의 삶을 구성하는 온갖 일상적인 활동에 계속 관여하는가? 이 '왜?'라는 질문에 대한 정직한 대답은 나의 개인적인 동기에 대한 답이기도 하다. 이것은 다른 누군가에 의해 내게 강요된 동기가 아니다. 그것은 나의 개인적인 동기다. 초기의 성공 관련 저술가 한 사람은 동기부여motivation라는 말의 v와 a 사이에 사선을 그을 것을 제안했다. 상상력을 조금만 발휘하면 여기에 두 개의 낱말이 결합되어 있는 것을 볼 수 있다. 왼쪽 단어는 motive(동기)고, 오른쪽 단어는 action(행동)이다. 동기부여된 사람에게는 동기가 있다. 그들은 이유와 목적, 또는 대의를 갖고 있으며, 그 이유와 목적과 대의에 따라 행동한다. 여러분은 이 문제를 생각해 본 적이 있는가?

motiv/ation

대학에 다니는 내 친구는 모두가 기피하는 시간대인 토요일 아침 7시 30분 영어수업에 배치되었다. 그는 이렇게 말했다. "상담원들이 내 꼴을 본 거지. 그들은 틀림없이 이렇게 말했을 거야. '이 학생은 영락없이 무지렁이 촌놈 몰골이야. 아주 순진하고 만만해뵈는데, 이 친구 토요일 아침 일곱 시 반 영어수업에 집어넣자고. 그래도 아마 출석할 거야.' 그들은 생각대로 했고, 나도 그 시간에 나타났어."

그는 계속해서 교수가 강의실 앞으로 걸어가서는 바로 과제를 내주더라고 얘기했다. 수업내용은 "나는 왜 대학에 가려하는가?"를 주제로 짧은 작문을 하는 것이었다. 학생들은 진지하게 글을 쓰기 시작했다. 그런데 한 10분가량 지나자 한 학생이 일어서더니 교실을 나가버렸다. 수업이 끝난 후 몇 명이 밖으로 나가 먼저 나간 학생을 찾았다. 레이Ray는 도서관 앞에 앉아 있었다. "무슨 일이야, 레이?" 영문을 모르는 친구들이 물었다.

"참 우스워. 난 그 문제를 한 번도 생각해본 적이 없거든." 레이가 대답했다. "하지만 난 대학에 가고 싶지 않아. 내가 여기 온 유일한 이유는 너희들이 여기 있고 다른 친구들도 여기 있고, 부모님도 내가 대학에 가기를 원하셨기 때문이야. 난 대학에 갈 생각이 없어. 난 그저 아빠가 일하는 공장에서 일하고 결혼하고 가정을 꾸리고, 밤에는 슬로우 피치 소프트볼slow-pitch softball을 하고 주말에는 가족과 시간을 보내고 싶을 뿐이야. 그러니 아까 교수님이 그 질문을 하기 전까지는 한 번도 그 문제를 생각 안 해봤던 거지."

이 실제 이야기의 아이러니한 점은 레이가 고등학교 때 전 과목에서 A를 받았다는 사실이다. 마음만 먹으면 그는 원하는 것은 무엇이든 공부할 수 있었다. 그러나 그런 자세로는 평범한 의사, 변호사, 과학자, 선생님, 경영자 수준을 넘어서지 못할 것이다. 그가 보통 수준을 벗어나기 힘든 것은 자신의 개인적인 이유, 목적, 또는 대의를 찾아내지 못했기 때문이다. 우리가 스스로에게 동기를 부여하려면, 우리가 지금 이 일을 하는 진짜 이유와 정직하게 맞대면해야 한다.

다른 사람에게 동기를 부여하고 싶다면, 그 사람이 일하는 이유, 목적, 또는 대의가 무엇인지를 알아내야 한다. 사람들은 타인의 이유 때문에 동기가 유발되지는 않는다. 자기 자신의 이유 때문에 일할 의욕을 느끼는 것이다. 우리는 모든 사람이 똑같은 라디오 방송을 듣는다는 사실을 이해해야 한다. 그 방송은 WII-FM으로, 이 이름은 "그게 나한테 무슨 득이 있죠?What's In It For Me?"의 줄임말이다. 다른 사람을 고무하고 싶다면, 이것이 바로 우리가 공유해야 할 정보이다. 우리는 먼저 그들의 동기와 이유와 대의를 찾고, 그 후에 행동을 촉구해야 한다.

다른 사람의 동기를 알아내려는 노력을 처음 시도할 때, 그는 아마 우리가 듣고 싶어 하는 답을 제시할지 모른다. 여기서 계속 더 파 들어가면 그 사람과 매우 가까운 누군가가 듣고 싶어 하는 답을 얻게 될 것이다. 다시 여기서 멈추지 않고 계속 더 파 들어갈 때, 비로소 진실을 얻게 될 것이다. 사람들이 일부러 속이려는 것은 아니다. 단지 그들은 자신에게 진정으로 중요한 것이 무엇인지 충분히 생각해보지 않았을 뿐이다. 돈이 동기유발 인자는 아니다. 그 돈을 가지고 할 수 있는 것이야말로 진정으로 사람을 움직이게 하는 힘이다. 그것이 동네에서 제일 큰 집을 갖는 것이든, 아니면 복지시설에 가장 많은 기부를 하는 것이든, 사람의 동기는 각양각색이다. 자신의 동기와 타인의 동기를 바로 인식하는 것이 동기부여를 이해하는 첫걸음이다.

동 기 유 형

• 두려움 동기Fear Motivation

동기에는 세 종류가 있다. 첫 번째는 두려움 동기다. 두려움에서 비롯되는 동기는 얼마 동안은 사람들을 자극할 수 있다. 대부분의 경우 그것은 일시적이지만, 효과적인 경우도 있다. 경제상황이 매우 열악해지고 일자리에 비해 노동자의 수가 더 많을 때, 상당수 노동자들은 실업자 신세를 면하기 위해 최대한 생산적이 되고자 의식적으로 한층 더 많은 노력을 기울인다. 그들은 일찍 출근하고 늦게 퇴근하며 더 많은 일을 하려 할 것이다. 그러나 이것이 그들의 유일한 동기라면, 그들은 시간이 지나면서 차츰 싫증을 내고는 예전 습관으로 되돌아갈 가능성이 매우 높다. 그리고 경제가 여전히 나쁜 상황이라면 결국에는 일자리를 잃게 될 것이다. 그러나 이 동기는 일시적으로 생산성 증대라는 효과를 낼 수 있다.

두려움 동기는 망가뜨리려 하거나 아니면 위험할 수도 있는 물건들을 계속 만지려는 어린 아기에게도 통하는 방법이다. 이때 아이의 손을 가볍게 몇 번 때리면 아이는 그런 행동을 계속하는 것이 자기에게 이롭지 않다는 것을 깨닫고 단념할 것이다. 또 두려움 동기는 6~8세의 아이가 흡연과 같은 나쁜 습관에 물드는 것을 막으려 할 때 유용할 수 있다. 담배를 갖고 있다가 걸리면 회초리 맛을 보게 될 거라는 부모님의 위협은 담배를 아이의 입에서 떼어내는 효과를 낼 것이다. 그러나 15살짜리에게도 똑같은 방법을 썼다간 역효과를 낼지도 모른다.

시장에서 두려움 동기는 때로 직원들을 다잡고 그들이 팀 플레이어가 되어 서로 협조하고 상사에게 고분고분하게 만들기도 한다. 그러나 다시 말하지만 그 결과는 잠정적이며, 장기적으로는 부메랑 효과를 낳을 수도 있다.

• 유인 동기|Incentive Motivation

두 번째는 유인 동기다. 비즈니스에 종사하는 사람들이라면 자기 앞에 매달린 당근을 쳐다보며 마차를 끄는 당나귀 그림에 익숙할 것이다. 당나귀가 마차를 끄는 동기는 물론 입을 뻗어 그 당근을 덥석 물려는 것이다. 이 유인책이 효과를 보려면 짐이 당나귀가 끌 수 있을 정도의 무게여야 하고, 당근을 먹고 싶다는 마음이 간절할 정도로 녀석이 배가 고파야 하며, 당근이 당나귀의 눈에 충분히 먹음직스럽게 보여야 한다. 그러나 끝내 당근을 입에 물지 못하게 되면 당나귀는 결국 이것이 사기극이라는 것을 알게 될 테고, 더 이상 마차도 끌지 않으려 할 것이다.

유일한 문제는 당나귀에게 너무 많은 당근을 주면 녀석은 더 이상 허기를 느끼지 않게 되고, 따라서 마차를 끌려는 동기가 크게 줄어들 것이라는 점이다. 이때 녀석을 일하게 할 수 있는 방법은 짐을 가볍게 하고 당근에 입이 닿기 쉽게 하며 먹음직한 당근을 내거는 것이다. 그런데 문제는, 비즈니스 세계에서 짐은 시장 상황에 좌우되며, 또 짐을 너무 가볍게 하거나 당나귀에게 너무 큼지막한 당근(또는 자유 기업 체제에 의해 창출된 이익)을 주면, 회사는 더 이상 이익을 못 내고 결국은 파산하게 된다는 점이다. 오늘의 부가급부는 내일의 기대가 된다는 사실을 기억하라. 그러면 어떻게 해야 할까? 당나귀를 순종의 서러브레드Thoroughbred 경주마로 바꾸고 그놈으로 하여금 달리고 싶게 만들어라.

• 변화, 혹은 성장 동기

세 번째 유형은 성장 동기growth motivation다. 성장 동기의 주요 목적은 근로자의 생각, 능력, 그리고 동기를 바꾸는 것이다. 우리는 근로자가 마차를 끌고(일을 하고) 싶게 만들어야 하며, 근로자에게 리더가 원하는 것과 근로자 자신이 원하는 것을 할 만한 이유를 제시해야 한다. 달리 말해 리더가 직원들과 함께하는 일은 직원들이 인생에서 원하는 것을 얻을 수 있도록 도와주는 성격의 것이 되어야 한다. 그것이 바로 이 책의 주요 목표, 즉 회사의 이익뿐 아니라 직원 개개인의 이익을 위해 각 개인의 성장을 돕고, 직원 개개인들이 일을 더 잘하고 싶어 하도록 고무하기 위한 구체적인 방법, 절차, 그리고 기술을 제시하는 것이다. 앞서 말했듯이 실제로 우리 모두는 같은 배를 타고 있고 따라서 목표도 같다. 노사 양측이 자기들은 서로 같은 편이라는 사실을 분명히 이해할 때, 그들은 기꺼이 협력하는 것은 물론 심지어는 협력을 갈망할 것이다.

어린 소년 시절, 나와 친구들은 버려진 철로 위를 자주 거닐곤 했다. 우리는 각자 균형을 유지하며 최대한 멀리 걸으려 했지만, 몇 발자국도 못가 떨어지곤 했다. 그러나 그때는 몰랐지만, 만약 두 사람이 각각 맞은편 레일 위로 올라가 옆으로 손을 뻗어 서로를 부여잡고 걸었다면 우리는 철로 위를 무한정 활보할 수 있었을 것이다.

비즈니스 세계에서도 노사 모두가 서로 같은 편이고 같은 목표를 지니고 있다는 사실을 분명히 이해하고 서로 손을 잡고 함께 나아간다면, 결국은 양쪽 모두에게 이익이 돌아갈 거라고 나는 확신한다. 그러면 우리는 개인으로서 자신의 잠재력을 최대한 개발할 뿐 아니라, 회사에서도 최고의 생산성을 달성하게 되며, 이것은 당연히 회사의 성장과 안정으로 이어질 것이다. 이것이 바로 노사 모두에게 최적의 결과와 지속적인 이익을 안겨다줄 사고방식이자 동기다.

모든 사람은 자기 인생의 특정 시기에 어떤 일을 두고 의욕을 느끼게 마련이라고 나는 확신한다. 승리자들은 의욕에 불타 있는 시간이 많다. 성공적인 리더들은 대부분의 시간을 동기유발된 상태에 있으며, 특히 위급 시에는 거의 항상 그렇다. 운 좋게도 내가 생전에 함께 일할 수 있었던 위대한 리더이자 친구였던 고 진 루이스Gene Lewis는 다음의 비유를 들려주었다. 이 이야기는 너무 많은 사람들에게 일어나는 일을 날카롭게 지적한다.

땅반딧불이glowworm는 물가가 아니라 공중에서 낚시질을 한다. 이 반딧불이의 유충은 끈적끈적하고 미세한 실을 뿜어낸다. 실의 불빛에 이끌린 각다귀나 다른 작은 곤충이 이 신비한 낚시줄과 충돌하면 그대로 걸려 포획된다. 그러면 땅반딧불이는 먹이를 줄로 감고 먹어치운다. 배를 채운 땅반딧불이는 빛을 내지 않는다. 아직 배가 덜 찼으면 새로운 줄을 늘어뜨려 또 다른 먹잇감을 노린다. 그러니까 신비한 아름다움을 주는 땅반딧불이의 부드러운 빛은 "배부른" 반딧불이가 만들어내는 것이 아니라 배고프고 정말 낚시질에 필사적인 녀석에게서 나오는 것이다.

반딧불이는 특이한 생명체긴 하지만, 인간과 공통점이 있다. 그들처럼 우리 인간도 너무 자주 포만감을 느끼면 자기만족에 빠지며, 이것은 성취에 대한 욕망을 질식시킨다.

사회에 첫발을 내딛는 젊은이는 "먹고 살아야 한다"는 절박감이 강력한 유인 동기로 작용한다. 먹고 사는 데 지장이 없으려면 그는 일정한 시험에 통과해야 한다. 그는 자신이 하는 일의 기본에 통달해야 하고 그 분야에서 성공하는 데 필요한 조건에 자신을 적응시켜야 한다. 인생의 필수품에 대한 욕망에 굶주린 그는 그 사업에서 진지하게 "낚시질"을 하고, 만약 그가 적절한 능력을 구비하고 있다면 그가 내뿜는 "빛"이 성공을 유인하게 된다.

그러나 일정 수준의 성공을 거둔 후에 그는 다른 종류의 시험에 직면한다. 즉 과연 성공한 후에도 그는 계속 대단한 월척을 낚겠다는 강력한 내적 동기의 지배를 받을 것인가?

첫 시험을 멋지게 통과한 많은 사람들이 이 2차 시험에서 제동이 걸린다. 그들은 첫 번째 언덕의 정상에서 멈춘 채, 자신이 거둔 성공의 결실을 맛보는 데 여념이 없어 자신의 교육 수준을 높이고 특수 훈련을 받는 일을 마다하거나, 서비스와 개인적 성취라는 한층 더 높은 고지에 도달하는 데 필요한 온갖 노력의 의지를 꺾어버린다.

확실히 루이스가 위의 마지막 단락에서 말하고 있는 대상은 리더가 아니다. 진정으로 동기 유발된 진짜배기 리더들은 하나의 성공을 훨씬 더 큰 성공을 위한 디딤돌로 이용한다. 리더는 자신이 아랫사람들의 귀감이 되는 존재임을 알고 있다. 경영자로서 그는 자신을 능가하는 부하직원들을 얼마나 길러내느냐에 의해 평가된다는 사실을 알고 있다. 위대함의 표지는 다른 사람들이 지닌 위대함의 싹을 움트게 할 수 있는 능력이라는 사실을 그는 분명히 이해하고 있다.

크리슈 다냄은 운 좋게도 세계에서 가장 위대한 리더 한 사람을 만나는 행운을 잡았다. 그는 그 이야기를 이렇게 전한다.

성스러운 리더십

1994년 6월 7일, 나는 우리 시대의 탁월한 최고 성취자 한 분을 만나는 특권을 누렸다. 나는 댈러스의 내 고용주로부터 콜카타의 빈민가에서 일하는 작은 체구의 선교사역자에게 기부금을 전달하라는 임무를 부여받았다. 그 선교사역자는 다름 아닌 테레사 수녀였다. 그때까지만 해도 그 20분간의 만남이 내게 평생을 지속할 몇 가지 놀라운 리더십 원칙을 가르쳐주는 시간이 되리라고는 거의 상상도 못했었다.

서둘러 기부금을 전달하고 그 미래의 성인과 사진을 찍으려는 마음에 나는 이 인내의 화신 같은 분에게 내가 서 있는 곳으로 와 우리 만남이 영원히 기록될 수 있게 해달라고 계속 졸라댔다. 그러나 내가 창조하려고 했던 추억은 그날에 있었던 행동의 결과만큼 중요한 것이 아니었다는 사실이 분명히 드러났다. 내 카메라는 작동을 멈췄고, 사진을 찍으려는 모든 노력은 운명, 우연, 또는 뜻하지 않은 일에 의해 방해를 받았다.

나는 실망하며 인도를 떠났고 위대한 인물과 함께한 자리를 기념할 만한 사진 하나 만들어놓지 못한 것에 아쉬움을 느꼈다. 그러나 테레사 수녀의 성스러운 리더십은 나에게 몇 가지 귀중한 교훈을 가르쳐주었다.

그녀는 가난한 자들을 "위장된 고통 속에 있는 사람들"이라 부르며 그들을 위해 봉사하려는 노력에 초지일관했다. "신에 대한 열망Thirsting for God"이라 불리는 오디오 시리즈에서 수녀님은 여러 차례 불가능한 일에 부딪혔지만 결국 일관된 태도로 인해 그들을 극복한 사례를 말해주었다.

테레사 수녀는 자신의 대의에 충실했다. 노벨평화상을 받을 때 한 그녀의 수락연설은 단순히 "저는 가난한 자들의 이름으로 이 상을 받습니다"였다. 그들은 그녀가 인도하도록 부르심을 받은 사람들이었고, 인간의 부패와 비참함 속에서도 그녀는 독립독행의 정신으로 자신의 대의에 충실했다.

그녀는 상속 계획이 필요하다고 믿었다. 세상이 테레사 수녀의 이름과 행적을 알고 있다 해도, 그녀는 사랑의 선교회Missionaries of Charity를 이끄는 영적 지도자로서의 자신의 역할도 언젠가는 끝난다는 사실과 비전을 가지고 이 겸손한 조직을 계속 이끌어갈 후계자가 필요하다는 것을 알고 있었다. 그래서 테레사 수녀가 영면한 날, 니르말라Nirmala 수녀가 후계자로 임명되었고 연속성의 끈은 계속 이어졌다.

최고 성취자의 역할은 사람들을 보통 수준에서 위대함의 단계로 이끌어주는 다양한 속성들을 배우는 것이다. 위대한 사람들이 처음부터 위대하게 시작하는 것은 아니다. 그들은 일관되게, 그리고 성실하게 자신의 비전을 따른다. 내가 테레사 수녀에게 감사편지를 보냈을 때, 그녀는 내게 사진 한 장과 개인적인 짧은 편지로 답장했다. 수녀님은 내게 겸손을 가르쳤다. 이 위대한 여인은 미국의 사랑의 선교회에서 일하는 수녀들을 격려하기 위해 쓴 편지 몇 장을 부쳐준 데 대해 내게 감사의 편지를 썼다. 사진과 함께 편지에는 다음과 같은 글이 들어 있었다. "하나님이 언제 어디서든 쓰실 수 있도록 그분의 손에 들린 작은 도구가 되시기 바랍니다. 우리는 그분에게 '알겠습니다'라고 답하기만 하면 됩니다. 가난한 자들은 선생님의 사랑과 관심이 필요합니다. 그들에게 선생님의 손을 내밀어 봉사하시고 선생님의 마음을 내주어 사랑하십시오. 그렇게 함으로써 선생님은 훨씬 더 많은 것을 받게 될 것입니다. 봉사를 통해 사랑하는 기쁨을 누리시기 바랍니다." 이 편지를 통해 테레사 수녀는 자신이 위대한 고무자임을 증명했다.

나는 이 부분을 "성스러운 리더십"이라 명명했다. 왜냐하면 우리는 그녀가 하버드보다 더 훌륭한 현장에서, 그리고 그저 선생님Teacher이라고 불렸던 한 교사로부터 자신의 기술을 배웠다는 것을 알고 있기 때문이다. 나는 그녀를 최고 성취자라고 부른다. 왜냐하면 가난한 자들 중에서도 가장 가난한 자들 틈에서 살며 그들을 섬겼던 이 로마 가톨릭 수녀는 주로 힌두교가 지배하는 사회의 유일한 마르크스주의 국가에 자신의 처소를 마련했기 때문이다. 작가 도미니크 라피에르Dominique Lappierre는 비참함과 오물로 뒤덮힌 이 미로를 "기쁨의 도시The City of Joy"라고 불렀다. 테레사 수녀가 신의 부르심을 받았을 때, 전 국가가 경의를 표했고 인도의 위대한 순교자들을 운반하는 포차에 실려 안식처로 운구되었다. 그녀는 환경과 사회적인 통념을 초월하여 인간이 기대할 수 있는 한계를 뛰어넘었으며, 지극한 섬김의 리더십servant leadership을 실천했다. 우리 대부분은 이런 경지의 섬김의 삶을 살지는 않겠지만, 모든 최고 성취자들은 성스러운 리더십의 원칙을 실천할 수 있다고 결론내릴 수는 있을 것이다.

중 대 한 오 해

테레사 수녀에 대한 크리슈의 이야기가 간접적으로 전하는 요점 중의 하나는, 만약 영속적인 최고 성취자가 되려면 진정한 행복이 무엇인지를 아는 것이 중요하다는 사실이다. 테레사 수녀는 분명 진정한 행복이 무엇인지를 이해했다. 많은 사람이 이런저런 조건이 충족되면 행복할 것이라 생각한다. 가령 새 집을 장만하면 행복하리라 말하지만 사실은 그렇지 않을 것이다. 조경공사가 완료되면, 명품 옷을 사 입으면, 대출금을 다 갚으면, 집에 새 방을 하나 마련하면 행복해질 거라 생각하지만, 그런 소망이 이루어져도 행복의 파랑새는 찾아오지 않는다.

행복은 특정한 때나 장소의 문제가 아니다. 그것은 지금 여기의 문제다. 사람을 행복하게 하는 것은 그가 가진 것이 아니라, 그의 인격이나 마음가짐이다. 물질적인 것은 결코 행복을 보장해주지 못한다. 아담과 이브는 전 세계(아마 광물에 대한 권리도 포함하여)가 그들 소유였다. 신은 그들에게(나무 하나만 빼고) 온 세상 만물과 함께 그들을 다스릴 권리를 주었다. 단 그 나무의 열매만은 먹지 말라고 단단히 주의를 주었다. 그런데 그 많은 것을 갖고도 그들은 하나를 더 원했다. 바로 그 금단의 열매를.

돈 과   지 위 는   행 복 을   보 장 하 지   않 는 다

많은 이들이 "백만 달러만 있으면 모든 게 안정되니까 행복해질 거야"라고 말하지만, 꼭 그렇지는 않다. 백만 달러를 손에 쥐게 된 사람들은 계속 또 다시 백만 달러를 원한다. 아니면 그들은 백만 달러를 벌었다가 몽땅 잃어버린 내 친구처럼 될 수도 있을 것이다. 내 친구는 그것에 대해 조금도 괘념치 않고, 또 흥분하지도 않고 내게 이렇게 설명했다. "지그, 난 백만 달러를 다시 버는 데 필요한 모든 걸 알고 있어. 그리고 그 돈을 잃지 않으려면 어떻게 해야 하는지도 배웠지. 그냥 처음부터 다시 시작해서 또 벌면 되는 거야." 그는 정확히 자기가 말한 대로 한 것 외에 그 이상의 일을 해냈다. 그렇다. 안정은 돈에 기초한 것이 아니다. 더글러스 맥아더 장군은 안정은 우리의 생산 능력에 있다고 말했다. 그의 말이 옳다.

많은 이들이 말한다. "회사 총수가 되면 행복할 텐데. 그런 자리는 곧 안정의 상징과도 같은 거니까." 이것도 사실이 아니다. 잘 알다시

피 최고의 CEO들도 8년이면 그 자리에서 떨려난다. 만약 행복과 안정을 찾고 계속 의욕을 갖고 움직이고 싶다면, 안정은 내부로부터 나온다는 사실을 깨달아야 한다. 그것은 우리의 생산 능력에 달려 있다. 내 생각으로는, 기본적인 욕구가 이미 오래 전에 충족된 후에도 계속 생산적일 수 있는 가장 좋은 방법의 하나는 우리가 이 책에서 설파하는 원칙과 절차들을 끊임없이 적용하는 것이다.

성공원칙

1. 나는 내가 하고 있는 일을 왜 하는지 아는가?
2. 동기부여는 우리를 행동하게 한다.
3. 행복은 특정한 장소나 시기의 문제가 아니라, 지금 여기의 문제다.
4. 스스로에게 동기를 부여하려면 자신의 동기를 찾고 그에 따라 행동하라. 다른 사람의 의욕을 북돋우려면, 그들의 동기를 확인하고 그에 따라 행동하도록 고무하라.

생산성 관리

목표 없는 사람은 키 없는 배와 같다.
－토머스 칼라일Thomas Carlyle

인식Awareness

가정Assumptions

분석Analysis

행동Action

4A 법칙의 두 번째 A는 가정이나 추측을 나타낸다. 크리슈 다냄과 브라이언 플래너건이 이 주제를 위한 자료를 제공했다. 나는 크리슈와 브라이언의 통찰이 심오하다고 여기기에, 여러분도 충분히 그렇게 느끼리라 확신한다. 이제 크리슈가 본 장의 문을 열고 브라이언이 마무리를 할 것이다.

크 리 슈

대다수 리더들은 자신이 이끄는 사람들의 능력과 역량에 대해 나름대로 어떤 선입견을 갖게 된다. 이 선입견들은 보통 여러 의견에 기초하는데, 이 의견들은 직장에서 감지되고 관찰되는 다양한 결함에 의해 형성된다.

최근에 나는 확장 가도를 달리고 있던 한 회사를 대상으로 교육 프로그램을 진행하고 있었다. 그들은 5층 규모의 업무용 건물 중 2개 층을 사용하다가 5개 층 전체를 사용하는 수준으로 성장했다. 강의가 진행될 예정인 2층의 교육실로 안내를 받던 중에 나는 특이한 현상을 목격했다. 나를 안내하던 사람이 2층의 엘리베이터에서 내리자마자 낮은 목소리로 말하기 시작하는 거였다. 왜 갑자기 속삭이듯 말하는 거냐고 물었을 때, 나는 놀라운 사실을 알게 되었다. 예전에 그 건물의 2층에는 임원들의 집무실이 있었고, 그래서 그 층에 있을 때는 말소리를 낮추는 것이 관례였다는 것이다. 그러다 보니 지금도 모두가 그렇게 하고 있다는 것이었다.

효과적으로 사람들을 고무하려면, 존재하는 것과 존재하지 않는 것에 대한 관례를 잘 처리해야 한다. 대부분의 조직에서 인지된 것은 사실로 간주되지만, 그 사실은 결코 진정한 사실이 아니다, 라는 격언이 맞는 말처럼 들린다.

선입견이나 관례들은 여러 다양한 분야에서 형성될 수 있다. 이제 우리는 여러분이 그것들을 쉽게 알아보고 각각의 분야에서 사람들을 성취의 달인으로 만드는 데 도움이 되는 몇 가지를 개괄적으로 설명하겠다.

사 회 문 화 적 인   선 입 견

이질 문화 간의 교류가 점점 증대되는 세계에서 한 조직 내에는 발전을 방해하는 사회적인 선입견들이 적지 않다. 80년대와 90년대는 직장인들이 세대간의 차이를 이해하고 서로의 문화충격에 차츰 관대해지도록 하는 데 초점을 맞추었다. 비차별적인 용어는 나와 다른 사람들을 더 관대한 눈으로 바라보게 하는 분위기를 조성하기는 하지만, 이보다 더 중요한 일은 업무의 경계 내에 존재하는 사회적인 선입견들의 근거를 상대하는 것이다.

인도 출신인 나는 미국의 직장에 대해 몇 가지 선입견을 갖고 있고, 이것은 내가 선택하는 근로 윤리에 반영된다. 나는 별 의심 없이 미국에서는 어떤 것도 가능하다는 개념이 사실이라는 결론을 내렸다. 이러한 믿음 때문에 나는 나와 동일한 사회경제적 및 윤리적 유산을 지니지 못한 사람들과는 다른 방식으로 일을 한다. 이런 근로윤리는 모두 인도의 은퇴한 중역인 내 아버지에게서 비롯된 것이다. 예를 들어, 국제사업부 책임자로서 나는 외지에 나가 있지 않거나 교육 임무를 수행하는 중이 아닐 때는 새벽 5시에 출근한다. 국제시장에서 실시간 고객 서비스를 제공하는 경우에는 이렇게 하는 것이 나를 대부분의 경쟁자들과 차별화시킬 수 있는 요소라는 것이 내 철학이다. 오스트레일리아의 동해안 지역을 제외하면, 나는 세계의 다양한 시간대를 고려한다 해도 전 세계 대부분의 사람들과 실시간으로 접촉할 수 있다. 이를 통해 나는 성실하게 하루 일을 마치고 오후 서너 시쯤에 퇴근하여 교통 체증에 시달릴 필요 없이 아버지이자 남편으로서도 가정에 충실할 수 있게 된다.

만약 당신이 당신 조직의 구성원들에게 하는 것과 똑같은 방식으로 나를 고무하고자 한다면, 아마 성공하지 못할지 모른다. 지글러 회장님과 세계를 여행할 때, 그분은 종종 내가 왜 다른 이들이 "하찮게" 여기는 일도 주저 없이 떠맡는지를 묻는다. 나의 사회적 조건은 나로 하여금 감사하게 만들며, 이것이 그렇게 하는 주된 이유다. 두 번째 이유는 지글러 회장님과 함께하는 모든 시간 동안 나는 항상 내가 특별하다고 느꼈기 때문이다. 이는 그분이 내 유산을 존중해준 탓이다. 이것이 바로 최고 성취자들이 하는 일이다. 모든 사람은 자신의 미래에 대해 책임을 져야 하지만, 아무도 자신의 유산에 대해 책임질 필요는 없다는 사실을 그들은 알고 있다. 한 사람의 신념 체계를 존중해줄 때 그는 당신을 위해, 그리고 당신과 함께 더 잘 하려고 노력할 것이고, 이를 통해 당신은 그로부터 최대한의 생산성을 이끌어낼 수 있게 된다.

경 험 에   근 거 한   가 정

이력서는 사람들이 우리에게 찾아오기 전에 어떤 일을 했는지를 명료하게 기록한 종잇장이다. 지원자는 고용주에게 더 잘 보이기 위해 사실을 과대 포장하는 경우도 있다. 고용주가 느끼는 이 호감은 지원자가 조직에 가져오는 경험과 이 경험이 낳을 즉각적인 성과에 기초하고 있다. 이렇게 리더들은 경험과 경력을 근거로 많은 선입견을 갖는다.

전에 나는 한 젊은 지원자의 이력서를 받아본 어떤 인사부장의 이야기를 들은 적이 있다. 그는 지원자에게 "만약 당신이 다양한 분야에서 축적했다고 주장하는 그 모든 시간의 경험들을 논리적으로 합산할 수 있다면 당신은 이미 은퇴했을 것이고, 그뿐 아니라 현대 과학의 개입이 없었다면 아마 죽어 있을 것이다."라고 말해 주었다고 한다. 달리 말해 다른 많은 이들처럼 이 지원자도 자신의 경력을 윤색하고 과장한 것이다. 단지 경험이 많다는 본인의 주장만 믿고 한 사람의 능력을 재단하는 섣부른 가정이나 추측은 리더십에 장애를 일으킬 수 있다. 이런 장애를 뛰어넘을 수 있는 효과적인 방법은 경력이 많다고 주장하는 사람들을 이미 능력이 검증된 사람들과 함께 일하게 하는 것이다. 진정한 의미의 팀워크에서는 어느 한 개인이 혼자서 목표를 달성할 수는 없다. 자기는 경험이 많아 일을 충분히 해낼 수 있다고 호언하는 사람들에게 너무 많은 것을 맡긴 결과 생산성 저하라는 대가를 치른 리더들이 적지 않다. 100만 달러 가치의 소프트웨어 솔루션 판매 실적을 올린 영업사원도 무형의 서비스를 팔 때는 그만큼 성공하지 못할지도 모른다. 비록 효과적인 교육을 통해 모든 판매과정과 제품 관련 지식은 습득될 수 있다 해도, 사람의 경험은 면밀하게 검토하고 감정이 아닌 이성적인 판단에 입각하여 업무를 맡기는 것이 현명할 때가 많다.

나 이 와 성 에 근 거 한 선 입 견

흰 머리카락이 자동적으로 지혜를 상징하지는 않는다. 그것은 젊음이 자동적으로 무지를 상징하지는 않는 것과 마찬가지다. 오늘날의 일터는 엄청난 변화를 겪었다. 여전히 일부 한계가 존재하기는 하지만,

나이와 성을 둘러싼 선입견은 불법적일 뿐 아니라, 리더십 과정에서 비논리적이기도 하다. 성취의 달인이 되고 사람들의 잠재력을 최대한 끌어내려면, 나이를 불문하고 모든 남녀로부터 지혜를 구해야 한다.

팀과 조직을 고무하고 리드할 때, 단지 나이와 성을 근거로 누군가의 의견을 경시하지 마라. 에이브러햄 링컨은 선거 때마다 패배를 거듭하다가 쉰을 넘겨 쉰셋이었던 1862년에 노예해방령에 서명함으로써 그의 가장 중요한 업적을 남겼다. 상원의원 존 글렌John Glenn은 머큐리Mercury라는 조잡한 우주선을 타고 최초로 우주 공간을 비행했으며, 동시에 왕복선을 타고 유인 우주 비행에 나선 가장 나이 많은 인물이기도 하다. 빌 게이츠가 세상을 바꾸기로 결심한 것은 바로 10대 때였다.

이 책을 내려놓은 지 24시간 내에 당신은 저자의 생각 하나를 이용하여 삶을 더 단순하게 만들 수도 있다. 찰스 린드버그가 비행기로 대서양을 횡단한 최초의 인물이라는 사실은 모두가 알고 있다. 에밀리아 에어하트Amelia Earhart는 같은 임무에서 성공한 최초의 여성이라는 사실도 알 만한 사람은 다 안다. 그러나 그녀가 대서양을 두 번째로 횡단했다는 사실을 아는 사람은 거의 없다. 만약 에어하트가 대서양을 횡단한 최초의 여성이라는 사실에 너무 집착하지 않는다면, 우리는 그녀가 이 놀라운 일을 해낸 두 번째 인물이라는 사실에 눈을 돌릴 수 있을 것이다.

모든 사람을 평등하게 대우하라. 그러면 그로 인한 보상이 엄청나다는 사실을 깨닫게 될 것이다.

성격에 근거한 선입견

"그 여자 성격 참 좋아"라든가, "저 사람 태도는 확실히 우리에게 큰 플러스가 될 거야" 등의 말을 얼마나 자주 들어보았는가? 성격이나 인간성에 근거한 선입견에 힘입어 자격도 없고 일을 할 준비도 안 된 사람들이 임무를 부여받는 경우가 있다. 프레드 스미스는 열정보다는 능력을 앞세워야 효율적일 수 있다고 말한다. 불행히도 숨 가쁘게 움직이는 현대의 일터에서는 쉽지 않은 업무에 대해 더 많은 관심과 열정을 보이는 성향의 사람들이 심심치 않게 눈에 띈다. 더 많은 것을 원하는 인간의 욕망이 이런 반응을 부채질하며, 경영자들은 열정과 재능을 두루 갖춘 인재 대신에 순전히 열정으로만 똘똘 뭉친 사람들을 찾는다.

최고 성취를 보장하기 위해서는 기술과 의지 둘 다 필요하다. 우리 조직에서는 개인의 장점과 단점을 파악하기 위해 먼저 성격에 기초한 평가를 실시하며, 그 후에 직원들이 부여받는 업무가 그들의 강점에 의해 보완되도록 한다. 만약 어떤 사람이 특정 분야에 취약하다면, 우리는 그의 부족한 지식을 확인함으로써 그에게 해당 분야에서 강해질 것을 권한다.

한 개인이 지닌 성격의 차원을 넘어 그의 장단점을 파악함으로써 적합한 업무에 적합한 인재를 쓰도록 해야 한다. 어떤 사람의 성격만 보고 그가 특정 업무에 가장 적합할 것이라고 가정하는 것은 결국에는 생산성 감소를 유발하며 조직의 목표달성에 지장을 줄 수 있다.

만약 우리가 개인적으로 우리와 일하고 싶어 하는 연사나 교육자들을 다 인정하고 받아들인다면, 우리는 공적인 활동 무대에서 우리에게 노출된 외적인 부분만 보게 되는 셈이다. 그러나 우리의 철학을 대변할 사람들에게 요구하는 것은 일관성이기 때문에 우리는 하나의 절차를 준비해놓고 있다. 이 절차는 이 사람들이 진정으로 우리의 철학을 대변하고 그것을 위해 필요한 모든 일을 하는 데 관심이 있는지, 아니면 단지 우리의 선의를 이용하여 함께 일하는 과정에서 그저 두어 차례 성공을 즐기고자 하는 것인지를 판단한다.

최근에 나는 우리와 함께 일하는 데 관심을 보이며 우리의 교육 프로그램을 보충하고 보완할 독특한 생각과 방법론을 지닌 한 동료 연사를 만난 적이 있다. 성격만 보고 섣불리 가정하고 싶지 않았던 나는 그에게 지글러 교육시스템에서 일하려면 다른 사람들과 마찬가지로 정해진 자격 검증 절차를 밟아야 한다는 사실을 알렸다. 그러자 그는 자신이 이미 매우 바쁜 상태고 엄청나게 빠듯한 일정 속에 이 절차를 위한 시간을 따로 마련해야 한다고 말하며, 그가 받은 기립박수와 각종 추천서들을 토대로 자신은 그런 통상적인 절차를 생략해도 되지 않겠느냐고 물었다.

그는 자신이 우리에게 말한 내용과 말한 방식을 근거로 우리가 그의 능력에 대한 가정을 하기를 바랐다. 나는 그 젊은이에게 만약 당신이 그렇게 바쁘다면, 우리는 그렇게 안 바쁘기 때문에 정작 당신과 함께 일하고 당신으로부터 일을 얻어야 할 쪽은 우리일지도 모르겠다고 정중하게 말해주었다. 물론 나는 농담조로 말한 것이지만, 그 과정에서 성격에 근거한 가정만을 믿고 섣부른 판단을 하지는 않겠다는 점을 분명히 한 것이다.

브라이언

• 관리자의 선입견

나는 캘리포니아의 IBM에서 영업부장으로 일할 당시 "심층탐구"(겉보기에 명확해 보이는 것을 훨씬 넘어서는 내면에 대한 깊은 탐색)가 매우 중요하다는 사실을 깨달았다. 나는 당시에 IBM의 구형 타자기와 복사기 부서를 담당했고, 그 일을 맡을 때 영업사원 14명을 물려받았다. 그 자리에서 일한 지 몇 주가 지난 후 나는 최고 영업사원 한 사람을 내 사무실로 불러들였다.

나는 그에게 말했다. "존, 지난 몇 주간 자네를 지켜봤는데, 자네의 그 프로의식, 근로윤리 등이 참 인상적이었네. 실적이 아주 대단해. 주어진 할당량을 125% 이상 달성했고, 다음 분기도 전망이 아주 밝아. 자네에 대한 동료들의 평가도 아주 좋고. 다른 직원들은 자네를 존경하고 행정직 사람들의 생각도 꽤 호의적이야. 그래서 자네는 내가 승진시키고 싶은 사원 명단에 올라 있네. 자네는 볼더Boulder로 가서 생산 쪽 일을 맡아볼 수도 있고, 댈러스에서 마케팅 교육을 담당하거나 아니면 동부로 가 재정기획 일을 할 수도 있을 거야. 난 정말 자네가 마음대로 진로를 결정할 수 있다고 믿네."

그때 존이 한 말은 나를 완전히 얼어붙게 했다. "부장님, 지금 저를 승진시켜 전근시키는 문제를 말씀하고 계신 건가요?" 내가 그렇다고 대답하자 존이 말을 받았다. "부장님은 제 마음을 모르시는군요. 저는 승진해서 베이 에리어Bay Area를 떠나고 싶지 않습니다. 그냥 여기에 있는 게 좋습니다. 제 목표가 뭔지 아십니까?" 나는 모른다고 대답했다. 나는 그저 그의 목표도 나와 비슷하게 IBM에서 승진의 계단을 하나씩 밟아 올라가는 것이려니 하고 생각했다.

존이 대답했다. "제 목표를 말씀드리죠. 저는 이곳 베이 에리어에서 제 가족을 부양하고 싶습니다. 아내는 이곳 출신이고, 제 아이들도 여기서 좋은 학교를 다니며 좋은 친구들도 사귀었습니다. 저는 그들의 뿌리를 뽑아버리고 싶지 않고, 저도 여기서 슬로우 피치 소프트볼을 하며 낚시를 즐기고 싶습니다. 전문 영업사원이 되고 싶은 게 제 바람입니다. 다른 데로 갈 생각은 없습니다."

그의 말은 나에게 적잖이 충격이었다. 나는 내 직원이 원하지 않는 어떤 것을 제안하고 있었다. 나는 존의 목표를 알고 있다고 자부했다. 그러나 이것은 임원들이 너무 자주 저지르는 큰 실수다.

여기서 "심층탐구"의 중요성이 대두된다. "심층탐구"의 목적은 팀원들을 더 깊이 알아서 그들이 자신의 목표나 목적을 달성하는 데 도움을 주는 것이다. 이 과정에는 시간과 헌신이 필요하다. 그것은 우리가 직원들을 생산단위가 아니라 사람으로서 알아가는 데 시간을 투자할 것을 요구한다. 또 그것은 우리가 그들의 필요와 그들의 문제와 그들의 관심사를 이해하는 데 공을 들일 것을 요구한다.

여기서 주의해야 할 사항이 있다. 이 과정은 실적 검토나 평가를 대신하는 것이 되어서는 안 된다. 또 질책의 과정이 되어서도 안 된다. 그것은 직원에게 피드백을 제공하고 그들을 고무하기 위해, 그들을 더 깊이 알고자 하는 목적으로 이용되어야 한다.

이 과정은 3단계로 진행된다. 첫째, 해당 직원과 만남의 시간을 마련한다. 회사 밖의 커피숍이나 점심 식사 중에, 아니면 회사 내의 중립적인 장소도 괜찮다. 둘째, 이 시간에는 정해진 답이 없는 자유응답식 질문을 하고 대답을 듣는 것을 원칙으로 해야 한다. 이 시간이 생산적이 되려면 상대에게 온 정신을 집중해야 한다. 이 만남의 핵심은 "당신의 목표는 무엇인가?" 라는 초점이 분명히 정해진 질문을 하는 것이다. 셋째, 이 정보는 피드백을 제공하는 데 유용하게 활용해야 한다. 이제 이 3단계를 하나씩 살펴보자.

만남을 계획한다

이 과정은 신입사원이나 일정 기간 함께 일해 온 사람들에게 효과적이다. 만약 우리가 전에 이런 시간을 가져본 적이 없다면, 직원은 처음에 회의적인 반응을 보일지 모른다. 따라서 이 만남을 요청할 때는 우리의 "선한 의도"를 확실히 밝혀야 한다. 말하자면 상대와 좋은 관계를 유지하며 그를 편안하게 대해야 한다. 우리가 이 만남에서 기대하는 바를 개략적으로 설명해줄 수도 있다.

예를 들면 이런 식이다. "랠프, 자네가 우리와 일한 지도 거의 1년이 다 되어 가지. 자네도 알지만, 우리는 서로 마주 앉아 얘기를 나눠본 적이 한 번도 없어. 나는 자네를 좀 더 잘 알아서 자네가 목표를 달성하는 데 도움을 주고 싶네. 이번 주에 언제 점심이나 같이 할 수 있나? 정말 자네에 대해 더 많은 걸 알고 싶네. 목요일은 어떤가?"

만약 이 과정이 진지하게 진행된다면, 직원은 그 점심시간을 기대할 것이다.

만남 진행

이 직원에 대해 정말 아는 것이 별로 없다면, 그를 한 개인으로서 파악할 수 있는 예비 대화를 나눌 필요가 있다. 가령 그가 어디서 살고 성장했는지, 왜 그 대학에 다녔는지, 또는 직장 일 외에 다른 학습이나 여가활동이 있는지 등을 물어볼 수 있다.

일단 예비 대화를 마쳤으면, 도움을 주려는 의도를 다시 선언할 필요가 있다. "랠프, 월요일에 말한 것처럼 난 자네를 더 잘 알고 싶네. 자네의 목표를 바로 알면, 자네가 목표를 달성하는 데 내가 좀 더 효과적으로 도울 수 있을 거야."

우리의 선의를 분명히 전달했으면, 다음은 그의 목표를 확인할 차례다. 이것은 초점을 특정 주제에 집중시키는 질문을 하는 방법으로 진행한다. 이 경우에는 목표에 초점을 맞춘다. "나는 자네의 경력서와 회사를 위한 자네의 실적 기준을 알고 있네. 하지만 우리는 이 외의 문제들에 대해서는 얘기해본 적이 없지. 우리 회사에서 자네의 목표는 뭔가? 그러니까 자네가 정말 성취하고 싶은 것이 뭐냐 말이지?"

이 과정은 "심층탐구"에 필수적이다. 만약 상대의 목표를 모른다면, 우리는 그의 목표 달성에 도움을 줄 수 없다. 정보는 자유응답식 질문을 통해 모을 수 있다. 이 직원의 목표에 대해 가능한 한 많은 정보를 모으는 것이 좋다. 나중에 서로 접촉할 때 그것을 이용하게 되기 때문이다.

만남 후에 피드백을 제공한다

정보를 모았으면, 그것을 사용해야 한다. 이것이 "심층탐구"의 개념의 열쇠다. 우리는 직원이 목표달성을 향한 궤도에서 이탈하지 않도록 그에게 피드백을 제공해야 한다.

이 직원이 관리직으로 옮기고 싶어 한다고 치자. 이것은 그의 소중한 목표이며 도달 가능한 범위 내에 있다. 관리직으로 승차하는 데 필요한 능력도 갖추고 있다. 그런데 그가 그 목표달성에 지장을 줄 행동을 한다고 하자. 그것은 지각, 지나치게 긴 점심시간이나 개인전화, 또는 마감시한 미준수 등이 될 수 있다. 그러나 그것은 질책할 만한 죄는 아니며, 그저 행동의 수정이 요구되는 상황이다. 당신에게 이 상황은 그 직원의 이런 문제 행동을 교정하기 위해 "심층탐구" 시간에 얻은 정보를 활용할 기회가 된다.

예컨대, 당신과 내가 우주비행사로서 우주비행 임무를 띠고 달을 향해 가고 있다고 가정해보자. 목표를 절반쯤 남겨둔 지점에 이르자 휴스턴 지상 관제본부에서 내부 통신 장치를 통해 다음과 같은 소식을 전해온다. "여기는 지상관제본부다. 잘 들어라. 지금 우주선이 진로에서 약간 벗어나 있다. 왼쪽으로 3% 비켜가 있는데, 그 방향으로 계속 가다간 목표지점을 놓치게 된다."

이때 당신은 마이크를 잡고 이렇게 소리 지르지는 않을 것이다. "이보쇼. 우리 일에 간섭하지 마쇼. 우린 고도의 훈련을 받은 우주비행사요. 우리 일은 우리가 알아서 할 수 있단 말이오. 사실 톰 행크스Tom Hanks가 다음 영화에서 내 역을 연기하게 되어 있소." 설마 이렇게 지껄여대진 않을 것이다. 그 대신 당신은 마이크를 잡고 아주 분명하게 구체적인 방향을 질문할 것이다.

"3퍼센트요, 4퍼센트요? 왼쪽으로 조정하나요, 오른쪽으로 하나요?" 당신은 필요한 조정 작업을 하고 마지막에는 고맙다고 말할 것이다. 이제 당신은 진로를 수정하고 목표지점에 다다를 수 있게 된다.

우리가 관리하거나 이끄는 사람들에게도 똑같은 원칙이 적용된다. 만약 그들이 진심으로 자신의 성장을 원한다면, 그들은 우리의 조언에 감사하고 필요한 변화를 이행하며 심지어는 고맙다는 말까지 할 것이다. 그러나 그들의 발전을 위해 해야 할 일들을 논의한 상황인데도 그들이 행동 계획을 따르지 않는 모습을 보일 때, 그 이유를 찾아내는 것 역시 우리의 책임이다. 아마 그들은 회사가 사원들을 위해 제공하는 교육과정을 이용하지 않을 수도 있다. 회사의 다른 임원들은 직원이 이런 과정에 참여하는 것을 보고 그가 관리직으로 승차하기 위해 노력하고 있다는 것을 알게 된다. 이 점을 알고 있는 당신은 그에게 주의를 환기시킨다.

"랠프, 자네는 비재무 분야 임원을 위한 재무제표 독해 교육과정에 등록하지 않은 것 같은데. 관리직으로 옮기려면 그 교육을 받아야 한다고 말하지 않았던가?" 이때 그는 이렇게 대답할지 모른다. "예. 그런데 제 목표가 바뀌었습니다." 이건 중요한 일이다. 이 직원의 성장과 발전에 기여하려면 이 사실을 알아야 한다. 그의 목표가 바뀌었는지 여부를 확인해야 한다. 그에게 별로 중요하지 않거나 가치 없는 어떤 일에 대해 피드백을 해줄 필요는 없는 것이다.

사정이 이렇다면, 즉 그의 목표가 바뀌었다면, 우리는 다시 그의 목표를 탐색했던 처음의 "심층탐구" 과정으로 되돌아가야 한다. 사람의 목표는 얼마든지 바뀔 수 있다. 그러나 그가 그 목표에 도달하는 데 힘이 되어 주려면 그것을 확인해야 한다.

그렇다. "심층탐구"는 팀원의 목표를 확인하고 그것의 달성에 보탬이 될 수 있는 방법을 알려준다. 그것은 직원을 생산단위가 아닌, 한 인간으로서 알아가는 출발점이 된다. 또 그것은 피드백을 제공하고 팀원이 탈선할 때 우리가 개입할 수 있는 명분을 만들어준다.

제대로만 하면, 이 방법은 좋은 효과를 낼 것이다.

성공원칙

1. 선입견이나 관례들은 잘못된 의사소통의 근본 원인이다.
2. 사람들은 생산단위에 불과하며 당신이 원하는 것을 원한다고 생각하지 마라. 그들에게 묻고 그들의 속 깊은 곳을 들여다보라.

경영 마비를 극복하기 위한 교육

> 오직 교육받은 사람들만이 자유롭다.
>
> ─에픽테토스Epictetus

인식Awareness

가정Assumptions

분석Analysis

행동Action

4A 공식의 세 번째 A는 분석이다. 분석을 이야기할 때 나는 교육에 대해 말하는 것이다. 우리의 성공에 제동을 걸고, 사실상 우리 모두의 잠재력을 발휘시키는 데 족쇄를 채우는 무서운 독소들이 세 가지 있다. 이들을 극복할 수 있는 유일한 방법은 분석과 교육을 통한 길밖에 없다. 이 독소들은 두려움, 의심, 그리고 걱정이다. 이들은 우리가 상상력을 부정적으로 사용하는 세 가지 경우다.

먼저 진짜처럼 보이는 거짓 증거인 이 두려움의 개념을 더 자세히 들여다보자. 천 조각 하나와 손가락만을 이용하여 나는 여러분이 사는 동네의 은행을 털 수도 있다. 천 조각은 얼굴을 가리기 위한 손수건으로 쓰고, 손가락은 코트 주머니에 넣고 사람을 겨냥한 총처럼 보이게 만든다. 만약 내가 은행직원에게 총을 겨누고 "돈 몽땅 내놔!"라고 말한다면, 틀림없이 그녀의 손바닥은 땀으로 흥건해지고 심장은 격렬하게 방망이질 칠 것이다. 결국 그녀는 내게 돈을 넘겨줄 것이다. 모든 증거는 거짓이지만, 외견상 진짜처럼 보이기 때문에 은행직원은 그것이 진짜라고 믿고 행동하게 된다.

여러분 중에는 수년 전 비누 한 개만 가지고 쿠바로 비행기를 납치한 젊은 쿠바인에 관한 기사를 읽어본 사람이 있을 것이다. 그는 비누를 구두 상자에 넣고 승무원에게 다가가 말했다. "이봐 아가씨, 여기 폭탄 들었거든." 승무원이 바싹 오그라들며 대답했다. "이런 세상에! 조종사에게 가보세요." 그는 조종사에게 가서 말했다. "이봐요, 조종사 아저씨. 여기 폭탄 있는데, 나 쿠바로 가고 싶거든." 결국 그들은 쿠바로 갔다. 모든 증거는 거짓이었다. 그러나 그것은 진짜처럼 보였기 때문에 기장은 그것을 진짜로 믿고 행동했다.

불평불만 클럽의 회원들

나는 여러분에게 자신의 가장 큰 두려움과 의심, 그리고 걱정 열 가지를 종이에 적어볼 것을 권한다. "난 열 가지가 넘는데"라고 생각하실 분들이 있을지 모른다. 부담 가질 필요 없다. 나는 가장 큰 두려움, 의심, 걱정 열 가지라고 했다. 만약 그 열 가지를 적었다면, 여러분은 이런 사실을 발견하게 될 것이다. 즉 그 열 가지 중에 예닐곱 가지는 이미 일어났거나 아니면 일어날 수 없는 것들이다. 남아 있는 것들 중 한두 가지도 내가 도저히 손을 써볼 수 없는 것들이다. 나의 통제 범위를 벗어난 것들이란 말이다. 따라서 내 힘으로 어떻게 해볼 수 있는 것은 오직 한두 가지뿐이라는 사실을 알게 될 것이다.

　질문 : 내 힘으로 처리할 수 있는 한두 가지에 에너지를 집중하는 대신 내 힘이 미칠 수 없는 그 많은 것들에 에너지를 분산시키는 것이 과연 타당한 일인가? 이에 대한 답은 분명 "아니오"다. 그런데도 왜 우리는 해결 가능한 문제에 에너지를 집중시키지 못할까?

　대답 : 그것은 우리가 습관의 산물이기 때문이다. 우리는 틀에 박힌 일상사에 매여 있고, 그것에 변화가 생기면 당황하게 되고 심지어는 하루 전체가 엉망이 될 수도 있다.

　우리 사회를 위해 참 불행한 일이지만, 사람들의 파괴적인 습관 중 가장 최고는 불평하고 투덜대고 한탄하는 것이다. 또는 브라이언 플래너건의 말을 빌리면 "우리는 불평불만 클럽의 회원으로 가입해 있다." 성공보다는 불평하는 쪽을 택하는 사람들이 있다는 사실을 알고 있는가? 말도 안 되는 소리처럼 들린다면, 내가 틀렸다는 것을 증명해보라. 불평을 멈춰보라. 그리고 그것이 더 빨리 성공하는 데 도움이 되는지 안 되는지 살펴보라. 우리는 긍정적이기보다는 부정적이 되는 것에 더 익숙한 사회에 살고 있다. 예컨대 내 연사 친구인 돈 헛슨Don Hutson의 말처럼, 경제학자들은 18차례의 경기침체를 예측했지만 실제로는 두 번만 발생했다. 사람들은 마치 그렇게 하면 상이라도 받는 것처럼 흠을 찾으려 한다. 최악의 요소를 찾아 눈에 불을 켜고, 남을 깎아내리거나 비판할 기회를 결코 그냥 지나치지 않는 사람들이 너무 많다.

상상력의 부정적인 이용

나는 보통 매주 2~10차례 비행기를 탄다. 물론 나는 이따금 비행기가 추락할 때가 있다는 것을 안다. 그래서 비행기 탑승에는 위험이 따른다는 사실도 잘 알고 있다. 하지만 좀 우스갯소리를 하자면, 현실적으로 위험이 훨씬 더 큰 쪽은 바로 비행기다. 왜냐하면 추락하는 순간 비행기의 교환가치는 거의 제로가 되기 때문이다. 새 것과 서로 바꿀 수 없다는 뜻이다. 그 비싼 기계가 그냥 재가 되어 버리는 것이다.

그러나 참 재미있게도 하늘을 나는 비행기도 위험하기는 하지만, 그것이 한층 더 위험해지는 것은 지상에 머물러 있을 때다. 기술자들은 비행기가 창공을 날며 낙후되어가는 것보다 활주로에서 꼼짝 않고 있을 때 더 빨리 녹슬어버릴 거라고 말한다. 묵혀서 없애느니 쓰면서 없애는 게 낫다는 것이다. 어쨌든 비행기는 날아다니라고 만들어진 것 아닌가.

항구를 떠난 배는 확실히 위험하다. 배가 가라앉을 수 있기 때문이다. 그러나 배는 항구에 정박해 있을 때 한층 더 위험하다. 다시 전문가들의 말을 빌리면, 항구에 정박해 있는 배에는 삿갓조개들이 달라붙고, 이런 배는 높은 파도를 뚫고 항해할 때보다 더 빨리 배로서의 기능을 잃게 된다고 한다. 무엇보다 배는 그렇게 항구에 잡아두려고 만든 것이 아니다.

만약 집을 임대할 경우, 집주인은 세입자가 집을 손상시킬 위험을 감수하는 것이다. 그리고 세입자들은 자기 집이 아니기 때문에 주인만큼 그 집을 잘 관리하지도 않을 것이다. 그러나 부동산업에 종사하는 내 친구들 말에 의하면, 집을 비워둘 경우에 오히려 더 큰 위험이 따른다고 한다. 집은 그 안에 사람이 살고 있을 때보다 비어 있을 때 더 빨리 노후화된다는 것이다. 더구나 집은 사람이 살라고 지은 것 아닌가.

분명히 무슨 일이든 그 일을 할 때는 일정 수준의 위험이 따르지만, 경영에 있어 아무 일도 안 할 때는 한층 더 많은 위험이 수반된다. 인간과 자연은 최소한 한 가지 측면에서 완전히 정반대되는 특성을 보여준다. 즉 천연자원은 계속 사용함으로써 고갈되지만, 인적자원은 전혀 사용하지 않음으로써 고갈된다.

올리버 웬들 홈스Oliver Wendell Holmes가 미국의 큰 비극은 천연자원의 파괴―이것도 큰 비극이긴 하지만―가 아니라고 말했을 때 그는 옳은 말을 한 것이었다. 그는 진정으로 참담한 비극은 인간의 능력을 최대한 활용하지 못함으로써 인적자원을 파괴하는 것이라고 지적했다. 이 말은 대부분의 사람들이 자신의 음악을 제대로 울려보지도 못하고 한 생을 마감한다는 뜻이다. 이 비극은 리더의 위치에 있는 사람들이 자기 영향권 내의 사람들로 하여금 그들의 잠재력을 최대한 발휘하도록 올바로 지도하고 고무하는 능력을 보여주지 못할 때 더욱 심화된다.

우리의 기업 목적, 즉 우리가 사업을 하는 이유는 사람들이 자신의 능력을 인지하고 계발하고 활용할 수 있도록 돕는 것이다. 이 목표를 달성하기 위해 우리가 이용하는 수단 중 하나는 앞서 언급한 아이 캔 I CAN 교육과정이다. 그것은 미국 전역과 캐나다의 300만 이상의 학생들과 수천 명의 교사들에게 긍정적인 영향을 주었다.

수년 전 일리노이의 록퍼드Rockford 시에서 마르시 레마리Marcie Lemaree라는 이름의 학생이 아이 캔 교육에 참여하고 있었다. 사실 그녀는 스스로 참여했다기보다 말 그대로 강의실에 억지로 끌려와야 했다. 그녀는 정말 골치 덩어리였기에 결국 강사들도 두 손 들고 이렇게 말했다. "마르시, 만약 학생이 도서관에 가서 이 교육에서 이용하는 테이프를 듣는다면, 교장선생님께 학생의 문제를 말씀드리지 않겠어요." 이 제안이 강의실에 앉아 있는 것보다는 훨씬 나아 보였기에 마르시는 테이프를 들었다. 그런데 듣는 과정에서 그녀는 테이프의 내용에 조금씩 빨려 들어가기 시작했다. 점차로 그녀의 태도가 바뀌었고, 나중에는 교육에 적극 참여하게 되었다. 마르시는 자신의 태도가 왜 그렇게 중요한지를 깨닫게 되었으며, 분석을 하고 어떻게 더 능률적이 될 수 있을까에 대한 가르침을 받았다. 그녀는 농구팀의 주장이 되었고 육상에서는 최우수 선수로 인정받았다. 또 마르시는 라이플 소총팀의 7명 중에서 4위를 기록했다.

여러분은 이 정도가 뭐 그리 대단한 거냐고 생각할지 모르지만, 나머지 사연을 풀어놓으면 느낌이 달라질지 모른다. 마르시는 법률상 맹인이다. 그녀는 어둠과 빛을 잘 구분하지 못한다. 그녀가 소총팀에서 총을 쏠 때, 누군가가 이렇게 말해주곤 했다. "아냐, 마르시. 총이 왼쪽으로 조금 내려가 있어. 오른쪽으로 조금 올려봐." 마르시는 두려워하고 의심하고 걱정할 이유가 있었을까? 물론이다. 그럼 그녀는 그

두려움과 의심과 걱정들을 극복했는가? 이 역시 물론이다. 그럼 어떻게 극복했는가? 여러분과 내가 두려움, 의심, 걱정을 극복하는 것과 똑같은 방식, 즉 분석과 교육을 통해 극복했다. 말할 필요도 없이, 마르시는 자신에게 입력되는 내용을 바꿨고, 이것은 그녀의 출력 내용을 크게 변화시켰다.

위대한 진리는 단순하다

대부분의 경영서들은 동기부여에 관한 행동과학자들의 견해를 살피는 데 얼마의 지면을 할애한다. 그러나 그 내용이 너무 전문적이라 이해가 쉽지 않다. 나의 접근방식은 혹자에게 지나친 단순화처럼 보일 테지만, 이미 자주 언급했듯이 인생의 가장 위대한 진리들은 지극히 단순하다. 그래서 나는 대체로 중학교 1학년 정도 수준으로 말을 하고 글을 쓴다. 애틀랜타의 에모리Emory대학 교수이자 내 친구인 스티브 프랭클린Steve Franklin 박사가 말하듯이, "인생의 위대한 진리는 단순한 것들이다. 뭔가 꼭 복잡해야 의미심장해지는 것은 아니다."

스티브는 내게 순수한 색깔은 오직 세 개뿐이라고 지적했다. 그러나 그 세 개의 색상으로 미켈란젤로가 무슨 일을 했는지 보라. 음표는 겨우 7개가 전부이지만, 그 7개를 가지고 쇼팽, 베토벤, 그리고 비발디가 부린 요술을 보라. 링컨의 게티스버그 연설문은 겨우 262개의 단어로 구성되었고, 그 중 202개는 단음절이었다. 이 단순하고 직접적인 말들이 우리 사회에 미친 파급력을 생각해보라. 나는 우리가 지닌 많은 문제들이 복잡하다는 것을 안다. 그러나 간결하고 이해하기 쉬운 언어로 표현된 단순하고(극단적으로 단순화한 것이 아닌) 직접적인 접근이 성과를 얻는 데 가장 효과적인 방법이라고 믿는다.

진정한 교육으로 무장한 최고 성취자

이제 이 책을 어느 정도 읽었으니 내가 가장 지혜롭고 가장 훌륭한 교육을 받은 인물 중 하나로 꼽는 사람이 초등학교 5학년 학력이 전부인 내 어머니라는 사실을 여러분도 알 것이다.

어린 소년 시절, 미시시피의 야주 시티에서 있었던 잊혀지지 않는 사건이 하나 있다. 주기적으로 내게는 우리 집에서 일곱 블록 떨어진 곳에 사는 노부부를 위해 몇 가지 일을 할 기회가 있었다. 그들은 작은 농장을 소유했고, 대략 60대 후반이나 70대 초의 나이였다. 남자는 장님이었다. 30년대는 형편이 몹시 궁핍했던 시절이라 우리에게도 돈이 더 필요했다.

사건의 자세한 내막 일부는 잊었지만, 어쨌든 어떤 문제가 생겼다. 그 할머니는 나를 호되게 야단치며 내가 해야 할 일을 하지 않았다고 주장했고, 따라서 내가 이미 한 상당한 양의 노동에 대한 값을 치르지 않겠다고 했다.

내가 집에 돌아와 울면서 어머니에게 전후사정을 고하며 일한 값을 못 받을 것 같다고 말하자 어머니도 무척 속상해하셨다. 그러나 어머니는 내가 아는 가장 다정하고 지혜롭고 인자하고 성실한 분이자 강한 신념의 소유자였다. 말하자면 최고 성취자의 전형이자 이 책에서 가르치는 모든 긍정적인 경영 기술의 상징과도 같은 분이었다. 내가 이야기를 마치자 어머니는 조용히 앞치마를 벗고 말씀하셨다. "가서 그분들과 얘기해보자."

어머니는 체구가 작았다. 나이는 50세였지만 오랫 동안의 고된 삶은 어머니에게 세월의 흔적을 진하게 남겨놓았다. 우리가 그 부부에게 갔을 때, 할머니는 어머니에게 분명한 언어로 내가 해야 할 일을 하지 않았고, 믿을 수가 없으며 자기에게 거짓말도 했다는 등의 말을 했다. 어머니는 모든 훌륭한 경영자들이 그렇듯이 인내심 있게, 할머니가 얘기를 다 마칠 때까지 매우 차분하게 집중하며 귀를 기울였다.

드디어 어머니가 입을 열었다. "부인께서 이 일을 하라고 제 아들을 고용하셨을 때 저도 그 자리에 있었습니다. 기억하실 겁니다. 저는 부인께서 제 아들에게 마당에서 어떤 일을 해야 하는지 말씀했던 내용을 정확하게 기억하고 있습니다. 저는 문을 노크하기 전에 부인의 마당을 유심히 살펴보았습니다. 그 결과 제 아들은 원래 하기로 되어 있던 모든 일을 다 했을 뿐 아니라, 그것도 제가 보기엔 아주 잘했고 거기다 추가로 다른 일도 했다는 점을 분명히 말씀드릴 수 있습니다. 제 아들은 이 사실에 대해 부인께 거짓말을 하지 않았습니다. 그리고 앞으로 어떤 경우에도 부인께 거짓말하는 일은 없을 거라는 점을 알아주셨으면 합니다."

그리고 어머니는 이렇게 매듭을 지었다. "부인은 제 아들에게 돈을 빚지고 있습니다. 그것을 지불하고 안 하고는 전적으로 부인에게 달려 있습니다. 저는 단지 부인께 제 아들이 정직하다는 점을 분명히 말씀드리고 싶었습니다. 부인께서 이 아이에게 일한 값을 치르지 않으신다 해도, 저희는 그 돈 없이도 살아갈 수 있습니다. 그러나 부인은 그 돈을 지닌 채 제 어린 아들에게 부당하게 억울한 누명을 씌웠다는 수치를 안고 사실 수 있겠습니까? 제 아들에게 품삯을 줄 것인지 여부는 부인의 결정에 맡겨 놓겠습니다."

내가 기억하기로는, 그럼에도 그 할머니는 내가 할 일을 안 했다는 자기주장을 굽히지 않았고, 어머니는 다음과 같이 마무리를 지었다. "좋습니다. 저희는 그 돈 없이도 살아갈 수 있습니다. 부인께서는 부인의 양심에 따라 행동하시면 됩니다."

그로부터 며칠 뒤, 할머니는 돈을 가지고 우리 집에 들러 어머니와 내게 사과했다.

그것이 내 삶에서 특별히 중요한 사건이었던 것은 어머니가 나의 버팀대 역할을 해주셨기 때문이다. 그로부터 많은 시간이 흘렀지만, 어머니가 내게 보여주신 믿음과 지지에 대한 감사의 마음은 결코 식지 않았다.

나는 이와 같은 사건들이 내 삶에 엄청난 차이를 만들었다고 믿는다. 경영자와 리더로서 부하직원들이 옳은 일을 했을 때 우리가 그들에게 보내는 지지와 성원은 지극히 중요하다. 심지어 그들이 옳지 않을 때조차 그들의 일부 행동에 동의하지 않으면서도 그들의 진실성은 옹호할 수 있다.

내 어머니가 즐겨 쓰시던 속담 두 가지는 "중요한 건 누가 옳으냐가 아니라, 무엇이 옳으냐"와 "사람이 올바르면 그가 하는 일도 올바를 것이다"다. 확실히 내 어머니는 인생 학교의 우등 졸업생이었다. 만약 당신이 이 책에서 소개한 내 어머니가 그토록 훌륭하게 모범을 보였던 원칙들을 실천한다면, 당신 역시 당신의 사람들이 두려움과 의심, 걱정을 털어내고 최고 성취자로 우뚝 서게 한 위대한 경영자로 추앙받을 것이다.

성공원칙

1. 적절한 교육을 못 받으면 두려움, 의심, 그리고 걱정이 나와 동료들을 무력화 시킬 것이다.
2. 일단 어떤 욕구가 충족되면, 그것은 더 이상 동기유발 인자가 되지 못한다. 만족한 사람은 의욕을 느끼기 어렵다.
3. 경영자의 선입견과 경영자의 태도는 경영자의 행동으로 나타난다.

동기부여 비결

행동은 종종 감정에 선행한다.

－무명인

인식Awareness

가정Assumptions

분석Analysis

행동Action

4A 공식의 네 번째 A는 행동이다. 당신은 행동인이다. 그것은 오늘 아침 시작되었다. 당신이 침대에 누워 있을 때 그 "기회의 시계" opportunity clock—부정적인 사람들은 그것을 자명종alarm clock이라 부른다—가 울렸다. 손을 뻗어 시계를 끌 때 차가운 공기가 팔꿈치에 서늘한 기운을 몰아오자 당신은 반사적으로 팔꿈치를 이불 밑으로 다시 집어넣는다. 여기서 당신은 아주 기본적인 선택에 직면한다. "저 차가운 공기 속으로 나가야 하는가, 아니면 이 따뜻하고 포근한 이불

속에 계속 웅크리고 있을 것인가?" 당신은 이 책 1부에서 소개된 성공하는 인물의 모든 자질을 갖춘 책임 있는 사람이기에 내가 하고 싶은 것과 해야 하는 것 사이의 전투는 결국 해야 하는 것의 승리로 끝난다. 당신은 결국 침대에서 굴러 나온다. 당신을 비롯한 성공 지향적인 사람들은 내가 먼저 움직이지 않으면, 곧 내가 행동하는 습관을 들이기 전에는 아무 일도 일어나지 않는다는 사실을 잘 알고 있다.

나는 여기서 진정 이 책의 가치에 값한다고 믿는 표현 하나를 소개하고 싶다. 혹시 그런 게 있으면 왜 아예 첫 페이지에 소개하고 나머지는 빼버리지 그랬냐고 묻는다면, 나는 여러분이 "지불한 돈의 값어치 이상으로 훨씬 많은 것을 얻게 되기를 바라기 때문"이라고 대답하겠다. 그 이유는 얼마쯤은 선의에 바탕하고 있고, 또 얼마쯤은 이기적이다. 이미 말했듯이 나는 다른 사람들이 원하는 것을 얻을 수 있도록 최선을 다해 도와주면 당신 역시 인생에서 원하는 모든 것을 가질 수 있다는 진리를 굳게 믿고 있다. 그러면 나는 왜 여러분이 이 책에서 그토록 많은 것을 건지기를 바라는 것일까? 그것은 여러분이 더 많은 것을 건질수록 더 많은 사람에게 이 책에 대해 말할 것이고, 이는 곧 책의 매출 증대로 이어지기 때문이다. 이제 아래에 그 강력한 마법의 표현을 소개한다.

논리는 감정을 변화시키지 못하지만, 행동은 감정을 바꿔놓는다!

달리 표현하면,

행동은 종종 감정에 선행한다!

예컨대 이런 소식은 별로 전하고 싶지 않지만, 여러분은 침대에서 나와 출근하고 싶지 않은 날이 있을 것이다. 놀라는 분들이 있겠지만, 실제로 그런 날들이 있다. 그러나 때로 최고의 성취는 자신이 해야 하는 일을 하고 싶어 하지 않는 사람들에 의해 이루어진다. 이들은 스스로 자리를 떨치고 일어나 움직이는 용기, 진취적 기상, 그리고 책임감으로 똘똘 뭉쳐 있다. 성공적인 사람들은 누구인가? 그들은 성공하지 못하는 사람이 마다하는 일을 하는 사람들이며, 사람이 하는 모든 일은 그것을 수행하는 사람의 자화상이라는 사실을 이해하고 있다. 그리고 그들은 모든 일을 완벽하게 해내겠다고 스스로에게 다짐한다.

내 책 『정상에서 만납시다』에서 언급했듯이, 어느 해에 나는 7천 명 이상의 영업사원을 거느리고 있던 한 전국 조직에서 2등을 했다. 그다음 번에는 영업사원이 3천 명이 넘는 또 다른 전국 조직에서 1등을 했다. 나는 일하러 가고 싶지 않았던 날들이 많았다고 솔직하게 말할 수 있다. 그러나 일단 행동에 나선 후에는 실제로 일하고 싶은 기분으로 출발했다. 여기 중요한 사실이 있다. 7천 명 중에 2등을 했던 그 해에 나는 단 한 번도, 일주일간의 영업실적에서조차 최고 20위 안에 들어본 적도 없었다. 그리고 그 시기에 한 달 동안 최고 20위 안에 들어본 적이 없었다. 그럼에도 연말에 전체 조직에서 2등을 했다. 이 일이 어떻게 가능했을까? 간단하다. 나는 매일 오전 9시 이전까지 잠재고객 앞에 나타나는 것으로 하루를 시작하기로 정했다. 그 결과 매주 어떤 거래가 이루어졌고, 연말이 되자 나를 2등으로 밀어 올릴 정도의 충분한 실적이 쌓였던 것이다.

　잘 알다시피 큰 일은 수많은 작은 단계를 밟아서 이루어진다. 코끼리를 어떻게 먹어치울 수 있을까? 한 번에 한입씩 먹는 것이다. 17킬로그램의 살을 빼려면 어떻게 해야 할까? 10개월 동안 매일 54그램씩 빼내는 것이다. 어떻게 하면 내 사람들이 더 효과적으로 더 큰 성취를 이루게 하며 꾸준하게 성공의 계단을 오르게 할 수 있을까? 매일 같이, 꾸준하게, "최선의 노력"을 기울이는 방법으로 가능하다. 힘들이지 않고 움직이려면 내리막길을 타면 된다. 하지만 내리막길만 계속 타다간 결국 추락할 수밖에 없을 것이다.

천 리 길 도 한 걸 음 부 터

　내 처형인 유리 애버네이시Eurie Abernathy는 여러 해 동안 다발성 경화증을 앓아왔다. 1985년에 그녀는 크리스마스 연휴 며칠간을 우리와 함께 보냈다. 그때 처형은 우리의 새 2층집을 처음 방문한 터였다. 나는 그녀가 병 때문에 계단을 올라 2층까지 못 갈 거라고 생각했다. 그래서 어느 날 집에 돌아왔을 때 처형이 아내와 함께 2층 침실에 앉아 얘기를 나누고 있는 것을 보고 놀라지 않을 수 없었다. 얼마 뒤 처형은 아래층으로 내려가려고 했다. 나는 혹시 처형이 넘어질 경우 붙잡을 수 있도록 그녀 앞으로 걸어갔다. 계단을 내려가면서 나는 그녀가 비교적 가파른 계단을 올라온 것에 대해 놀라움을 표시했다. 그러자 처형은 즉시 간단하지만 의미심장한 말로 대꾸했다. "그래요. 한 번에 한 발자국씩만 움직이면 뭐든 할 수 있어요." 영업 교육자 고 찰리 컬런Charlie Cullen은 위대함의 기회란 나이아가라처럼 폭포수가 되어 떨어지지는 않는다고 말했다. 그것은 한 번에 한 방울씩 천천히 다가온다.

여기 여러분이 해야 할 일이 있다. 성공하기 위한 당신의 가장 중요한 행동 항목 10개의 목록을 작성하라. 다른 사람이 그의 성공을 위해 해야 하는 것이 아니고, 또 성공을 위해 당신이 해야 한다고 다른 사람이 생각하는 것들도 아니고, 당신 자신이 매일 해야 한다고 생각하는 것을 적어라. 물론 당신이 매일 하는 일은 10가지가 넘을 것이다. 그러나 당신의 성공으로 연결될 수 있는 가장 중요한 활동 10가지는 무엇인가?

성공에 이르는 10대 행동

1.
2.
3.
4.
5.
6.
7.
8.
9.
10.

내가 앞서 말한 매출기록을 세웠을 당시 나는 조리기구를 팔고 있었다. 나는 제품 시연회를 열고 내가 판촉하고 있던 물이 필요 없는 튼튼한 조리기구로 요리를 해보였다. 모든 사람이 떠나고 주방을 청소하고 나면 한밤중을 넘길 경우가 많았다. 그러나 내 목록의 제1 행동 항목은 다음 날 아침 9시에 잠재고객과 마주하는 것이었다. 아기 때문에 새벽 3시 반까지 잠을 설쳐도, 차에 펑크가 나거나 시동이 안 걸려도, 무슨 일이 있든 나는 매일 아침 9시에는 고객 앞에 나타났다. 목표를 정하고 그것을 작은 조각들로 분해하여 하나씩 공략해갈 때, 우리가 해낼 수 있는 일에 한계는 없다. 매일 똑같은 시간에 똑같은 방식으로 하루를 시작하겠다는 각오는 끝장을 보겠다는 강한 의지다. 왜냐하면 시작은 분명 도착을 위한 첫 걸음이기 때문이다. 중국인들이 옳았다. 천리 길도 한 걸음부터 시작되는 것이다.

무엇이 우리를 막는가?

세계에서 가장 크고 강력한 기관차도 약 3센티미터 크기의 나무토막 하나면 한자리에서 옴짝달싹 못하게 할 수 있다. 8개 구동바퀴 앞에 그 나무토막을 갖다 놓으면 기관차를 완전히 꼼짝 못하게 붙잡아 둘 수 있는 것이다. 그러나 이런 기관차도 증기의 힘을 잔뜩 받으면 1.5미터 두께의 철근 콘크리트 벽을 뚫고 지나간다. 우리도 행동하는 습관을 통해 이런 괴력을 발산할 수 있다. 윌리엄 몰튼 마스턴William Moulton Marston이 소개하는 다음의 사례는 스포츠 세계와 관련된 것이지만, 분명 비즈니스 세계에도 적용되는 진리다.

그저 공을 칠 생각뿐!

나는 베이브 루스Babe Ruth에게 생애에서 가장 흥분되었던 순간이 언제였는지 물었다. 그때 그는 시카고에서 치른 마지막 월드 시리즈의 세 번째 경기였다고 대답했다. 베이브는 타격 난조를 보였고 팀은 지고 있었으며, 투 스트라이크가 선언된 상태였다. 관중들은 베이브를 향해 야유를 보내기 시작했다. 루스의 승리에 대한 열망은 이 위기 상황과 맞물려 행동으로 점화되었다. 그는 외야의 한 먼 지점을 가리키며 악을 써대는 군중을 향해 외쳤다. "저곳을 잘 보시오. 바로 저 곳으로 날려주겠소!"

그리고 베이브는 다음 공을 정확히 바로 그 지점으로 날려 보냈다. 그것은 그때까지 리글리 구장Wrigley Field을 날아오른 가장 긴 홈런이었다. 나는 그에게 공이 날아오는 순간 무슨 생각을 했는지를 물었다.

"무슨 생각을 했냐고요?" 그는 콧방귀를 뀌었다. "그야, 제가 항상 생각하는 건, 그저 공을 쳐내는 것이죠."

챔피언은 이런 사람이다. 그는 자신의 현재 행동에 모든 주의를 집중하며 모든 위기나 열망에 자신의 모든 것을 걸고 긍정적으로 반응한다. 월드 시리즈와 내년 계약이 어떻게 될지 알 수 없는 불안한 상황에서 루스는 공을 치는 문제를 생각했다. 그리고 그 어느 때보다 더욱 간절히 승리를 염원했기에 온 힘을 다해 공을 쳤다.

앞으로 연거푸 문제가 터지고 모든 것이 당신의 다음 행보에 달려 있는 위급한 상황에 직면하게 될 때는 과거와 미래를 모두 잊어라. 베이브 루스를 기억하고 오직 한 가지, 곧 공을 치는 것만 생각하라.

자신을 내던져라. 위기가 지나가기 전에 승리에 대한 열망에 당신이 지닌 모든 것을 쏟아부어라. 뒤에서 밀어주는 감정의 힘 때문에 그 것은 당신의 최고 성과가 될 것이다. 모든 위기는 우리에게 전에 없던 특별한 힘을 더해준다.

개인적 확신 : 긍정적 사고와 긍정적 믿음

행동하는 사람에 관한 이야기를 할 때, 행동에는 용기가 필요하다 는 것을 인지하게 된다. 버지니아 주 프레더릭스버그Fredericksburg 시의 게르하르트 그슈반트너Gerhard Gschwandtner는 나도 적극적으로 추천하는, 『세일즈가 힘이다Selling Power』라는 뛰어난 영업 간행물을 출판한다. 이 책의 구성에서 내가 좋아하는 부분 중 하나는 행동지향적인 사람들과의 대담이다. 한번은 모 시겔Mo Siegel과의 인터뷰 내용이 실렸다. 모 시겔은 셀레스티얼 시즈닝스Celestial Seasonings의 창업자이자 전 소유주로, 이 기업은 수백만 달러 규모의 차 업계의 주요 지분을 차지한 허브차 회사이다. 시겔은 그가 걸상의 네 다리에 비유하는 가치체계 위에 자기 조직의 기초를 놓았다. 첫 번째 다리는 제품에 대한 사랑이다. 모 시겔은 자신의 주위를 진정으로 허브차를 사랑하고 그것이 소비자에게 정말 유익한 제품이라고 믿는 사람들로 포진시켰다. 걸상의 두 번째 다리는 고객에 대한 사랑으로, 이 회사의 경우 고객은 판매 대리점을 가리킨다. 셀레스티얼 시즈닝스는 품질관리 결정에서 고객을 우선시했다. 세 번째 다리는 예술과 아름다움에 대한 사랑이다. 이 가치에 따라 모 시겔은 소매 판매에서 가장 세밀한(그리고 비싼) 포장 프로그램 중 하나를 개발했다. 네 번째 다리는 개인에 대한 존중이다. 셀레스티얼 시즈닝스는 사원을 포함한 모든 사람들을 귀하게 대했다. 조직 내에 심각한 문제가 발생할 때마다 모 시겔은 다음 두 가지 질문—(1) 고객이 행복한가? (2) 우리는 가능한 최고의 제품을 만들고 있는가?—에 대한 대답 안에 그 해결책이 있다고 말했다.

두 번째 질문에 대한 답을 찾기 위해 그는 비교대상 제품의 브랜드를 모르는 상태에서 맛을 비교평가하는 블라인드 테스트를 의뢰했다. 이 시험에서 그의 제품은 일관되게 시장의 큰 부분을 점령하고 있던 홍차나 비허브차보다 높은 점수를 받았다. 하지만 셀레스티얼 시즈닝스의 제품이 더 우수하다는 증거가 압도적이었음에도 모 시겔은 그 사실을 광고 캠페인에 이용하지 않기로 했다. 그는 자신의 개인적인 신념에 따라 그의 시간과 자원을 고객을 더 잘 섬기는 데 썼다. 그는 이렇게 말했다. "저는 남을 깎아내리는 방법으로 돈을 벌고 싶지는 않습니다."

그러나 현재의 광고 경향이 그와는 정반대의 방향으로 흘러가는 상황에서 모 시겔의 결정은 용기와 정직성이 요구되는 것이었다. 시겔은 계속해서 "조직은 자신의 시간과 자원을 투입하는 대상을 소중히 한다"고 말했다. 그는 분명 정직성의 미덕을 소중히 여겼으며, 자신이 그렇게 빨리 큰 성장을 할 수 있었던 것은 교육을 중시한 결과라고 말했다. 그는 임원에게는 연중 최소한 30시간의 교육이 필요하며, 영업 사원들은 그보다 한층 더 많은 시간이 필요하다고 지적했다. 나도 교육이 정말 중요하다는 그의 의견에 맞장구를 쳐야겠다. 왜냐하면 그것은 사람을 "긍정적인 사고의 소유자"에서 "긍정적인 신념의 소유자"로 변하게 하기 때문이다.

이 둘 사이의 차이는 이렇다. 긍정적인 사고는 우리가 산을 들어 옮기거나 기타 불가능해 보이는 다른 일들을 수행할 수 있다는(반드시 어떤 사실에 근거하지는 않는) 낙관적인 희망이다. 나는 긍정적인 사고와 그런 사고의 소유자들이 엄청난 일을 해내는 것을 보았다. 동시에 가진 것이라곤 긍정적인 생각과 열정밖에 없는 사람들이 그 때문에 심각한 문제에 봉착하는 현실도 목격했다. 그들에게는 기초와 기술과 교육이 결여되어 있었다. 그 결과 그들은 열정의 파도에 휩쓸려 결국에는 심각한 난파 지경에까지 이르게 되었다(누군가가 긍정적인 사고와 열정은 어둠 속을 질주하는 것과 같다고 말했다. 운이 좋으면 목적지에 도달할지도 모르지만, 그 과정에서 자칫 목숨을 잃을 수도 있다). 긍정적인 생각과 열정에 교육을 추가하라. 그러면 정상을 향한 노정에 불을 환히 밝히는 셈이다. 그곳에 산 채로 도달하게 된다는 뜻이다.

긍정적인 신념은 긍정적 사고와 같은 낙관적인 희망이지만, 그것은 우리가 산을 옮기거나 다른 불가능해 보이는 임무를 해낼 수 있다고 믿을 만한 근거 있는 이유에 기초한다. 나는 긍정적 신념의 소유자들이 긍정적 사고의 소유자들보다 훨씬 더 많은 일을 해내는 것을 보았다. 긍정적 믿음의 소유자들은 상황이 좋지 않을 때조차도 긍정적으로 생각하는 사람들보다 한층 강한 열정을 지닌다.

모 시겔이 말하는 좋은 교육 프로그램은 조직의 구성원들에게 그들이 자신의 삶을 통해 많은 것을 성취할 수 있다고 믿을 만한 타당한 근거를 제시해준다. 직원들은 자신의 회사와 제품을 믿고, 교육을 통해 자신의 믿음을 타인에게 전파할 수 있는 자신감을 갖게 된다. 그리고 그들의 믿음에 전염된 다른 사람들은 제품 구매를 통해 행동으로 그것에 반응한다.

긍정적인 사고는 언제나 중요하다. 그것은 확실히 부정적인 사고보다 훨씬 더 많은 것을 성취하게 해줄 것이다. 그러나 긍정적인 믿음은 단지 긍정적인 사고가 할 수 있는 것 이상으로 무한히 많은 일을 할 수 있게 한다. 우리가 이 책에서 따라야 할 지침이나 절차, 행동 등을 그렇게 많이 제시하는 것도 바로 이런 이유 때문이다. 그리고 그렇게 하는 것은 우리가 리더로서, 또 경영자로서 긍정적인 믿음의 영역으로 점점 더 나아갈 수 있도록 하기 위한 것이다.

기업의 조직도는 긍정적 사고의 소유자들을 긍정적 신념의 소유자로 전환시키는 데 도움을 준다. 다시 한 번 크리슈 다냄은 건조하고 따분했을 내용을 재미있고 매우 유익한 읽을거리로 만들어 주었다. 이 점에 대해 크리슈의 생각을 들어보자.

팀워크와 절차개선(Process Improvement)

전형적인 조직도(그림 A)는 대부분의 조직이 종국에는 고객이 전체 조직을 떠받치도록 구성된 절차를 갖고 있다. 여기에는 조직 내부와 외부의 고객들이 포함된다. 그러나 최고의 성과를 내는 조직들은 그림 B에서 보듯이 구조를 뒤집을 수 있는 방법을 찾아낸다.

그림 A

팀워크와 절차개선은 전도된 조직을 지탱하는 두 개의 기둥이다. 어떤 조직이 자신의 주된 존재 이유를 내부와 외부의 고객에 대한 서비스라고 정하게 되면, 그 조직은 팀워크와 절차개선이라는 두 기둥 위에 자신을 지탱할 준비가 된 셈이다.

미래의 조직The Organization of the future

그림 B

팀워크

팀의 힘은 어느 단계에서든 팀이 지닌 목표의 결과에 긍정적이거나 부정적인 영향을 주는 누군가에 의해 흔들릴 수 있다. 전통적인 팀은 각 팀원의 능력에 대한 평가보다는 개인의 잠재능력에 대한 조직의 믿음에 더 근거를 두는 자의적인 기준에 따라 성과를 강요했다. 이것은 업무 집단이 실제로 팀이라는 믿음이 생겨나게 한다. 볼링 리그에서 만약 한 선수만이 고득점을 내며 게임을 주도해나가고 다른 선수들의 활약은 신통치 않다면, 사실 이 팀은 그 고득점을 내는 볼링 선수에 의해 끌려가는 셈이다. 이것은 팀이 아니다. 그것은 한 사람이 어깨에 마구를 팽팽하게 씌운 짐말 역할을 하는 업무 집단이다. 나머지 사람들은 그저 소극적으로 그 짐말에 묻어가는 꼴이다. 팀에 최고 성취자가 자생할 수 있는 토대를 마련하려면 그들이 스스로를 조직에 절대 필요한 기둥이라고 확신하게 만드는 것이 중요하다.

지글러 회장님은 항상 직원들에게 그들이 얼마나 귀중한 존재인지를 알게 했다. 다음의 팀워크에 관한 회장님의 설명은 그가 이 점을 어떻게 생각하는지를 아주 잘 보여주는 사례다.

리더와 경영자의 위치에 있는 최고 성취자들은 그들이 팀 내에 또 다른 팀을 갖고 있다는 사실을 알고 있다. 예를 들어 나와 가장 가까이서 일하는 사람들은 아내와 비서, 그리고 막내딸이다. 특히 막내딸은 내 책과 신문 기고문을 편집하기도 한다. 이 세 사람은 아주 멋지게 협력하고 서로를 존중하고 사랑하며 확실히 내 일을 한층 능률적이고 효과적으로 만든다. 그들은 정말 놀라울 정도로 내 어깨의 짐을 덜어준다.

우리 회사의 팀원 역시 모두 중요한 존재다. 그리고 각자는 보통 수준 이상으로 일을 잘한다. 그러나 축구에서처럼 우리에게는 키킹팀(kicking team, 미식축구에서 킥오프·펀트·필드골 등의 경기에 출장하는 팀—옮긴이), 수비팀, 공격팀과 같은 "특별팀"이 있다. 그리고 큰 차이를 만드는 것은 바로 이 특별팀들이다. 나는 우리 회사의 모든 직원이 큰 변화의 주역이라고 믿는다. 그러나 그 중에서도 나와 가장 가까이서 일하는 그 세 사람이 나 자신의 개인적 성취에 가장 큰 영향을 준다.

사장이자 CEO인 톰 지글러, 최고운영책임자 리처드 오츠Richard Oates, 회계부장 케일라 미첼Kayla Mitchell, 전국 영업부장 스콧 헤이에스Scott Hayes는 우리 회사에서 두 번째로 긴밀한 내부팀이다. 이 팀의 긴밀한 협력과 주기적이고 효율적인 의사소통은 필수 불가결한 요소며, 모두 그대로 실행된다. 특히 맞춤식 교육 프로그램을 제작할 때 이들과 시청각 서비스 책임자인 버트 뉴먼Bert Newman 사이의 활동 조율 작업도 중요하다. 뉴먼은 모든 녹음작업을 진행하며 프로젝트의 완성을 끝까지 관리한다. 모든 특별팀들은 필히 회사 정책과 목표 테두리 내에서 작업에 임해야 한다.

나는 대부분의 리더와 경영자들이 그들만의 특별팀을 거느리고 있다고 생각한다. 성서의 사례에서도 볼 수 있듯이 모세, 다윗, 심지어는 예수조차도 자신만의 특별팀을 거느렸다.

위에서 지글러 회장님이 인정한 모든 사람들은 확실히 자신들이 자기팀의 필수적인 기둥으로 인식되고 있다는 사실을 잘 알고 있다.

가 치 관

월마트 창업자 샘 월턴Sam Walton은 전설적인 존재였다. 그는 마지막까지 단순함과 근면이라는 자신의 가치를 전파했다. 그리고 이것은 전체 조직 내에서 가치에 기반을 둔 성과의 문화를 창조해냈다. 직원들은 자신들이 할인점을 위해 일한다고 느끼지 않았다. 그들은 자신이 변화의 촉매제라는 믿음을 가지고 일을 했으며, 매장 입구에 서 있는 고객응대 직원의 가치관과 경영자의 가치관이 상호 공존할 수 있었다. 그 결과가 바로 총수입 596억 9,400만 달러가 넘는 세계 최대 기업의 탄생이었다.

비 전

한 사람이 뭔가 위대한 일을 할 수 있다는 믿음은 신화다.

－존 맥스웰John Maxwell

비전은 사람이 지닐 수 있는 가장 귀한 보물 중 하나다. 대부분의 조직에서 개인의 비전은 대개 조직의 비전과 나란히 성장하는 것이 허락되지 않는다. 대부분의 팀 구성원들은 항상 팀의 목표인 공동 목표에 관한 이야기를 듣는다. 여기서 중요한 점은 조직의 비전과 관련하여 이들의 의견은 전혀 고려되지 않는다는 사실이다. 지속적으로 큰 그림을 그리는 일이 중요한 이유는 각 팀원은 그들을 리드하는 사람들이 계획과 목표를 가지고 있다는 사실을 알아야 하기 때문이다. 그러나 조직에 기여하는 팀원들의 개인적인 비전에 무관심한 태도는 기둥을 약하게 할 것이다. 만약 어떤 사람이 끊임없이 자신의 정체성과 꿈을 찾아 헤매야 한다면, 그에게 맡겨진 임무에서 그가 보일 수 있는 효율성은 약화될 수밖에 없다. 성공적인 리더들은 전체 팀원 개개인의 비전과 사명을 일깨우고 고무함으로써 그들 모두가 성취의 달인이 될 수 있게 한다.

1994년에 브라이언 플래너건과 나는 필리핀에서 교육 세미나를 진행하고 있었다. 나는 브라이언에게 내가 좋은 인생을 즐길 수 있어서 참 행운아라고 말했다. 그때 나는 풋내기 영업사원이던 시절 나를 믿어준 것에 대해 브라이언에게 감사했다. 브라이언은 지글러 팀에서 자기가 큰 기여를 하게 될 것으로 믿었으며, 그 믿음에 입각하여 해야 할 일을 한 것뿐이라고 말했다. 누군가의 비전을 알아주고 믿어줄 때, 그 사람은 팀에 큰 기여를 할 수 있는 존재가 된다. 그 이후 우리는 함께 많은 일을 해왔다. 나는 브라이언이 나를 믿어준 것에 대해 항상 고마운 마음을 잃지 않을 것이다. 내 생애의 그 시기에 그가 나에 대해 품고 있던 믿음은 내가 스스로에게 품고 있던 믿음보다 훨씬 컸다. 브라이언이 최고 성취자인 것은 팀을 위한 그의 비전이 매우 분명하고 정확하기 때문이다.

승 리

우리 중 어느 한 사람도 나머지 사람들보다 더 중요하지는 않다.

−레이 크록Ray Kroc

개개인의 승리가 기념되지 않고서는 어떤 팀도 성공할 수 없다. 팀 플레이어가 얻을 수 있는 가장 중요한 점은 개개인들이 팀에 정말 소중한 존재이며 본인이 없는 승리는 불가능하다는 것이다. 공적을 인정해주는 문제에 대해서는 이미 앞서 충분히 논의했으므로, 여기서는 모든 팀원이 자신이 조직의 승리자 명단의 일원이라는 사실을 알아야 할 필요성에 주목할 것이다. 주기적으로 승리의 공을 팀 플레이어에게 돌림으로써 팀원들이 조직에 더욱 큰 공헌을 하게 한다. 이것은 단순한 칭찬 몇 마디 이상의 것이다. 그것은 팀원들의 업적에 대한 진정어린 찬사이다. 많은 이들이 몸담고 있던 조직을 떠나는 것은 자신들이 승리를 기념하는 축하행사에 초대받지 못했기 때문이다. 그리고 모든 축하가 꼭 금전적일 필요도 없다.

절 차 개 선

80년대 후반과 90년대 내내 전 세계 기업을 휩쓴 품질 운동의 아버지로 간주되는 에드워즈 데밍W. Edwards Deming 박사는 모든 생산성 문제의 상당 부분은 시스템 문제에서 비롯된다고 말했다. 대부분의 경우 내외부의 고객에게 제공되는 가치를 높이기 위해 고안된 전도된 조직구조는 기존의 절차에 존재하는 시스템상의 결함 때문에 제대로 작동을 못한다. 시스템 문제는 성격상 만성적이 되는 경향이 있다. 만성적인 문제는 쉽게 사라지지 않는 문제로 정의된다. 그것은 시스템에 깊이 뿌리박혀 있고 오래도록 그곳에 존재해왔다. 상황에 대한 인식없이 운영하는 경영진은 만성적인 문제들을 싫어하는 경향이 있다.

그것은 이 문제들을 해결하기 위해 자신들이 할 수 있는 일이 전혀 없다고 느끼기 때문이다.

때때로 절차 개선에 역점을 두지 않는 경영자와 리더들은 만성적인 문제보다는 급성의 문제를 더 선호한다. 급성의 문제들은 단기간 돌발적으로 나타나는 문제들로, 응급처방을 통해 일시적으로 사라지게 할 수 있지만 다시 재발한다. 원인이 아니라 증상만 치료했기 때문이다. 최고의 성과를 올리는 조직들은 만성 문제와 급성 문제, 모두를 처리하는 지속적인 절차 개선작업을 진행하는 데 집중한다. 절차 개선이 중요한 이유는 평사원들 사이에서 효율성이 유지될 수 있게 하기 때문이다.

다음은 모든 절차가 조직의 재정 건강에 중요한 것으로 인식되도록 하기 위해 따라야 할 간단한 신조들이다.

1. 필요한 일을 하라.
2. 처음에 제대로 하라.
3. 지금 당장 하라.
4. 적정 가격에 하라.

하지만 모든 기업이 이 네 가지를 다 하고 있다고 주장한다. 최고 수준의 조직을 만들려면 시스템에 다음의 여섯 가지 추가 기준을 덧붙여야 한다. 그래야 오늘날의 시장에서 가치의 우위를 확보할 수 있다.

1. 내부와 외부의 고객들에게 중요한 것이 무엇인지 확인하라.

a. 내부 고객들에게 당신이 어떻게 더 나아질 수 있을지 물어라.

b. 포커스 그룹을 이용하여 외부 고객들에게 그들이 무엇을 원하는지 물어라.

2. 조직 내 모든 절차의 구성요소들을 확실히 이해하기 위한 시간을 마련하라. 컨설팅 회사 래스&스트롱Rath and Strong은 전체 처리 시간의 겨우 1%만이 고객에게 중요한 일에 소비되는 것으로 추산한다.

3. 비용 구성요소나 주어진 절차에 속하는 각 단계의 가치를 조직의 총경비에 배정하라. 다행히 연구결과에 따르면 손실된 시간의 75% 정도가 회수될 수 있다고 한다.

4. 내부 절차 관리에 적극 동조하는 사람들의 존재를 공식 정책화하라. 경험상 어떤 절차를 구성하는 단계들의 최소한 75%는 고객의 시각에서 볼 때 유익하지 않은 것으로 드러났다. 절차가 복잡할수록 비용이 많이 소요되니 축소하거나 없애야 한다.

5. 불필요한 단계와 절차를 줄이거나 없애라.

6. 고객의 고객을 섬겨라.

만약 내 고객들 중 10%에게 회사의 제품과 서비스를 매우 만족스럽게 제공하여 그 고객의 고객들까지 동시에 나와 거래를 하기 원한다면, 내 회사의 시장 점유율에 어떤 변화가 일어날까? 만약 이 일을 해낼 수 있다면 회사의 주가가 천정을 뚫지 않을까? 불필요한 단계를 제거함으로써 보여준 혁신 때문에 나 개인의 성과와 생산성이 주목받지 않을까? 경영자나 리더가 할 수 있는 가장 간단한 일은 조직에서 중요한 단계가 어떤 것인지를 찾아내는 것이다. 급성 및 만성적인 문제의 원인이 되는 요소들을 제거하라.

"당신은 팀의 일원인가?"

우리 대부분은 회사의 팀을 구성하는 인적 네트워크의 일부로서 여러 부서에서 일한다. 만약 우리 회사의 서비스나 제품이 훌륭하다면, 그 공은 누구 혼자만의 것이 아니다. 또한 제품이나 서비스가 부실하다면, 그에 대한 책임도 어느 한 사람만의 것은 아니다. 그러나 쇠사슬의 강도는 가장 약한 한 고리에 달렸다는 옛 속담을 믿는다면, 회사의 실적은 곧 나의 실적과 직결되어 있음을 알게 된다. 말하자면 쇠사슬의 가장 약한 부분이 끊어지면 그 전체도 끊어지는 것이다.

우리 각자는 팀에서 수행할 역할과 관련하여 선택을 한다. 활동적인 팀원으로 일에 적극 동참하거나, 아니면 주변을 서성이며 그냥 시늉만 낼 수도 있다. 팀에 적극 동참하기로 선택할 때 우리는 스스로 만족하는 일을 할 가능성이 더 높아지게 된다. 선택은 우리의 몫이다. 다음은 주변적인 위치에 머물지 않기 위한 주요 태도들이다.

나는 여기서 변화를 일으키는 동인이다. 나는 내가 하는 일이 회사가 원활히 기능하게 한다는 사실을 알고 있다. 내가 일에 쏟아붓는 노력은 회사 서비스의 질과 수익에 반영되어 나타난다.

나는 외부인들이 우리 회사를 평가할 때 그들의 눈에 비치는 것들의 일부이다. 모든 서신이나 전화통화, 그리고 모든 대인 접촉을 통해 나는 우리가 제공하는 서비스의 품질에 대해 어떤 선언을 하는 셈이

다. 1년 동안 나는 조직을 위해 수백 건의 중요한 업무상의 접촉을 수
행한다.

특정한 날의 내 기분은 함께 일하는 사람들에게 영향을 준다. 내가
어떻게 하느냐에 따라 이곳의 분위기는 달라질 수 있다. 내가 진정으
로 일에 열정을 쏟아부을 때, 나는 남들이 쉽게 따라올 수 없는 큰 기
여를 하는 것이라는 사실을 알고 있다.

나는 나를 힘들게 하는 일에 대해 책임을 진다. 특정 상황이 나를
불편하게 할 때, 나는 그것을 나의 문제로 받아들인다. 그것이 별 효
과 없는 어떤 절차든, 공정치 못하다고 느껴지는 관행이든, 또는 함께
일하기 껄끄러운 사람이든, 나는 그 상황을 바꾸기 위해 내가 할 수
있는 일을 한다. 때때로 인내가 필요하다. 그리고 언제 내 목소리를
내고, 언제 기다리며, 어떻게 내 설득력을 냉정하고 이성적으로 행사
할 것인지를 잘 알아야 한다.

내 힘으로 상황을 바꿀 수 없다면, 그것이 나에게 가하는 부정적인
영향을 최소화할 수 있는 길을 찾는다. 무엇보다 중요한 것은, 여기서
일하기로 선택한 사람은 바로 나라는 사실을 기억하며, 이곳에 있는
동안은 최선을 다한다.

내 회사에 관심을 갖는다. 나는 전체 조직이 그 부분들의 합보다 더
위대하다는 사실을 알고 있다. 그것은 자체의 생명력과 개성을 지니
고 있다. 나는 이 회사가 어떻게 지금의 모습으로 발전해왔는지, 그리
고 그 안의 사람들이 어떻게 현재의 모습으로 성장했는지 알고 싶다.

회사의 여러 기능과 작용에 관한 지식은 내가 일을 하는 데 도움이
될 뿐 아니라, 일을 더욱 흥미 있게 만든다. 그것은 나를 이곳의 소중

한 직원으로 만들어주는 요소며, 내가 경력상의 목표를 정하고 미래를 계획하는 데도 귀중한 참고가 된다.

나는 큰 그림을 보려고 노력한다. 내가 하는 구체적인 일의 범위를 넘어 고객의 입장에서 내가 받고 싶은 종류의 제품이나 서비스까지 생각의 영역을 확장한다. 나는 우리를 성공하게 만드는 요인에 관심이 있기 때문에 비즈니스, 정치, 또는 우리의 삶에 영향을 줄 기술 분야에서 벌어지고 있는 여러 현상에 주목한다.

나는 이 회사의 강하고 믿음직한 일원이 된 것이 자랑스럽다. 나는 회사의 성공은 물론 나의 성공도 그것에 달려 있다는 것을 알고 있다.

최고 성취자들은 변화를 예상하고 변화할 수 있는 기회를 환영한다.

매일 시간을 내어 위에 나열된 긍정적인 선언들을 스스로에게 일깨워라. 그리고 계속 읽어라. 크리슈는 여기서 최고 성취자가 되기 위한 요건들에 대해 추가 정보를 제공한다.

무엇이 최고 성취자를 만드는가?

소심한 사람들은 변화에 위협을 느끼고 공격적인 사람들은 태평하게 받아들이지만, 최고 성취자들은 변화를 기회로 바라본다. 그들은 외부의 힘과 싸우기 위한 모든 의미 있는 변화는 내부로부터 나온다는 사실을 이해한다. 모름지기 성취의 달인들이라면 변화를 두려워하는 사람은 젖은 기저귀를 찬 아기뿐이라는 사실을 알고 있다. 변화는 힘들다. 그러나 최고 성취자들은 사회 및 조직에 몰아치는 변화의 바람에 맞서기 위해 탁월함을 자신의 습관으로 만든다. "산만한" 지식이 혼돈을 유발하는 것과 마찬가지로, "체계적인" 지식은 변화에서 살아남는 데 필요한 전문 지식을 창조하고 조직화한다. 최고 성취자들이 체계적인 지식을 얻는 방법은 다음과 같다.

1. 내가 왜 일하는지 이해한다

성취의 달인들은 하루도 빠짐없이 그들이 일하기로 결심한 이면의 이유를 스스로에게 상기시킨다. 평범한 사회의 평균 이하의 기대들에 끌려 다니는 것은 비교적 쉬운 일이다. 그러나 우리가 내리는 선택 이면의 주요 동기를 찾아내기 위한 사고 과정을 명확히 하는 것은 우리가 이 선택을 즐길 수 있는 최고의 수단이다. 개인적으로 2년 전에 막다른 골목에 몰렸던 상황이 기억난다. 그때 나는 일 때문에 여행을 많이 했고 집을 떠나 있는 시간이 많았다. 나는 내 동기가 내가 하는 일에 대한 이해와 조화되지 않고 있다는 사실을 깨닫고 적지 않은 고통을 맛보았다. 그 당시 대부분의 사람들처럼 나도 가족을 위해 일한다고 말했다. 그런 생각은 내가 그들에게 일용할 양식을 대기 위해 매번 더 열심히 일하게 했다.

나는 여행으로 인한 죄책감을 보상하기 위해 돈을 더 벌려고 애썼다. 그러나 내가 표현방식을 바꿨을 때, 내 생각도 바뀌었고 일은 더 쉬워졌다. 지금 나는 가족들 덕분에 내가 지금 하는 일을 할 수 있다고 말한다. 내가 제 역할을 할 수 있는 것은 내 삶에서 그들이 차지하는 위치에서 나오는 힘과 에너지 때문이다. 지금 가정은 내 지식의 샘이다. 여행이 끝난 후 나는 이곳에 돌아가 갈증을 푼다. 죄의식은 사라졌고 그 자리에 내 역할, 책임, 위엄, 희생, 그리고 자부심을 정당화시켜 주는 내적인 평화가 들어섰다.

2. 무조건적으로 충성한다

2년 전, 나는 내가 이끌던 프로젝트가 목표 수익을 달성하지 못해 난처한 상황에 처한 적이 있다. 상사들 사이에서는 반대가 많았고, 그 당시 나를 대하는 그들의 태도에도 날이 서 있었다. 나는 엄한 질책을 받는 입장이었고, 나 나름의 보복을 고려하기도 했다. 그러나 나는 냉정을 잃지 않고 인도에 계신 아버지에게 연락하여 조언을 구했다. 그 때 아버지는 내게 인간은 실수하게 마련이고 그 실수에 대한 책임을 받아들이는 것이 온당한 처신이라는 점을 상기시켰다. 그러면서 아버지는 곧 내가 어느 순간 불성실했던 적이 있었는지를 물으셨다. 이에 나는 그 동안 언제나 충성했고 내 조직에 대해 나쁘게 말한 적도 없다고 대답했다. 그러자 아버지는 내가 받은 어떤 갈채보다도 바로 그 점 때문에 내가 더욱 자랑스럽다고 말씀하셨다. 되돌아보면 내 생애에서 그 힘들었던 시기를 견뎌낼 수 있게 한 것은 무조건적인 충성을 통해 드러난 위엄이었다. 지글러 회장님도 직접 역경의 시기 동안 회사에 대해 보여준 내 태도와 근로윤리가 내가 한 어떤 공헌보다 나에 대해 더 많은 것을 말해주었다는 점을 지적했다.

나라의 자유를 쟁취하기 위한 다양한 운동을 이끈 많은 투사들은 무조건적인 충성심을 지니고 있었다. 그들은 각자 개인의 목적에 충실해야 한다는 자신의 논거를 양보할 준비가 되어 있었다. 당신도 이러한 정신적 바탕 위에서 일을 하고 있는가?

3. 해야 할 일 이상을 한다

한 국가로서 미국은 책임 있는 사회의 모습에서 서서히 등을 돌려 권리를 추구하는 국가로 이행해왔다. 매일 이 나라 전역에서 자행되는 이상한 의식 중 하나는 일을 해야 하는 사람들과 기대치를 정하는 사람들 사이의 논쟁이다. 사람들이 일반적으로 갖고 있는 믿음은 모두가 일은 넘치게 하지만, 보수는 그에 못 미친다는 것이다. 이것은 곧 "내가 열심히 뛰기를 바란다면 돈을 더 줘야 할 거야"의 사고방식으로 연결된다. 조직의 리더들은 직원들의 불성실에 대해 매일 불만을 제기한다. "왜 이 친구들은 꼭 제 할 일밖에 모르는 걸까? 보상 없이도 일할 수 있는 사람이 성공한다는 걸 모르는 건가?" 양질의 근로윤리는 안정을 보장하지만, 부실한 근로윤리는 그저 평범 수준을 넘지 못한다는 것은 자기 분야에서 발군의 실력을 발휘한 사람들이 전하는 검증된 증언이다.

마하트마 간디가 자신이 갇혀 있던 감옥의 재소자들에게 보낸 편지에 관한 이야기가 있다. 여왕의 제국군대를 상대로 반역행위를 했다는 혐의로 처벌을 받고 운동을 하는 혼란의 와중에도 그는 시간을 내어 더 많은 일을 했다. 그는 재소자들에게 건강을 유지하는 일의 중요성과 그것이 어떤 유익을 가져다주며 그것을 어떻게 얻을 수 있을지에 관한 글을 썼다. 요구받는 수준 이상으로 일하고 지급받는 급료의 수준 이상으로 일할 생각을 하는 사람들을 우리는 얼마나 알고 있는가? 남 좋은 일 해봐야 득 될 게 없다는 생각이 퍼지면서 내게 남아 있는 여분의 에너지를 선용하는 관행이 사라지고 있다. 하지만 이러한 믿음과는 달리, 남을 돕고 내가 받는 임금 수준 이상의 일을 함으로써 오히려 나는 더 많은 것으로 보답 받는다.

4. 참는 자에게 복이 있나니

지그 지글러 코퍼레이션에 입사한 초창기에 나는 종종 극히 작은 일들을 완수하는 데도 시간이 너무 많이 걸린다고 불평했다. 이때 브라이언 플래너건은 대다수 사람들이 제대로 실력발휘를 못하는 것은 그들이 과정의 중간에 있으면서 과정의 끝을 기대하기 때문이라고 지적했다. 맞는 말이다. 로마는 하루아침에 세워지지 않았다는 격언은 우리에게 성공에는 지속성이 중요하다는 사실을 일깨워준다. 길게 보고 인내심을 갖고 꾸준히 정진하는 사람들이 결국에는 승리자의 대열에 합류하여 성공의 결실을 맛보게 될 것이다.

5. 나에게 어울리는 게 고급 사무실은 아니다

사무실에서 내가 차지하고 있는 물리적인 위치는 나의 실력과 역량에 기초한다는 낡은 관념은 실패로 연결될 수 있는 사고방식이다. 나의 많은 사업 동료들은 건물 한 귀퉁이에 창문이 여러 개 달린 멋진 고급 사무실을 갖고 싶다고 말한다. 나의 개인적인 생산성은 내 사무실에 창문이 몇 개 달렸는가와는 상관이 없다. 그것은 내 위상은 내가 앉아 있는 자리에 의해 결정된다고 믿게 만드는 거짓 위엄이다.

6. 누군가를 들어 올려줄 때 나도 같이 올라간다

지글러 교육시스템의 철학은 "다른 사람들이 원하는 것을 얻을 수 있도록 최선을 다해 도와주면 당신 역시 인생에서 원하는 모든 것을 가질 수 있다"는 것이다. 이 황금률은 여러 언어로 달리 표현되었고, 다양한 문화에서 진리로 인정받았다. 날로 경쟁이 심해지는 컴퓨터 세대의 많은 남녀들은 좋은 일 해봤자 골치만 아파지기 때문에 이기심이야말로 우리가 가야 할 유일한 길이라고 생각한다. 이런 상황에서 도움이 필요한 무수한 사람들이 그것을 요청하지 않고, 도움을 줄 수 있는 사람들도 기꺼이 손을 못 내미는 것은 당연한 일일 것이다.

4A 법칙을 완성하는 것은 행동이다. 행동은 인식과 분석이 결실을 맺게 한다. 또 그것은 선입견과 관례들을 없애버린다. 한 인간으로서, 또는 경영자로서의 최고 성취는 이 네 가지 모두에 의존한다. 만약 당신이 이 장에서 크리슈와 내가 전한 개념에 따라 행동에 나서고 팀에 동참하겠다는 의지적인 결정을 내린다면, 당신은 최고 성취자의 수준을 훨씬 넘어서는 경지에 이를 것이다.

성공원칙

1. 생각하고 행동하는 사람보다는 행동한 후에 생각하는 사람들이 더 많다.
2. 논리는 감정을 못 바꾸지만, 행동은 감정을 변화시킨다.
3. 행동은 종종 감정에 앞선다.
4. 만약 위의 세 원칙이 상당히 흡사하게 들린다면, 축하한다! 당신은 이해력이 아주 뛰어난 사람이다.

시간을 투자하라

너무 많은 경영자들이 일에만 골몰하고 목표 지향적이기 때문에 자신의 정신적, 개인적, 사회적 삶과 가정생활에서 원근감과 균형을 잃을 때가 많다는 것은 불행한 현실이 아닐 수 없다. 내가 이 책에서 가장 중요한 부분이라고 여기는 본 장의 주요 목적은 여러분이 비즈니스에서는 물론 정신적, 개인적, 사회적 삶과 가정의 삶에서 두루 성공하는 사람이 되도록 촉구하는 것이다.

유진 피터슨Eugene Peterson이 『크리스처니티 투데이Christianity Today』에 기고한 다음 기사의 발췌문은 적절한 균형 속에 평정을 유지할 수 있는 능력의 중요성을 역설한다.

허먼 멜빌Herman Melville의 『백경Moby Dick』에는 포경선이 거대한 흰 고래를 찾아 거품 이는 바다를 질주하는 사납고 격렬한 장면이 등장한다.

선원들은 거칠게 움직이며 온 몸의 근육을 팽팽히 긴장시킨 채 목전의 임무에 모든 주의와 에너지를 집중시킨다. 여기에 선과 악 사이의 우주적 충돌이 전개된다. 즉 혼돈의 바다와 사악한 바다괴물 대 의분에 찬 에이허브 Ahab 선장 간의 대격돌이다.

그런데 이 배에는 도무지 만사태평인 한 사람이 타고 있다. 그는 노도 젓지 않고 땀도 안 흘리고 소리도 지르지 않는다. 주위의 소란과 저주를 퍼붓는 일 따위에도 관심 없다. 그는 바로 작살잡이로, 침착하고 차분하게 때를 기다린다. 그리고 이런 문장이 나온다. "작살잡이는 땀 흘리며 애쓰는 상태가 아니라 한가한 상태에 있다가 때가 왔다 싶을 때 온 힘을 작렬시켜야 작살의 효과를 극대화할 수 있다."

비즈니스 세계에서는 육체적 위험에 직면하거나 육체적 에너지를 단번에 분출시킬 일은 없을지 모르지만, 사람을 정신적·육체적으로 소진시키는 다른 종류의 상황과 맞닥뜨릴 기회는 많다. 이때는 평정을 유지하고 기운이 충만한 상태에서 맞서야 효율성을 크게 높일 수 있다.

이를 위해 내가 즐겨 쓰는 방법의 하나는(특히 추운 날씨에) 사무실에 따뜻한 가스난로를 피워놓고 하루를 시작하는 것이다. 때로는 조용히 앉아 계획된 프로젝트나 의제를 생각하고, 특정 기회를 활용할 수 있는 가장 적절하고 창의적인 방법을 고민하며 성경을 읽거나 영감을 주는 생각과 메시지를 묵상한다. 처음 몇 분 동안이 가장 힘들다. 일어나서 돌아다니고 싶은 유혹에 매우 힘들 때도 있지만, 분명히 말하는데 만약 그렇게 조용히 앉아 있을 수만 있다면 자리에서 일어날 때쯤에는 매우 독창적이고 영감이 번득이는 생각과 아이디어를 주워 담게 될 것이다.

또 어떤 읽을거리가 없더라도 우리가 관여된 특정 상황들을 조용히 처리할 수 있다. 아마 해결할 수 없거나 혼란이 있을지도 모른다(대부분의 경우 완전히 잠이 깨지 않은 상태로). 그곳에 앉아 있을 때 우리는 여전히 "알파" 의식 상태(의식의 알파상태는 의식 집중의 시간이자 휴식의 시간이다. 이 상태에서는 정신적으로도 편안하고 즐거우며, 하는 일에 깊이 몰입할 수 있어 능률이 올라간다—옮긴이)에 있다. 이 상태에서 창의력은 최고 수준에 이른다. 따라서 조용한 명상은 하루를 시작하는 굉장히 놀랍고도 생산적인 방법이다.

하루를 시작하는 두 번째 방법 역시 일찍 일어나는 것과 관계 있다. 이 방법에는 성경이나 기타 영감을 주는 책들을 읽거나 동기 유발에 도움이 되는 녹음 자료를 듣는 것이 포함된다. 독서와 듣기는 둘 다 하루를 위해 심신을 충전시키는 아주 좋은 방법이다. 사실상 일부 심리학자들은 우리가 하루 중 가장 먼저 접촉하는 것이 그 뒤에 접촉하는 다섯 가지 것보다 그날 하루의 우리 태도에 더 직접적인 영향을 주는 것으로 판단했다. 여기서 말하는 접촉은 가벼운 인사 정도의 접촉이 아니다. 그것은 우리가 누군가와 시간을 보내는 중요한 접촉을 말하는 것이다. 만약 내가 선택한 어떤 인물과 만나기 위해, 가령 감동적인 녹음 내용을 듣거나 그런 성격의 책을 읽기 위해 아침 이른 시간에 15분이나 30분 정도의 시간을 따로 떼어놓을 수 있다면, 나는 내게 영감을 주고 고무할 누군가와 하루를 시작하기로 의도적으로 선택한 것이다. 이런 식으로 하루의 문을 열면, 탄력을 유지하기가 훨씬 쉬워진다.

하루를 시작하는 매우 효과적인 세 번째 방법은 운동이다. 이 장 뒷부분에서 운동을 해야 하는 이유를 설명하겠지만, 여기서는 가장 활기찬 하루를 시작하는 방법 중 하나가 운동이라고 말하는 것으로 충분하다. 웨이트 트레이닝이나 수영, 자전거 타기, 걷기, 조깅 등 운동의 종류는 많다. 어쨌든 좋은 운동 프로그램은 아드레날린과 엔도르핀을 왕성하게 분비시키고, 상쾌하고 활기찬 하루의 출발을 보장한다.

장담하건대, 당신이 이 세 가지 방법 중 하나로 하루를 시작하고 다른 가족들을 깨운다면, 그날 하루가 생산적이 될 가능성이 훨씬 높아진다. 김이 모락모락 나는 따뜻한 커피(허브차면 더 좋고) 한 잔과 함께 아내(혹은 남편)를 깨우고, 이런 식으로 잠시나마 애정을 표현할 시간을 갖는다면 상대방은 매우 고마워할 것이고 관계도 훨씬 좋아질 것이다. 다음에는 자연스럽고 사랑스럽게 아이들을 깨운다. 아내(혹은 남편)가 아침식사를 준비하는 동안 본인은 아이들의 학교준비를 도울 수 있다.

아침식사는 육체적·정신적으로 매우 중요한 하루의 일부분이기 때문에 남편과 아내는(자녀가 있을 경우 그들도 포함하여) 함께 앉아 여유 있는 속도로 영양가 있는 식사를 해야 한다. 이것은 아이들의 하루, 가족의 하루, 그리고 나의 하루를 활기차게 출발하는 방식이다. 또 그것은 아이들과 배우자는 말할 것도 없고 나 자신의 삶의 태도와 육체적 건강에 큰 변화를 가져다 줄 것이다. 이렇게 될 때 가정에는 더욱 조화로운 화음이 울려 퍼지게 된다.

점점 더 분명해지고 있는 한 가지 사실은, 가정이 화목할 때 리더나 경영자의 일의 능률도 눈에 띄게 향상된다는 것이다. 그리고 영양가 있는 알찬 아침식사는 하루의 일을 더 효과적이고 효율적으로 수행할 수 있게 한다. 게다가 함께하는 식사는 다른 방식으로는 쉽게 형성될 수 없는 가족 간의 유대를 더욱 굳건하게 한다. 시간을 들여 하루를 제대로 시작하라.

성장을 위한 시간을 마련하라

이 책 내내 우리는 최대한의 성공을 위해서는 개인적인 성장이 필요하다는 점을 강조했다. 도끼를 갈지 않아 생산성이 떨어진 것을 경험한 나무꾼의 이야기를 들어 보았을 것이다. 이미 여러 차례 지적했듯이 눈부신 실적을 내는 최고의 기업들은 교육과 개인의 성장을 기업의 주요 목표로 삼는다. 확실히 이런 기업들은 끊임없이 움직이며 계속 성장한다. 개인적으로 당신도 성장을 위한 시간을 마련해야 한다.

시간을 활용하는 방법에는 여러 가지가 있지만, 가장 효과적인 방법 중 하나는 자동차의 카세트나 시디플레이어를 이용하는 것이다. 출퇴근 시에 정말 큰 도움이 될 수 있는, 말 그대로 수천 시간 분량의 녹음된 자료들이 있어 중국 미술로부터 외국어에 이르기까지 도대체 배우지 못할 게 없다. 목표를 정하고 판매를 실현시키는 법은 물론 부동산 투자 요령과 소득세를 절약하는 방법까지도 배울 수 있다.

수년 전 남부캘리포니아 대학에서 실시된 한 연구에서는 겨우 3년간 정상적으로 자동차를 운행하면서 하는 공부가 2년의 대학교육과 맞먹는 교육효과를 낼 수 있다는 사실을 밝혀냈다. 이것은 우리가 대도시에 살면서 매년 약 2,000킬로미터를 운전한다는 가정을 토대로 한 것이다.

생각해보라. 차에서 보내는 시간을 이용함으로써 우리는 자신이 선택한 분야와 몇 개 관련 분야에서 유식해지는 것은 물론 심지어는 전문가가 될 수도 있다. 이는 회사나 회사와의 관계에 무슨 일이 일어나든 자신의 운신을 넓힐 수 있는 자산이 된다. 굉장한 소식은 이런 방법으로 지식을 습득하는 것이 이제까지 고안된 방법 중에서 가장 빠르고 가장 쉽고 가장 고통이 없는 방법에 속한다는 것이다.

오늘날 쏟아져 나오는 엄청난 양의 책을 이용함으로써 성장하는 방법도 있다. 서점에는 각종 직업과 관련된 주제나 자아를 관리하고 대인관계를 올바로 유지하는 법을 알려주는 책들로 넘쳐난다. 책을 사고 싶지 않다면 공공 도서관에서도 무수히 다양한 책을 만나볼 수 있다. 그러나 경영자나 리더라면 자신만의 서고를 갖춰야 한다는 것이 나의 개인적인 생각이다. 내 서고를 돈으로 환산하고 싶지는 않지만, 값으로 따지면 수천 달러 가치에 이를 것이다.

독서 방법과 책을 효과적으로 이용하는 법에 대해 여기서 몇 가지 제안을 하겠다. 우선 좀 이기적으로 들릴지 모르지만 당신의 책을 보호하는 데 신경을 써라. 책은 개인 용도로만 이용하고, 남에게 빌려줄 때는 당신의 서고에서만 볼 수 있게 하라. 불가피한 경우가 아니라면 남에게 책을 빌려주는 일은 삼가는 것이 좋다(내가 보기에 책을 빌려간 사람들은 대체로 돌려주지 않는다. 내 서고에도 어떻게 구하게 되었는지 알 수 없는 책들이 적지 않다). 만약 누군가 책을 구입할 형편이 못된다면, 그를 서고에 초대하여 보게 하거나, 필요한 책을 선물하라. 경력을 축적하고 리더십 능력을 개발하는 과정에서 우리는 자신이 쌓아놓은 자원을 언제든 쉽게 꺼내 쓸 수 있어야 한다. 의사와 변호사들은 자기 자료를 남에게 빌려주지 않는다. 우리의 자료나 자원도 그들의 것 못지않게 중요하며, 우리의 프로의식도 분명 의사나 변호사의 그것에 뒤지지 않아야 한다.

책이나 기타 자료를 읽을 때 나는 항상 펜을 손에 쥐고 내게 중요한 부분에 크게 표시를 한다. 밑줄을 긋고 동그라미 표시를 하거나 메모를 한다. 책 앞에는 특별히 중요하고 앞으로 요긴하게 써먹을 수 있을 법한 내용들이 적힌 쪽수를 적어놓는다. 그 다음 연구 범주에 따라 서고에 책들을 정리해놓는다. 이런 식으로 특정 주제에 대해 정보가 필요할 때는 해당 부분으로 가서 책을 열고 필요한 내용을 정확히 어디서 찾아야 할지를 알려주는, 책 앞부분에 적어 놓은 기록을 찾는다.

내가 습득한 모든 기술 중에서 독서 기술과 독서를 즐길 수 있는 능력이 가장 중요한 자산의 하나라고 믿는다. 나는 당신이 리더로서 자녀에게 독서하는 법뿐 아니라, 그것을 즐기는 법을 가르칠 것을 권한다. 책읽기에 맛을 들인 아이는 그 때문에 더 나은 삶을 살게 될 것이다. 이것은 당신의 동료나 부하직원들의 경우에도 마찬가지다. 좋은 책을 읽고 좋은 테이프를 들으면서 우리는 매일 굉장한 영감의 원천을 얻게 된다.

세 번째로는 모임과 세미나를 통한 방법이 있다. 이 나라에서는 기술을 연마하고 더 빠르고 효과적으로 성공과 행복의 계단을 오를 수 있게 해주는 유익한 교육 세미나들이 많이 열린다. 실제로 우리는 잠재력 개발 목적의 세미나와 개인적 성장의 기회에 참여하기 위해 매년 최소한 일주일 정도는 시간을 따로 떼어놓아야 한다. 또 매달 한두

번 반나절과 한나절 일정으로 진행되는 특별 세미나에도 참여할 수
있어야 한다.

다시 강조하거니와, 삶의 모든 영역에서 진정으로 성공하려면 반드
시 성장에 시간을 투자하라. 이것은 시간이 있고 없고의 문제가 아니
다. 우리에게는 선택의 여지가 없다. 우리는 성장해야만 한다.

건 강 에   시 간 을   투 자 하 라

내가 청중들에게 자주 던지는 질문 하나는, 백만 달러가 넘는 순종
의 서러브레드 경주마를 소유한 사람이 있느냐 하는 것이다. 아직까
지는 손을 든 사람이 한 명도 없었다. 그 다음에는 이렇게 묻는다. "만
약 여러분에게 그런 말이 있다면, 그놈에게 밤새도록 잠을 안 재우고
커피와 술을 마시게 하거나 담배를 피우게 하고 정크 푸드를 먹이겠
습니까?" 이 질문에 사람들은 웃는다. 그것은 그들이 서러브레드 말
이 커피나 술을 안 마시고 담배도 안 피울 뿐 아니라, 말의 건강을 악
화시켜 제대로 달리지도 못하게 하는 것은 말할 여지도 없이 어리석
은 짓이라는 걸 알기 때문이다.

다시 나는 묻는다. "만약 여러분에게 10달러짜리 개가 있다면, 그놈
도 그런 식으로 대하겠습니까?" 다시 청중은 웃는다. "5달러짜리 고
양이는 어떤가요?" 그리고 누구든 5달러짜리 고양이를 수십 억 달러
가치의 우리 몸과 똑같이 대하지는 않을 거라고 지적한다. 백 만 달러
짜리 서러브레드 말의 경우, 만약 이런 말이 있다면 아마 주인은 여름
에는 시원한 바람이 나오고 겨울에는 더운 바람이 나오는 마구간에서

그 녀석을 기를 것이다. 또 그를 돌봐줄 최고의 수의사를 고용하고 잘 먹이기 위해 전문 영양사를 데려올 것이다. 그 외에도 녀석의 잠재력을 개발하기 위해 최고의 조련사를 모셔올 것이다. 주인은 틀림없이 그 백 만 달러짜리 말을 애지중지할 것이다. 그러나 우리 인간은 어떤 가? 우리는 그 말보다 훨씬 소중한 수십 억 달러 가치의 자기 몸을 아무렇게나 방치하고 있다.

우리의 몸을 돌보는 것은 아주 단순하고 일상적인 일이다. 나는 "쉽다"고 하지 않았다. 여기에는 몇 가지가 포함되는데, 나는 이들 중 어느 것에도 전문가가 아니기 때문에 그냥 몇 가지 의견만 말하고 전문가 몇 사람을 소개하겠다. 우선 여러분에게 케네스 쿠퍼Kenneth Cooper 박사의 『웰빙을 위한 에어로빅 프로그램*The Aerobics Program for Total Well-Being*』을 읽어볼 것을 권한다. 이 책은 운동뿐 아니라 적절한 영양의 문제도 다룬다.

우리가 신경 써야 할 것 중 하나는 수면의 양이다. 네다섯 시간만으로도 아주 잘 해내는 사람들이 있지만, 내 경우는 일곱 시간 반 정도는 자야 최고 능률을 올릴 수 있다. 그래서 나는 매일 밤 의식적으로 적당량의 수면을 취하려 노력한다. 그보다 훨씬 못 자고도 하룻밤은 무난히 넘길 수 있고 이틀째도 그런대로 해낼 수 있다. 그러나 이런 상황이 사흘간 계속되면, 사흘째 가서는 틀림없이 최고의 컨디션에 크게 못 미치는 상태에 이른다. 이 때문에 나는 적당한 양의 수면을 취하는 일에 주의를 기울인다.

운동은 극히 중요한 두 번째 영역이다. 요즘 나는 걷는다. 말 그대로 걷는 것을 즐긴다. 그러나 이런 걷기 운동을 비롯해서 여타 다른 운동도 별로 내켜하지 않는 사람들이 많다. 쿠퍼 박사는 매주 약 네 번 정도 최소한 20분 동안 심장을 힘차게 뜀박질시키는 것이 중요하다고 말한다. 속보는 아주 좋은 운동이다. 또 헬스자전거를 타거나 자전거를 타고 달리는 것도 탁월한 운동이다. 스프링이 달린 도약용 운동 용구인 소형 트램펄린도 효과가 그만이다. 어떤 이들은 수영을 좋아하고, 그것이 모든 운동 중에서 최고라고 말하는 전문가들도 있다. 또 다른 사람들은 크로스컨트리 스키나 라켓볼, 테니스 등을 즐긴다. 똑똑한 사람들은 항상 먼저 의사와 상담한 후에 운동을 시작한다. 가장 중요한 이 단계를 건너뛰지 말기 바란다.

나는 종종 이런 질문을 받는다. "회장님처럼 할 일이 많으신 분이 운동할 시간이 있으신가요? 언제 걸을 시간이 있습니까?" 그러면 나는 할 일이 너무 많아 운동을 안 할 시간이 없다고 대답한다. 여행 중이고 날씨가 궂을 때면 나는 묵고 있는 호텔의 복도를 거닌다. 이따금 호텔의 무도장이나 회의실로 들어가 속보를 하기도 한다. 쇼핑몰에서 걸을 때도 있다. 나는 영웅은 아닌지라 야밤에 어두운 밤길을 활보하지는 못한다. 날씨는 좋지만 밤이거나 주변 지역을 잘 모를 때는 머물고 있는 시설의 주차장을 이용한다.

조깅을 하거나 기타 운동을 할 때는 뇌하수체가 활성화된다는 사실을 지적해야겠다. 뇌하수체는 몸 전체에 모르핀보다 200배 이상 강력한 엔도르핀을 쏟아낸다. 그 결과 우리는 두 시간에서 네 시간, 심지어는 다섯 시간 동안이나 "천연의 화학적 환각" 상태에 있게 된다. 나는 최고의 시간 투자는 바로 운동에 대한 투자라는 사실을 알게 되었다 (옷 입고 운동하고 샤워한 후 정상 회복 과정을 포함한). 운동에 투자하는 한 시간은 그보다 2~4배 정도 높은 생산성으로 돌아온다. 쿠퍼 박사에 따르면 이상적인 시간은 오후 늦은 시각이나 초저녁이라고 한다. 그때 운동하면 실제로 유효 근무시간을 몇 시간 가량 연장하는 셈이다.

셋째, 최상의 건강 상태를 유지하려면 적절한 식사가 중요하다. 그것은 균형 잡힌 식사를 의미하며 이에 대해서도 쿠퍼 박사의 책이 도움이 될 것이다. 나는 신선한 채소와 생선, 닭고기, 천연곡물 식품을 주식으로 하며, 섬유질 식품을 가능한 한 많이 섭취한다. 그 외에도 의견이 분분한 주제이긴 하지만 나는 수년 동안 천연보조식품을 이용해왔다. 균형 잡힌 식사를 통해 하루에 필요한 최소 영양분을 흡수할 수 있다고 많은 의사들은 전한다. 그러나 나는 단지 하루에 필요한 최소 영양분에는 관심이 없다. 내 관심은 하루에 올릴 수 있는 최대한의 성과에 있다. 그런 이유로 나는 천연보조식품을 섭취한다.

건강관리를 위한 네 번째 단계는 부정적 요소들을 제거하는 것이다. 그 중에서도 흡연은 기피대상 1호 격이라 할 만하다. 사망 사건 100건당 19건은 흡연 습관과 직접적인 연관이 있는 것으로 추정된다. 앞서 말했듯이 담배에 불을 붙일 때마다 수명이 14분 단축된다. 두말하면 잔소리지만, 담배를 피우면 그것을 끊을 경우 누릴 수 있는 최상의 건강 상태를 유지할 수 없다.

술도 대부분의 경우 우리의 생명에 무서운 파괴력을 발휘하는 독소 가운데 하나다. 만약 수시로 술을 입에 댄다면, 의학박사 앤더슨 스피커드Anderson Spickard와 바바라 톰슨Barbara R. Thomson이 지은 『한 잔만 더*Dying for a Drink*』를 읽어보기 바란다. 음주를 바라보는 관점이 달라질 것이다. 이 주제에 대해 권위자인 척하는 것은 아니지만,

나는 음주가 초래하는 고통을 아주 많이 목격했다. 그리고 무시로 술을 마시는 9명 중 1명은 결국 중증 알코올 중독자가 된다는 것도 알고 있다. 또 알코올은 사람을 의기소침하게 하며, 술기운에 취한 사람은 맨 정신일 때만큼 일을 능률적으로 해내지 못한다는 사실도 지적하지 않을 수 없다.

우리가 없애야 할 다른 독소들은 합법적이거나 불법적인 유해 약물들이다. 마리화나, 각성제, 코카인, 헤로인, 기타 다양한 약물들이 해롭다는 증거는 부지기수다. 리더나 경영자의 위치에 있는 사람이 이런 물질들이 사람에게 끼칠 수 있는 해악에 대한 엄청난 증거를 무시하고 이따금씩이나마 의식적으로 이런 약물에 손을 댈 정도로 어리석으리라고는 감히 상상도 할 수 없다.

이제까지 나는 일부러 알코올 중독자가 되겠다고 나서거나 의도적으로 마약 상용자가 되겠다는 목표를 세운 사람은 단 한 명도 만나지 못했다. 우리가 스스로에게 던져야 할 질문은 이것이다. 즉 나를 개인적, 사회적, 직업적으로 파멸시키고 동시에 내 가족마저도 비참한 구렁텅이에 빠뜨릴 수 있는 이 물질들을 아주 가볍게나마 실험해보는 위험을 무릅쓰는 것이 과연 그만한 가치가 있는 일일까? 건강관리에 시간을 투자하라고 말할 때, 나는 일부 사람들이 자기 몸속에 집어넣고 있는 그 독소들을 제거하는 문제도 같이 말하고 있는 것이다.

여가 시간을 찾아라

내가 알고 있는 대부분의 열정적인 비즈니스맨들은 새 차를 구입하고, 승진을 하고, 저축을 하고, 좋은 집에 살며, 무슨 학위를 따고, 성공의 고지에 오르고, 자기 분야에서 최고의 경지에 이르겠다는 등의 목표를 세운다. 그들은 자기 삶의 모든 영역에서 그렇게 목표를 잘 세우면서도 정작 여가 시간을 마련하는 것과 관련해서는 그러지 못할 때가 많다. 자신과 가족을 위한 여가 시간을 마련하지 못하면, 가족관계는 물론 정신적·육체적·사회적 관계도 삐걱거리기 쉽다는 것이 나의 굳은 확신이다. 이런 일이 일어날 때 우리가 하는 일도 곧 타격을 받을 것임은 시간문제인 것이다.

책임 있는 위치에 있는 임원들을 살펴보면 그들의 주요 문제 중의 하나가 극도의 피로라는 사실을 발견하게 된다. 이 문제는 놀 시간을 갖겠다는 의지만 있으면 최소한 부분적으로는 완화될 수 있다. 그것은 라켓볼이나 테니스, 또는 정기적으로 골프를 치는 것일 수도 있고, 아니면 회사의 슬로우 피치 소프트볼 팀에 가입하거나 농구를 하는 것일 수도 있다. 라디오 프로그램과 간행물을 통해 매우 효과적인 사역을 전개하는 기독교 심리학자 제임스 돕슨James Dobson 박사는 내가 아는 가장 바쁜 사람 중 한 명이다. 그러나 그는 하루에 최소한 한 시간은 운동에 투자하며, 가족과 함께 스키를 타러 간다. 운동을 위한 시간을 마련함으로써 그는 자신의 몸과 가족의 건강을 챙긴다.

나는 긴장을 풀고 스스로 즐길 수 있는 능력은 높은 지위에 오르고 그 자리에 머물고자 하는 사람들이 갖춰야 할 절대 필수 덕목이라고 믿는다. 삶을 그 자체로 즐길 수 있을 때 우리는 하는 일에 새로운 관점, 새로운 흥분, 새로운 열정을 불어넣을 수 있다. 내 말은 단지 일을 즐기는 것뿐 아니라, 내가 살아 있고 건강하며 삶에서 돈 이상의 것을 얻어내고 있다는 사실을 즐긴다는 것을 뜻한다. 성공의 사다리를 오르는 것과 지역사회의 리더로서 인정받는 것, 모두가 당신의 목표가 될 수 있고 심지어는 되어야 한다.

돈을 많이 벌고 승진하는 것도 물론 가치 있는 목표긴 하지만, 그 과정에 즐거움이 없을 경우 그 자체가 우리를 행복하게 하지는 못한다. 근무 시간을 계획하는 것 만큼이나 치밀하게 여가 시간을 계획하는 것은 전혀 문제될 것이 없다. 여가를 즐기는 데도 일하는 시간 만큼의 많은 시간을 투자해야 한다는 뜻은 아니다. 그러나 규칙적으로 핸드볼, 라켓볼, 골프 등의 여가 생활을 하거나 정기적으로 가족과 영화나 연극을 보고 교회나 지역사회 활동에 참여하면서 저녁시간을 보내는 것은 인생에서의 성공은 물론 삶의 질에도 큰 변화가 일어나게 할 수 있다.

고요한 시간을 마련하라

내가 강연에서 이 주제를 다룰 때는 항상 이렇게 운을 뗌으로써 청중이 앞으로 이어질 예상 외의 내용에 기대감을 갖게 한다. "대체로 저는 꽤 외향적인 사람이기 때문에 지금부터 제가 할 말은 여러분을 놀라게 할지도 모릅니다." 나는 연단 위에서 상당히 "요란한" 편이기 때문에 내가 조용한 사람일 거라고는 상상하기 힘들겠지만, 사실 나는 천성적으로 조용한 사람이다. 타고난 성격과는 상관없이 우리 모두에게는 조용한 시간이 필요하다.

앞서 말했듯이 우리가 사는 세계는 바쁘고 소란스럽다. 이 정신없는 세계에서 좌충우돌하다 보면 배터리가 다 닳아 없어질 때가 있다. 이런 일이 일어날 경우, 조용히 쉴 시간을 마련하지 못하면 피상적으로 아무리 충전을 많이 해도 연료 전지를 적정 수준으로 회복하기 어렵다. 나는 걷기를 매우 좋아한다. 특히 여름에 내가 걷기 좋아하는 시간은 달빛이 있는 맑은 날 저녁 무렵이다. 그런 날에 내가 좋아하는 곳을 거닐 때면 믿을 수 없을 정도로 엄청난 양의 에너지가 재충전되는 것을 느낀다. 종종 나의 가장 생산적인 아이디어는 바로 이 시간에 '반짝' 빛을 낸다.

내가 좋아하는 또 다른 조용한 시간은 아침 일찍 일어나 서재에서 보내는 시간이다. 나의 가장 창의적인 아이디어 일부도 바로 이 시간에 탄생한다.

여러분도 조용히 쉴 시간을 마련할 것을 강력히 촉구한다. 이 시간을 사랑하는 누군가와 보내고 싶을 때도 있을 것이다. 특별히 서둘러 해야 할 일이 없을 때 자녀나 배우자와 함께 한가로이 거니는 것(이것은 운동 목적이 아니다)이 그런 경우다. 이런 시간을 통해 우리는 산책 상대와 더욱 가까워질 수 있다. 그리고 사랑하는 사람과 자연스럽고 여유 있게, 완전히 편안한 분위기 속에서 함께 거닐며 내가 씨름해오던 상념이나 아이디어를 함께 탐색할 때, 놀라울 정도로 아이디어를 발전시킬 수 있다. 비록 배우자가 전문적 능력이나 구체적인 지식은 갖고 있지 못하더라도, 내 사업에 대해 자세하게 얘기해 줄 때 그(녀)가 참신한 아이디어를 내놓는 것을 보고 놀라게 될지도 모른다. 배우자는 대체로 나의 직업과 관련된 편견에서 자유롭고 이런저런 선입관의 방해를 받지도 않기 때문에 전체적인 그림을 보고 의미 있고 유익한 통찰을 제시할 수 있다. 그들이 묻는 질문은 나의 창의적인 사고를 자극하며, 아마도 다른 시각에서 상황을 바라보게 할 수도 있을 것이다.

고요한 가운데 평정을 유지하는 시간을 가져야 한다는 것은 아무리 강조해도 지나치지 않다. 그것은 정원에서 잡초를 뽑으며 소일하는 몇 분간이 될 수도 있고, 아니면 주변에 펼쳐진 자연의 경이를 오래도록 유심히 바라보며 즐기는 형태도 될 수 있다. 그럴 시간만 낸다면 얼마든지 가능한 일이다. 조지 워싱턴이 자유를 쟁취하고 추위와 굶주림에 시달리는 군사들을 돌보는 문제들과 맞설 수 있는 힘을 얻었던 것은 바로 포지 계곡에서의 그 고요하고 차분한 시간 동안이었다. 에이브러햄 링컨이 우리 민족을 하나로 통합시키겠다는 의지를 다잡고 힘을 얻었던 것도 이 나라를 두 동강 낼 기세였던 남북전쟁 동안의 그 조용하고 음울한 순간이었다. 예수 그리스도가 자기를 기다리는 그 무서운 시련에 맞설 힘을 찾았던 것도 겟세마네 동산에서의 그 조용한 시간 동안이었다. 그 고요하고 차분한 시간 동안 우리는 존재하는지조차 몰랐던 힘과 지혜를 얻게 될 것이다. 조용히 있을 시간을 마련하라. 그리고 귀 기울여 들을 시간도.

사 랑 하 는 사 람 들 을 위 한 시 간 을 마 련 하 라

우리 사회에 스며 있는 한 가지 비극적인 신화는, 정력적이고 성공한 사업가와 다정하고 사랑스런 남편과 아버지 노릇을 동시에 병행할 수는 없다는 믿음이다. 이 신화는 수년 전 허위임이 드러났고, 좀 더 최근에는 100만 명의 "평범한" 백만장자에 관한 『U.S. 뉴스&월드 리포트』의 한 기사에서도 확인되었다. 이 기사는 이 백만장자들 중 80%가 중산층이나 노동자 계층 출신이고, 이들에게 일을 계속할 수 있는 힘을 주는 것은 안정된 가정생활과 소수의 외부 활동이라는 사실을 지적했다. 이들 대부분은 흔히 고등학교나 대학시절 애인과 결혼하여 계속 그 관계를 이어오고 있고, 배우자와 자녀에게 굉장히 관대하고 다정한 경향이 있다. 물론 어려움을 겪을 때도 많았다. 60세쯤에 백만장자가 되는 영업사원이 의사보다 두 배 정도 많으며, 예술가, 연예인, 작가, 운동선수가 백만장자인 경우는 1%도 안 된다. 내가 볼 때, 이 기사는 성공한 경영자들을 포함한 성공한 사람들이 삶에 접근하는 방식에는 일정 정도 균형이 잡혀 있다는 점을 시사해준다. 다음의 예는 이 점을 강조한다.

수년 전 나는 한 대기업의 사장이 승진한 것을 축하하기 위해 그를 찾아간 적이 있다. 그는 나를 매우 반갑게 맞았고, 그가 승진하는 데 내가 한 역할과 관련해서 할 이야기가 있다며 내게 앉으라고 강권했다. 이건 전혀 예상치 못한 일이었다. 나는 그저 한 1분 정도 시간을 내서 인사나 하려고 했었기 때문이다. 그러나 그 신임 사장은 막무가내였다.

그가 말했다. "지그 회장님, 저는 우리 비디오 교육부서에서 이용하는 결혼 후의 구애에 관한 선생님의 강연이 제 승진에 정말 큰 역할을 했다고 믿고 있습니다." 그는 계속 이야기를 이어갔다.

"우리 결혼은 정말 교과서적이었죠. 둘 다 제법 상류층 출신에다 명문학교에 다녔고 유복한 가정환경에서 성장했습니다. 우린 대학을 졸업하자마자 결혼했습니다. 저는 계속 상류사회의 일원으로 살아갔고,

아내는 자선단체에서 봉사 활동을 시작했습니다. 우리는 교회활동에 적극적이었고 적당한 수의 자녀를 낳았습니다."(이 말은 자녀가 둘이라는 뜻이다. 다행히 내 부모님은 그것이 적정 수라고 생각하지 않았다. 나는 12남매 중 10번째였다).

그는 말을 계속했다. "제가 말씀드리고 싶은 건, 저희 결혼 생활이 원만했다는 것입니다. 하지만 시간이 지나면서 우리 관계는 약간 정신적인 사랑으로 발전했죠. 그런데 회장님이 사모님에 대해 말씀하시는 것을 들으면서 비록 제가 회장님보다 스무 살이나 어리지만, 저보다 회장님의 결혼생활에 더 짜릿한 흥분이 있다는 걸 깨달았습니다. 그래서 제 결혼생활도 그렇게 될 수 있을지 실험해보기로 했습니다. 저는 특히 회장님이 인용하셨던 서독의 한 보험회사 통계에 흥미를 느꼈습니다. 아내와 헤어질 때 작별 키스, 그러니까 의례적이고 형식적인 가벼운 키스가 아니라 정말 진한 작별 키스를 하는 남자들은 살면서 이런 작지만 유쾌한 의식을 생략한 남편들보다 5~6년 더 오래 살았다는 얘기 말입니다. 그 뿐만 아니라 이 사람들은 그냥 밋밋하게 집을 나서는 남편들보다 20~30% 더 많은 돈을 번다는 것이었죠."

그의 말이 계속 이어졌다. "이 말을 듣고 저는 아내에게 정말 구애를 시작하기로 결심했습니다. 매일 휴식시간을 이용하여 잠깐 동안 아내에게 전화를 하기 시작했죠. 우편함에 작은 메모를 넣어 놓거나 작고 깜찍한 카드를 사거나 꽃 한 송이를 사들고 퇴근하기도 했습니다. 가끔 즐거운 시간을 보내려고 외출할 때는 '진한 데이트'를 했고요. 저는 아내를 위해 자동차문을 열어주고 식탁에서 일어설 때는 저도 따라 일어나 의자를 빼주었습니다. 이 모두는 아내가 매우 감사하는 작은 일들이죠. 물론 변화는 즉시 찾아오지 않았습니다. 하지만 몇 주가 지나자 확실히 결혼생활에 흥분이 돌아왔습니다. 더욱 매혹적인 것은 이 흥분은 일터로까지 이어져 저를 더 행복하고 생산적인 간부가 되게 했죠. 회사에서 제 노력이 인정받고 사장으로까지 승진한 것은 저의 효율성이 향상되었기 때문이라고 확신합니다. 그리고 그것은 물론 제 결혼생활에 돌아온 흥분 때문에 가능한 일이었고요. 그래서 회장님께 감사하다는 말씀을 안 드릴 수 없는 것입니다."

나는 그의 사무실을 떠나 이사장에게 축하인사를 전하기 위해 2층으로 향했다. 그가 회장으로 승진하면서 사장직이 공석이 되었던 것이다. 사장은 그에게 전화를 걸어 내가 찾아 갈 거라고 알려주었다. 그 회장은 앞의 사장만큼이나 적극적으로 자기 역시 할 이야기가 있다며 내게 앉으라고 권했다. 그는 캐비닛 뒤의 전화를 가리키며 말했다. "지그 회장님, 꽤 오래 동안 저 전화가 울릴 때마다 저는 수화기를 잡아채고는 '그 괴물들이 또 무슨 짓을 한 거야?'라고 외치고 싶었죠. 저의 10대 자식들을 두고 저를 미치게 만드는 작은 괴물이라고 말하려니 참 민망합니다. 아들 녀석은 먹는 게 전부 머리카락으로 가는 건지, 그 모양은 정말 봐주기 힘들었습니다. 녀석의 방은 완전 난장판이었고 스테레오는 세 블록 떨어진 밖에서도 들릴 정도였죠. 아들은 학업에도 전혀 의욕을 느끼지 못했어요. 저는 계속 녀석을 타이르기도 하고 야단도 쳤지만(아니면 그 때문이었을까요?) 아무 것도 달라지는 건 없었죠. 그 애의 여동생(딸)도 오빠에 뒤질 새라 정말 버릇없고 싹수가 노란 아이였습니다. 솔직히 어떻게 해야 할지 모르겠더군요. 나중에야 깨달았지만, 사실 저는 그 시점에 애들과의 어떤 접촉도 피하고 있었습니다. 하지만 선생님이 하신 강연 중 제 관심을 끄는 게 있었습니다. 그때 이렇게 말씀하셨죠. 우리는 이따금 눈을 감고 우리가 사랑하는 모든 사람과 모든 것이 갑자기 시야에서 완전히 사라지는 모습을 그려볼 필요가 있다고 말이죠(나는 그것을 내 친구이자 동료 연사인 허브 투루Herb True에게서 배웠다). 그런 상상을 하자 만약 내 아이 중 누구에게 무슨 일이 생긴다면, 저는 정말 극심한 고통에서 헤어나지 못할 거라는 걸 알게 됐죠. 왜냐하면 서로 소통이 되지 않아 힘들긴 했지만, 그래도 저는 그 애들을 깊이 사랑하니까요.

"어느 날 오후 나는 충동적으로 아들에게 전화를 걸어 디트로이트 타이거즈와 텍사스 레인저스의 경기를 보러 가지 않겠느냐고 물었습니다. 아들은 충격을 받은 듯 잠시 뜸을 들이더니 대답했어요. "좋아요, 아빠." 다음 날 저는 한 시간 일찍 퇴근해서 아들을 데리고 경기 한 시간 전에 구장에 도착했습니다. 그리고 1루 베이스 뒤의 명당 위치에 자리를 잡았죠. 사실 우리는 진정한 의미의 야구팬은 아니었지만, 그날 저녁에는 정말 경기에 빠져들었어요. 우리는 즉시 상대팀에게는 야유를 보내고 홈팀을 향해서는 환호하는 법을 배웠고, 심판의 시력과 양심에 의혹의 시선을 보낼 만큼 똑똑해졌고, 우리 선수들은 무조건 옳고 상대 선수들은 무조건 틀리다는 사실도 금방 알게 됐죠. 우리는 많은 양의 땅콩을 먹고 탄산음료를 들이켰으며 핫도그도 먹었습니다. 모든 것이 끝나자 간식으로 배를 채웠고 집에 돌아왔을 때는 1시를 훌쩍 넘긴 뒤였습니다."

회장의 말이 계속 이어졌다. "사실 저는 그날 밤 지난 6개월간 보냈던 것보다 더 많은 시간을 아들과 함께 보냈습니다. 모든 게 당장 좋아졌다고 말씀드릴 순 없지만, 벽은 허물어지기 시작했습니다. 소통의 장벽이 무너진 겁니다. 우리는 서로 대화하고 관계를 구축하기 시작했죠." 그의 눈에 눈물이 고였다. "지그 회장님, 저는 제 아들이 굉장히 똑똑할 뿐 아니라, 아주 도덕적이기까지 하다는 것을 알게 됐습니다. 저는 그 녀석이 자기 삶을 가지고 뭔가 일을 낼 거라고 확신합니다. 이상한 이야기지만, 그 이후 나는 녀석의 머리 스타일에 대해서는 한마디도 안 했는데, 지금은 그 길이가 흉하지 않을 정도가 됐어요. 또 방 청소 얘기는 꺼내지도 않았는데, 솔직히 위생 검사관의 눈으로 보면 A급 식당 수준에는 못 미치겠지만, 저희 집에서는 용납할 수 있는 수준으로 변했습니다. 그리고 그 스테레오 음악은 그의 방에서는 또렷하고 분명하게 들리지만, 이웃집에서는 들리지 않는다는 사실에 우리는 모두 만족하고 있습니다.

그뿐 아닙니다. 며칠 뒤 저는 14살짜리 딸에게 전화를 걸어 저녁에 아빠와 외식을 하지 않겠느냐고 물었습니다. 딸은 좋아했죠. 저는 딸에게 최고로 아름다운 파티복을 입으라고 말했습니다. 제가 주요 기업 고객들을 데려가는 정말 멋진 식당에 갈 작정이었거든요. 그날 밤 저는 작은 꽃다발을 준비했는데, 예쁜 파티복에 그 꽃을 들고 있는 딸의 모습이 정말 예뻐 보이더군요. 우리는 그날 세 시간 넘게 함께 저녁 식사를 하면서 보냈습니다. 우리는 고급 전채요리와 주요리를 주문했고, 화려한 디저트로 마무리를 했지요. 참 즐거운 시간이었습니다.

나머진 제 아들 이야기와 거의 똑같습니다. 벽이 무너져 내렸죠. 저는 그 아이가 아주 명민할 뿐 아니라, 자기 인생의 목표도 분명하다는 사실을 알게 됐습니다. 그 애는 분명 주부가 되기로 작정하면 훌륭한 아내와 어머니가 될 것이고, 일을 하기로 할 경우에는 자기가 선택한 분야에서 화려한 경력을 쌓을 수 있을 겁니다. 그리고 더 중요한 건 말이죠, 매일 출근할 때 저는 일에만 집중할 수 있다는 것입니다. 제 가 현재 회장이 된 것은 제 가정 상황이 크게 나아진 덕분이죠. 일을 할 때는 제 모든 창조적 에너지를 일에 쏟아부을 수 있습니다. 그게 가능한 건 제 가정 전선에 이상이 없다는 것을 알기 때문이지요."

무수한 시간을 일하는 데 소비하며 "가족을 위해 이 일을 한다."고 자주 말한 바 있는 이 크게 성공한 두 기업인들이, 가정을 소홀히 하면 기업의 세계에서도 능률을 발휘할 수 없다는 사실에 눈뜨게 되었다는 것이 좀 아이러니하지 않은가? 가정의 삶을 제 궤도에 올려놓았을 때 그들의 비즈니스 인생도 더 순풍을 탔다. 운동선수건 연예인이건, 자영업을 하든 대기업에서 일하건 상관없이, 집안을 잘 건사하는 사람이 기업의 세계에서 더 빨리 더 효과적으로, 그리고 더 행복하게 상승의 사다리를 오를 수 있다.

그 에너지는 어디서 얻는가?

나는 사실 최소한 원칙상으로는 가족과의 좋은 관계가 비스니스에도 도움이 된다는 생각에 동의하지 않을 사람은 없으리라고 생각한다. 그러나 한편 이렇게 생각는 분도 있을 것이다. 좋은 말이긴 한데, 성실하고 가정적인 사람이면서 동시에 능력 있는 경영자가 되기 위한 에너지는 어디서 얻는단 말인가? 다음에 소개하는 사례는 최소한 그에 대한 부분적인 해답을 제공할 것이다.

모든 사람은 인생에서 의미 있는 누군가나 무엇인가에 의해 동기를 부여받는다. 이 사실을 이해하는 것이 중요하다. 그것은 동기야말로 에너지가 창조되는 원천이기 때문이다. 사실 사람들이 "피곤하다"고 말하는 대부분의 경우, 그들은 육체적으로 지친 것이 아니라 정신적 또는 감정적으로 진이 빠져버린 것이다. 간단히 말해 의욕의 샘이 말라비틀어져 가고 있는 것이다. 예를 들어보자. 당신은 최근 정말 힘든 날을 보낸 적이 있는가? 이를 테면 아침부터 차에 펑크가 나서 중요한 약속을 놓쳤다든가, 사무장이 전화로 병결을 알려와 당신이 끔찍히도 싫어하는 엄청난 양의 행정 잡무를 처리해야 했다든가, 냉방장치가 고장 나서 이미 따분한 회의를 도저히 더 이상 견딜 수 없게 되어 버린 경우 말이다. 게다가 당신의 가장 생산적인 현장주임이 사직서를 냈다. 한마디로 제대로 되는 일이 없는데, 엎친 데 덮친 격으로 여름감기 기운까지 있다. 그러나 결국 하루를 그럭저럭 무사히 마치고 5시 정각에 정말 푹 쉬기를 기대하며 지친 몸을 이끌고 집으로 향한다.

　집에서는 만면에 웃음을 띤 아내가 당신을 반갑게 맞이하며, "오늘이 그날"인데 당신이 늦도록 일을 안 해서 다행이라고 기뻐한다. 당신은 약간 당황하며 묻는다. "오늘이 무슨 날인데?" 아내가 대답한다. "잊었어요? 3주 전부터 계획해온 날이잖아요. 오늘 차고 청소하기로 해놓고선." 당신의 반응은 피곤과 분노 사이를 오락가락한다. 하루 종일 온갖 궂은 일에 시달려 다리 한 짝 들어 올릴 힘도 없는데, 상자를 4천 개나 들어 옮기고 차고를 청소해야 하다니! 눈치 없는 아내는 자기가 도우면 겨우 서너 시간 정도밖에 안 걸릴 거라고 다독인다.

그때 전화벨이 울리자 당신은 온 힘을 모아 수화기를 들고 귀에 갖다 대며 33번째 비행에 나선 가미가제 조종사처럼 비장한 마음이 되어 "여보세요"를 외친다. 그때 수화기 저쪽에서 당신의 가장 친한 골프 친구가 낭랑한 목소리로 23분 후에 컨트리클럽에서 티업시간이 예약되어 있다고 말하며, 해 떨어지기 전에 한 게임 하는 게 어떠냐고 묻는다. 어떻게 됐을까? 한 발자국 뗄 힘도 없을 정도로 녹초가 되어 있던 당신의 몸은 갑자기 에너지로 폭발을 일으킨다. 좀 전의 비실비실했던 다리는 당신이 차고로 뛰어가 청소기가 아니라 골프채를 갖고 클럽으로 내달린다. 갑자기 힘이 솟고 의욕에 불이 붙는다.

나는 당신의 골프 친구가 아내보다 더 훌륭한 동기부여자라고 말하려는 것은 아니다. 그러나 갑자기 온 몸에 힘이 솟게 하는 동기부여인자(골프를 치는 것)가 아내의 청소 제안보다 훨씬 당신의 구미를 당긴다. 그 친구는 당신이 갖고 있는 에너지를 당신이 원하는 방향으로 돌림으로써 유능한 경영자 역할을 하고 있다. 유능한 인력관리자들은 직원들이 지닌 에너지는 물론 자신의 에너지도 그들이 원하고 도달해야 하는 목표지점으로 돌릴 줄 안다. 당신은 이 책에서 그 방법을 배웠다. 이제는 실천에 옮겨라.

성공원칙

1. 하루를 제대로 시작하기 위한 시간을 마련하라.
2. 성장을 위한 시간을 마련하라.
3. 건강관리를 위한 시간을 마련하라.
4. 여가 시간을 마련하라.
5. 조용한 시간을 마련하라.
6. 사랑하는 사람을 위한 시간을 마련하라.

특 별 한   기 회

미시시피의 야주 시에서 성장하던 어린 시절, 나는 식료품점에서
일한 적이 있다. 독자 여러분은 30년대 말과 40년대 초는 여러 상황
이 요즘과는 크게 달랐다는 점을 이해해주셔야 한다. 그 당시 사탕 사
먹을 돈이 있는 아이는 거의 없었다. 당밀 캔디가 최고의 군것질거리
중 하나였는데 사람들은 당밀을 사서 그것으로 사탕 과자를 만들곤
했다. 당밀은 가게의 커다란 통에 보관되어 있었다. 손님들이 당밀을
담아가기 위해 단지나 주전자를 갖고 오면 커다란 통에서 당밀을 퍼
서 담아주기만 하면 되었다.

이따금 할일없는 동네 꼬마 녀석 하나가 가게로 들어와 시간을 뭉
개며 뭐 하나 얻어먹으려고 눈을 빛냈다. 어느 날 그 녀석은 아무도
보는 사람이 없다고 생각했는지 조심스럽게 당밀 통의 뚜껑을 열고는

손가락을 당밀에 찔러 박아 푹 떠서 입에 집어 넣었다. 그가 입술을 핥고 있을 때 주인이 갑자기 나타나서는 그의 어깨를 잡고 흔들며 말했다. "이 녀석, 다시는 이런 짓 하지 마라. 당밀이 아주 더러워진다. 병균이 들어간단 말이다!"

주인은 아이의 몸을 잡고 흔들어댔지만, 가게를 나서는 폼으로 봐선 분명 그 정도로 물러설 녀석이 아니었다. 며칠 후에 소년은 다시 가게에 나타났다. 얼마 동안 서성이던 녀석은 주위를 조심스럽게 살피더니 주인이 보이지 않자 당밀 통 뚜껑을 열고 손가락을 찔러넣었다. 그런데 그가 손가락을 입에 넣으려는 순간 난데없이 주인이 나타났다. 이번에 주인은 녀석의 궁둥이를 두어 번 찰싹 치며 다시는 이곳에 얼씬거리지 말라고 엄포를 놓았다.

이 정도면 아이도 알아들었을 거라고 여러분은 생각할지 모른다. 그러나 한 열흘 쯤 뒤엔가 달콤한 당밀의 유혹을 이기지 못한 녀석은 다시 가게에 행차했다. 이번에도 역시 주인이 없다고 판단한 아이는 조심스럽게 통 뚜껑을 벗겨내고 손가락을 집어넣었다. 그런데 손가락을 입에 가져가는 순간, 마치 땅에서 솟은 듯 갑자기 주인이 나타났다. 이번에 주인은 아무 말도 안 하고 아이를 번쩍 들어 올리더니 바로 당밀 통 속으로 집어넣었다. 차츰 가라앉으면서 녀석은 이렇게 기도했다. "오 하느님, 제게 이 기회를 감당할 만한 혀를 주소서."

리더십의 유명세

최고의 성취를 이루는 방법에 관한 생각을 글로 옮기면서 나는 여러분의 삶을 달라지게 할 내용과 감동을 함께 나눌 수 있기를 기대했다. 일상생활에서나 비즈니스 세계에서 정보와 영감의 중요성은 아무리 강조해도 지나치지 않다. 많은 이들에게 유익을 줄 수 있는 기회는 풍부하다. 바라건대 이 책의 어떤 생각이 여러분에게 깊은 울림을 주고, 이를 통해 더 즐거운 인생을 살고 어제보다는 오늘이 한층 더 생산적이기를 바란다.

테오도어 F. 맥마누스는 광고용으로 「리더십의 형벌The Penalty of Leadership」이라는 다음 글을 썼다. 이 글은 1915년 1월 2일 자 『선데이 이브닝 포스트Sunday Evening Post』에 실린 것이지만, 그것이 주는 메시지는 시간을 초월한다.

수고하고 땀 흘리는 모든 분야에서 영원히 명성의 찬란한 빛을 받으며 살아갈 사람은 가장 앞서가는 자이다.

최고의 지위가 사람에게 주어져 있든 아니면 어떤 제품에 부여되어 있든 그 지위를 차지한 존재 주변에는 언제나 경쟁과 선망의 힘이 작용한다. 예술이나 문학, 음악, 그리고 산업의 영역에서 보상과 처벌은 항상 똑같은 형태로 나타난다. 즉 보상은 널리 인정받는 것이요, 처벌은 냉정히 거부되고 관심의 대상에서 멀어지는 것이다.

한 사람의 업적이 전체 세계를 위한 기준이 될 때, 동시에 그것은 질투심에 불타는 사람들의 날카로운 공격 목표가 된다. 만약 그의 작품이 그저 평범한 수준에 머무른다면 누구의 주목도 받지 못할 테지만, 걸작을 만들어낸다면 무수한 사람들의 입방아에 오르내릴 것이다. 질투는 그저 그런 수준의 그림을 그려낸 예술가에게는 그 갈라진 혀를 내밀지 않는다.

우리가 무엇을 쓰든, 무엇을 그리든, 무슨 연기를 하든, 어떤 노래를 부르든, 아니면 뭘 건축하든, 그 작품에 천재적이라는 인장이 찍히지 않으면 아무도 우리를 능가하거나 비방하려 들지 않을 것이다. 위대하거나 훌륭한 업적이 달성된 뒤에도 오래도록 질투와 시기의 포로가 된 사람들은 계속 그 일은 불가능하다고 외쳐댄다. 보다 넓은 세계가 휘슬러(Whistler, 영국의 화가—옮긴이)의 예술적 천재성을 인정한 지 한참이 지난 후에도 아직도 예술 영역에서는 악의에 찬 작은 목소리들이 여전히 그를 협잡꾼이라며 핏대를 올린다. 수많은 사람들이 바그너 음악 신전에 예배를 드리기 위해 바이로이트(Bayreuth, 독일 바이에른 주의 도시로 매년 바그너 음악 축제가 열린다—옮긴이)로 몰려가지만, 변두리로 내쳐진 소수의 이류인생들은 바그너는 전혀 음악가가 아니었다고 분개하며 침을 튀겨댄다. 이 작은 세계는 풀턴은 결코 증기선을 만들 수 없다고 이죽거렸지만, 더 큰 세계는 그의 배가 김을 내뿜으며 물 위를 지나는 것을 보기 위해 강둑으로 몰려갔다.

리더가 돌팔매질을 당하는 것은 그가 리더기 때문이다. 그리고 그와 필적하려는 뭇 사람들의 노력은 그의 리더십 능력을 더욱 여실히 증명해줄 뿐이다. 리더와 필적하거나 그보다 뛰어난 존재가 되지 못할 때, 그를 뒤쫓는 자는 그를 깎아내리고 짓밟으려 한다. 하지만 그것은 단지 그가 넘어서려는 대상의 우월성을 재차 확인해줄 뿐이다.

이런 현상이 전혀 새로울 것은 없다. 이것은 세상 그 자체만큼이나 오래된 것이고, 질투나 두려움, 탐욕, 야망 혹은 남보다 앞서려는 욕망은 인간의 열정만큼이나 역사가 깊다. 그리고 이 모든 것은 다 부질없는 짓거리다. 만약 리더가 진정으로 리드한다면, 그는 언제나 리더로 남아 있을 것이다. 위대한 시인이나 화가, 뛰어난 장인들은 각자 때가 되면 뭇 사람들의 화살을 맞지만, 결국은 시대를 초월하여 자신의 명예를 지켜간다. 부정의 목소리가 아무리 요란하게 꽹과리를 쳐대도, 훌륭하거나 위대한 것은 스스로 제 가치를 드러낸다. 살 만한 가치가 있는 것은 결국 살아남는다.

그렇다. 리더십에는 치러야 할 유명세가 있지만, 다행히 보상도 뒤따른다. 이 책에서 가르치는 원칙들이 그러한 보상을 수확하는 데 보탬이 되기를 희망하며 또 그렇게 되리라 믿는다.

자신과 타인의 잠재력을 최고로 이끄는

탑 퍼포먼스

초판 1쇄 발행   2010년 8월 5일
초판 2쇄 발행   2010년 8월 16일

지은이   지그 지글러
옮긴이   권오열
발행인   권윤삼
발행처   도서출판 산수야

등록번호   제1-1515호
등록일자   1993년 4월 30일
주소   121-826 서울시 마포구 망원동 472-19
전화   02-332-9655
팩스   02-335-0674

ISBN 978-89-8097-217-3 03320

이 도서의 국립중앙도서관 출판시도서목록(CIP)은 e-CIP 홈페이지
(http://www.nl.go.kr/ecip)에서 이용하실 수 있습니다.
(CIP제어번호: CIP2010002588)